U0683346

国家教师资格考试 专用教材

历史学科知识与教学能力

初级中学

山香教师资格考试命题研究中心 主编

首都师范大学出版社
CAPITAL NORMAL UNIVERSITY PRESS

图书在版编目(CIP)数据

历史学科知识与教学能力.初级中学/山香教师资格考试命题研究中心主编.--北京:首都师范大学出版社,2020.6

国家教师资格考试专用教材

ISBN 978-7-5656-5502-9

Ⅰ.①历… Ⅱ.①山… Ⅲ.①中学历史课—教学法—初中—中学教师—资格考试—自学参考资料 Ⅳ.①G633.512

中国版本图书馆CIP数据核字(2020)第019967号

国家教师资格考试专用教材

LISHI XUEKE ZHISHI YU JIAOXUE NENGLI CHUJI ZHONGXUE

历史学科知识与教学能力·初级中学

山香教师资格考试命题研究中心 主编

策划编辑 张文强

责任编辑 曹亮亮　　　　　　　　　　　封面设计 山香教育

首都师范大学出版社出版发行

地　　址 北京市西三环北路105号

邮　　编 100048

咨询电话 010-68418523(总编室)　　　010-68982468(发行部)

网　　址 http://cnupn.cnu.edu.cn

印　　刷 河南黎阳印务有限公司

经　　销 全国新华书店

版　　次 2020年6月第1版

印　　次 2020年6月第1次印刷

开　　本 889mm×1194mm　1/16

印　　张 20.5

字　　数 500千

定　　价 56.00元

前　言

国家教师资格考试作为从事教师行业的入门级考试,主要考查报考者应知应会的基本知识和所要具备的教师专业素养。其所考查的知识因内容繁杂而让考生在备考时无从下手。通过分析近几年的考试情况,我们发现国家教师资格考试对知识点的考查越来越全面、细致,对考生的专业知识和文化素养提出了更高的要求。主要有以下三个方面的表现:

> **表现1:难度增加,创新性强**——命题方式更加灵活,结合教学实例考查的题目增多,更注重考查报考者的素养,增加了试题难度。
>
> **表现2:考查点更加细致,针对性强**——契合报考学段学生特征的题目明显增多,题目更具有针对性,考点更加细致。
>
> **表现3:主观题命题灵活,凸显综合能力**——材料分析题和教学设计题灵活性更强,要求也更为具体。

基于以上考情变化,我们认为教师资格考试的难度逐步增加,考生若想在较短的时间内通过考试,仍需披荆斩棘、百炼成钢。因此,我们建议:一是在宏观上把控知识,对教材知识一定要进行系统复习;二是在微观上根据知识的重难点,有针对性地掌握;三是合理使用一些应试技巧。

综上所述,我们在上一版教材的基础上,重新梳理内容,精心策划设计这版教材,力求使考生备考更加高效。

特色1》 精研考情　内容全面

本教材秉承"只为考试而生,仅为过关而作"的理念,以考试大纲为"标尺",通过对历年真题的分析,将考试涉及的知识点进行汇总,并依据命题方式、出现频次,对汇总的知识点进行"瘦身"。这样做的好处是摒除无用的知识,保证教材上每一句话都是命题点。同时正文中以命题点拨、精选真题、关联知识等多种小模块形式呈现,使教材更加有颜、有趣、有内涵。

特色2》 技巧点拨　方法实用

能解答题目的方法才是好方法,能得高分的技巧才是好技巧。本教材摒除传统教材纯文字讲述、语句冗长、针对性不强的缺点,设计增加"应试指导""考向分析""山香指导"等多个模块,使教材更具实用性。同时,针对材料分析、教学设计等"大题",都给出相应的解题方法。变学习记忆型考试为技能型考试,减轻考生学习负担,提高学习效率。

特色3》 学练结合　稳步提升

本教材在内文中有针对性地穿插真题,使考生知晓具体的试题考查形式。在每一章的最后特设"强化练习"模块,精选和真题相近的考题并附详尽解析。考生可通过适当的训练,学练结合,稳步提升解题能力。

山香教师资格考试命题研究中心

图解教材

考情分析
全面解读考试 分析考情变化

题型解读
分题型破解知识 依考点传授解法

备考攻略
科学备考 方法得当 成竹在胸

考向分析
权威解读真题 总结规律
客观统计分析 预测考向

思维导图
梳理知识脉络 勾勒认知地图

山香指导
疑难点解读 易混点辨析

巧学妙记
速记口诀 强化记忆

关联知识
开阔考生视野 完善知识体系

目 录　　CONTENTS

第一部分　学科专业知识

第一章　中外历史知识

核心知识索引

第二部分　学科教学能力

第一章　历史教学设计

第二章　历史教学实施

第三章　历史教学评价

应试指导

历史学科知识与教学能力(初级中学)

一、考情分析

历史学科知识与教学能力(初级中学)作为教师资格考试统考的科目三,主要考查申请教师资格人员的知识、能力和素养:具有学科专业知识和学科教学能力。题目的综合性和实践性较强,对考生综合能力要求高。历史学科知识与教学能力(初级中学)考试内容包括学科专业知识和学科教学能力。近几年来,历史学科知识与教学能力(初级中学)命题呈现出稳中有变、力求创新的特点,彰显了考试命题的科学性和针对性,具体表现如下。

一方面,考试题型稳定,分为单项选择题、简答题、材料分析题、教学设计题四个题型,考试时间为120分钟,总分值为150分,题型、题量、分值具体分布如下:

题型	题量	每题分值	总分	合计
单项选择题	25	2	50	
简答题	3	10	30	150
材料分析题	3	16	48	
教学设计题	1	22	22	

另一方面,每年在题量不变的情况下,各模块内知识点分值及考查方向略有不同,且难度在增加。

二、题型解读

(一)单项选择题

单项选择题主要考查学科专业知识与学科教学能力中的知识识记与理解,考查覆盖面广。在历年真题中,学科专业知识占24道,学科教学能力占1道。单项选择题总题量比较稳定,有25道,总分值50分,约占试卷总分值的33%。

1.学科专业知识

学科专业知识主要包括中外历史知识和历史学科理论基础,主要考查的知识点包括中国古代史、中国近代史、中国现代史、世界古代史、世界近代史、世界现代史、《义务教育历史课程标准》(2011年版)和历史理论知识的相关内容。下表为单项选择题在学科专业知识各考点中的题量分布:

模块	2019下半年	2019上半年	2018下半年	2018上半年	2017下半年	2017上半年	题量
中国古代史	7	7	10	8	7	7	
中国近代史	5	8	4	3	6	5	24
中国现代史	2	1	2	3	1	2	
世界古代史	1	1	1	0	2	1	

续表

模块	2019下半年	2019上半年	2018下半年	2018上半年	2017下半年	2017上半年	题量
世界近代史	3	4	4	6	2	2	
世界现代史	5	2	2	3	4	5	24
《义务教育历史课程标准》(2011年版)	0	0	0	0	1	0	
历史理论知识	1	1	1	1	1	2	

历年真题中对这部分考点,一般以历史知识或历史理论的方式考查。题目形式为题干中给出一段材料,提出相应条件,选出选项中符合条件或不符合条件的一项。

💡 **真题示例**

[2019下半年]《史记》载:"高祖末年,非刘氏而王者,若无功上所不置而侯者,天下共诛之。"这反映出西汉统治者的主要意图是(　　)

A.加强皇帝专制 统治　　　　　　　B.维护"家天下"统治

C.鼓励百姓建功立业　　　　　　　D.加强对地方政权控制

[作答思路]本题主要考查考生正确解读材料并运用所学知识解决问题的能力。答题分两步:第一步,审题干,汉高祖刘邦末年主张只有刘姓皇族才能封侯;第二步,识考点,本题考查汉初的政治体制。

[答案]B。汉初的政治体制基本沿袭秦朝,为了维护统治,又采取分封与郡国并行的制度。材料的大意是,汉高祖刘邦末年主张只有刘姓皇族才能封侯,主要反映了西汉统治者维护"家天下"统治的意图,B项正确。A项在材料中没有具体体现,排除。C、D两项与材料所述相去甚远,排除。

2.学科教学能力

学科教学能力主要包括历史教学设计、历史教学实施和历史教学评价。历史教学设计主要考查的知识点包括教学过程的设计和历史课外活动设计。历史教学实施主要考查的知识点为历史课堂教学中常用的教学方法。历史教学评价主要考查的知识点为学生学习评价的方法。下表为单项选择题在学科教学能力各考点中的题量分布:

模块	2019下半年	2019上半年	2018下半年	2018上半年	2017下半年	2017上半年	题量
历史教学设计	0	0	0	1	0	0	
历史教学实施	1	1	0	0	1	1	1
历史教学评价	0	0	1	0	0	0	

历年真题中对这部分考点,一般以理论知识的方式考查。题目形式为题干中提出相应条件,根据学科教学能力的相关知识,选择选项中符合条件或不符合条件的一项。

💡 **真题示例**

[2019下半年]课堂教学中引用多样化历史材料的主要作用是(　　)

①提高学生阅读和理解材料的能力　　②引导学生多角度分析历史问题

③帮助学生形成求真求实的历史意识　　④促进学生理解专家的权威结论

A.①②③　　　　　　B.①②④　　　　　　C.①③④　　　　　　D.②③④

[作答思路]本题主要考查考生对知识的识记能力。本题考查课堂教学中引用多样化历史材料的主要

作用,考生根据自己对该知识点的记忆排除错误选项即可得出正确答案。

[答案]A。课堂教学中引用多样化的历史材料,可以提高学生阅读和理解材料的能力,引导学生多角度分析历史问题,帮助学生形成求真求实的历史意识。促进学生理解专家的权威结论与多样化历史材料的作用相悖,④排除。故答案选A。

解题方法

能否认真审题,是做好单项选择题的关键。单项选择题常用的解题方法有以下几种:

1.排除法:在不能确定正确选项或对考查的知识模糊不清的情况下,可以用此法逐一排除不正确的选项,缩小选择范围,从而确定正确选项。

2.简化法:为了增加难度,有一些题目的中心词或限制词有意扩充,使考生在答题时要绕几个弯。这时,就需要将复杂的题目简化,画出题目的主、谓、宾,依据这些关键词来分析备选项。

3.替换法:有时题干中的词是我们平时不熟悉的,为了便于思考,可以找一个接近的词替换一下,如"功绩"可换成"积极作用","重大举措"可换成"重大措施"。

4.直接联想法:此法指直接回忆有关内容,尤其是通过联想分辨时空方面或逻辑方面最直接的内容。

5.题干还原法:题干内容和答案之间必有严密的逻辑联系。解题时首先把题意明显不符的选项剔除,然后把其他各项纳入题干之中,进行还原思考。

(二)简答题

简答题主要考查学科专业知识与学科教学能力中的知识识记与理解,考查覆盖面广。在历年真题中,学科专业知识占1—3道,学科教学能力占0—2道。简答题总题量比较稳定,有3道,总分值30分,占试卷总分值的20%。

学科专业知识主要考查的知识点包括中外历史知识、《义务教育历史课程标准》(2011年版)和历史理论知识的相关内容。学科教学能力包括历史教学设计、历史教学实施和历史教学评价。历史教学设计主要考查的知识点包括教学过程的设计和历史课外活动设计。历史教学实施主要考查的知识点包括教学资源、历史课堂教学中常用的教学方法和历史专题内容的讲授方法。历史教学评价主要考查的知识点包括课堂评价的基本方法和课堂教学评价的内容。下表为简答题在历年考试中的分布:

时间	模块	知识点
2019下半年	学科专业知识	冷战结束后世界格局多极化趋势加强的表现
	历史教学设计	运用网络平台开展历史教学的优势
	历史教学设计	历史教学中教师的教材观
2019上半年	学科专业知识	《人权宣言》的主要内容
	历史教学实施	历史讲述法的含义及其主要特点
	历史教学实施	历史课外读物的主要类型及其相应的教学功能
2018下半年	学科专业知识	第二次工业革命的主要成就
	历史教学设计	历史课堂教学中板书的主要作用
	学科专业知识	激发学生历史学习兴趣的主要策略
2018上半年	学科专业知识	伯利克里时期雅典公民民主权利扩大的主要表现
	学科专业知识	《义务教育历史课程标准》(2011年版)在课程性质中有关"思想性"的内容
	学科专业知识	初中历史教科书中课文辅助系统的主要功能

续表

时间	模块	知识点
2017下半年	学科专业知识	明清时期商业发展的主要表现
	学科专业知识	科技史教学的价值观目标
	历史教学评价	教师观察学生表现的主要方面
2017上半年	学科专业知识	七七事变
	历史教学评价	评价学生的历史小论文
	历史教学实施	历史人物教学应注意的问题

历年真题中对这部分考点,一般以历史专业知识或教学理论知识的方式考查。题目形式为简述、论述、评价、比较或说明某一历史事件、历史现象或教学理论。

💡 **真题示例**

[2019下半年]简述冷战结束后世界格局多极化趋势加强的表现。

[作答思路]首先,明确本题考查世界格局多极化趋势加强的表现;审清时间限制,题目给出的限制是冷战结束后,应该从苏联解体以后答题;明确题目要求的作答方式是简述。其次,回忆相关知识,可以从欧洲、日本、中国、俄罗斯等国家和地区以及发展中国家在冷战结束后的发展表现答题。最后,组织答题语言作答。

[参考答案]随着东欧剧变、苏联解体,冷战结束,美苏对立的两极格局终结,暂时形成了"一超多强"的局面,世界格局朝着多极化方向发展。冷战结束后世界格局多极化趋势加强的表现:①欧盟成立后,欧洲的实力进一步增强,地位进一步提高,欧盟希望摆脱对美国的依赖,发出自己的声音,在国际事务中发挥着日益重要的作用,促进世界格局向多极化发展。②日本、中国和俄罗斯等一些具备较强综合实力的国家在国际事务中发挥着重要作用,推动世界朝着多极化方向发展。③广大发展中国家的总体实力在不断增强,国际影响不断扩大,成为推动世界多极化趋势发展的一支不可忽视的力量。

解题方法

1.审题

首先,审清楚试题是针对哪一历史事件、历史现象或哪个教学理论知识进行提问。

其次,看题目具体规定要回答哪一方面的内容,是背景、经过、意义还是方法、原则。

再次,看题目要求的作答方式,一般来说,有"评价""论述""比较""说明"等。

最后,注意题目对答题范围的限定。

2.回忆相关知识

知识点包括两大类:一是与题目有关的基本史实,二是答题所需的基本理论和基本认识。回忆知识点要做到全面、快速简明。

3.厘清思路

动笔之前先想好答题顺序,如何组织相关知识点。考生可以先在草稿纸上简单写一下思路再作答。

4.规范作答

首先,答题格式要规范,做到"段落化、要点化、序号化"。其次,语言要规范,要使用历史学科术语。最后,做到字迹清晰、卷面整洁。

(三)材料分析题

材料分析题主要考查学科专业知识与学科教学能力中的知识识记、理解和运用,考查覆盖面广。在历年真题中,学科专业知识占1—2道,学科教学能力占1—2道。材料分析题总题量比较稳定,有3道,总分值48分,占试卷总分值的32%。

学科专业知识主要考查的知识点包括中外历史知识和历史学科理论基础的相关内容。学科教学能力包括历史教学设计、历史教学实施和历史教学评价。历史教学设计主要考查的知识点包括教学设计类型、教学目标及教学重难点的设计、教学过程的设计和历史课外活动设计。历史教学实施主要考查的知识点包括历史课堂教学中常用的教学方法、历史专题内容的讲授方法和初中历史课教学模式。历史教学评价主要考查的知识点包括教学评价的基本方法和课堂教学评价的内容。下表为材料分析题在历年考试中的分布:

时间	模块	主题	知识点
2019下半年	学科专业知识	大秦王安敦遣使来华	大秦王安敦遣使来华的真实性及其依据
	历史教学设计	辛亥革命	导学案设计案例评价及导学案的主要作用
	历史教学实施	唐诗	唐诗教学案例评价及唐诗教学应如何体现历史课的特色
2019上半年	学科专业知识	李自成领导的农民起义	史学界对李自成农民起义的评价及其原因
	学科专业知识	辛亥革命	课文辅助系统编排的主要特点及其重要作用
	历史教学设计	中华人民共和国的成立	开展学生自主学习应遵循的原则
2018下半年	学科专业知识	罗斯福新政	罗斯福新政
	历史教学实施	统一多民族国家的巩固和发展	历史地图的使用
	历史教学设计	近代中国民族工业的曲折发展	历史课件的制作
2018上半年	学科专业知识	中华人民共和国的外交成就	中华人民共和国的外交成就
	历史教学设计	两汉的科技与文化	参观考察活动方案的设计
	历史教学实施	中日甲午战争与瓜分中国狂潮	历史时间轴在教学中的运用
2017下半年	学科专业知识	德国统一后的经济发展	德国统一后的经济发展
	学科专业知识	抗日战争	口述史料在历史教学中的应用
	历史教学评价	中国早期人类的代表	历史课后作业的设计与评价
2017上半年	学科专业知识	西欧中世纪城市自治	西欧中世纪城市自治
	历史教学实施	香港和澳门回归	学生的学习方式
	历史教学设计	闭关锁国	历史试题的命制

历年真题中对这部分考点,一般以历史专业知识或教学理论知识与教学案例相结合的方式考查。题目形式为题目中给出一到三则历史材料或一段教学案例片段,根据学科专业知识或学科教学能力的相关知识,分析历史材料或分析该教学案例片段,指出其优缺点并提出改进意见。

真题示例

[2019下半年]阅读下面材料并回答问题。

材料 某教师为《辛亥革命》一课设计了导学案,其结构是:知识梳理(填空)、问题求解(问答)、巩固运用。以下是该导学案的节选:

三、武昌起义——革命的高潮

(1)爆发:①时间:_____

②领导力量:_____

③革命主力:_____

(2)结果:中华民国成立

①临时大总统:_____

②首都:_____

③纪年方法:_____

④《中华民国临时约法》性质:_____

四、_____——革命的失败

问题:

(1)请指出该导学案在设计上存在的不足之处。

(2)简述在历史教学中运用导学案的主要作用。

[作答思路]第一问考查该导学案在设计上存在的不足之处,可以从该导学案的结构与材料中导学案节选的知识内容两个角度的不足之处作答。第二问考查在历史教学中运用导学案的主要作用,可以从对教师的教和学生的学两个方面所起的作用来回答。

[参考答案](1)①该导学案的结构不完整。历史导学案的基本组成包括学习目标、学习重难点、知识梳理、合作探究和巩固运用五部分。其中知识梳理是基础,合作探究是重点。该导学案缺少学习目标和学习重难点部分。

②该导学案的问题求解环节只是简单的问答,没有突出合作探究,不利于学生主体地位的实现。

③该导学案的节选部分属于知识梳理(填空)环节,缺少了对武昌起义爆发的历史背景的设计。知识梳理的呈现方式不够合理,知识梳理部分采用框架式结构来展现基本知识点会更好,那样既能够查看全课需要掌握的知识点,也可以宏观把握全课知识的线索。

(2)①在历史教学中运用导学案,可以帮助教师转变教学观念,真正实现以学生为本,更多地关注学生怎么学,做到以学定教,先学后教,改变传统教学模式,符合现代教学理念。

②有利于突出学生的主体地位,激发学生的学习积极性、主动性,能在一定程度上实现有效教学。

③有利于学生实现由被动学习到主动学习的转变,可以提高学生自主学习的品质和效率,培养学生的团结协作精神,加强沟通能力。

④导学案在设计时将需要解决的问题按照从易到难的结构排列,遵循循序渐进的学习规律,在实际使用的过程中,可以通过明确不同的水平要求,满足不同层次学生的学习需要,因材施教。

解题方法

1.学科专业知识材料分析题

(1)先浏览,后细审。

第一步,快速浏览一遍试题,看材料主要涉及哪些知识点,如何设问的。第二步,结合设问要求,细读材料,从材料中找出答题所需的关键信息。

(2)重视材料的出处和说明性文字。材料出处对理解材料观点非常重要。

(3)调动知识要"依据材料,结合所学"。

(4)按分值多少确定答案要点,答案要点要齐全。

(5)答案要段落化、要点化、序号化,书写工整。

(6)运用历史学科概念和术语作答。

2.学科教学能力材料分析题

学科教学能力材料分析题主要有以下三种类型：

(1)对教师的教学行为进行整体评述。

作答思路：

首先，对教师行为进行整体判断，在分析教师的行为时，要辩证地看待。

其次，指出其合理之处，并针对合理之处分析说明原因。

最后，指出不合理之处，针对不合理之处分析说明原因，并提出改正措施。

(2)对某一具体行为进行评述。

作答思路：

首先，判断所使用的教学方法、技能、方案或活动是什么，可简单指出该教学方法、技能、方案或活动的定义及其优缺点。

其次，运用相关教学方法、技能、方案或活动的原则或注意事项的知识并结合案例进行分析。

最后，指出该教学方法、技能、方案、活动在使用过程中的合理之处及其原因，或者不合理之处及其原因。

(3)针对某一教学方法、技能、方案和活动进行提问。

作答思路：

直接针对问题回顾相关理论知识进行回答。

(四)教学设计题

教学设计题主要考查教学设计的能力和水平。在历年真题中，教学设计题总题量比较稳定，有1道，总分值22分，约占试卷总分值的15%。

教学设计题一般是从现行版本的初中历史教材中节选一段教学内容，要求考生根据《义务教育历史课程标准》(2011年版)和课文内容，设计出相关的教学过程，包括教学环节、教师活动和学生活动，并说明设计意图。下表为教学设计题在历年考试中的分布：

时间	主题	考查形式
2019下半年	江南地区的开发	根据课程标准和课文节选设计教学片段
2019上半年	秦统一中国	根据课程标准和课文节选设计教学片段
2018下半年	活字印刷术的发明	根据课程标准和课文节选设计教学片段
2018上半年	法国大革命	根据课程标准和课文节选设计教学片段
2017下半年	戊戌变法	根据课程标准和课文节选设计教学片段
2017上半年	北魏孝文帝改革	根据课程标准和课文节选设计教学片段

真题示例

[2019下半年]根据下列材料，按要求完成教学设计任务。

材料一 《义务教育历史课程标准》(2011年版)规定：初步了解人口的南迁和江南地区的开发。

材料二 课文摘录

江南地区的开发

秦汉时期，北方和南方的经济发展很不平衡。黄河流域经济发达，是全国经济重心；而江南地区地广人稀，农业生产落后。西晋末年以来，大批北方人民为躲避战祸南下。到东晋后期，长江中下游地区布满了南迁的流民，尤以江苏一带为多；有一部分流民继续南下，进入今天的浙江、福建和广东等地。北方人的南迁，给江南地区输送了大量的劳动力,也带来了中原先进的生产工具和生产技术,从而使自然条件优越的江南地区得到开发,经济迅速发展。

当时的江南地区,不像北方那样战乱不休,社会比较安定。在南下移民和当地民众共同努力下,大量荒地被开垦出来,耕地面积不断增加,并兴修了很多水利工程。农业生产技术也有了很大的改进,包括推广和改进犁耕,实行精耕细作,以及推广选种、育种、田间管理和施用粪肥等比较先进的生产技术。例如,水稻由原来的直播变成育秧移栽,这是水稻生产技术的重大进步;普遍实行了麦稻兼作,五岭以南地区还种植了双季稻,使谷物产量有了很大的提高。此外,还发展种桑养蚕、培植果树、种植药材等,实行农业的多种经营。

南方的手工业也有了快速的进步。在缫丝、织布、制瓷、冶铸、造船、造纸、制盐等方面都有显著的发展。农业和手工业的发展,促进了商业的交流和城市的繁荣。南朝时的建康,人口众多,是当时商业最为活跃的大都市。

材料研读

《晋书·食货志》记载东晋后期南方的情形是:"天下无事,时和年丰,百姓乐业,谷帛殷阜,几乎家给人足矣。"

想一想,当时南方社会经济发展的原因是什么?

要求:根据《义务教育历史课程标准》(2011年版)的要求和课文内容,设计出相关的教学过程,包括教学环节、教师活动和学生活动,并说明设计意图。

[作答思路]首先,确定教学知识为魏晋南北朝时期江南地区的开发。其次,确定知识结构,可以从江南地区开发的原因、表现和影响三方面讲授新课。再次,根据知识的特点设计教学活动。导入环节可以用材料导入的方式。江南地区开发的原因可以让学生进行自主学习。江南地区开发的表现可以用填写表格的方式进行总结。江南地区开发的影响可以采取小组讨论的方式。小结作业环节,师生共同总结,布置开放式作业。最后,决定书写方式,本题可采用文字式作答。

[参考设计]环节一:导入新课

教师:根据你的所见所闻,你认为中国今天的南方和北方哪个地区经济更发达?南方是不是自古以来就是比北方发达呢?我们一起看一下古代南方经济的发展情况。

教师在多媒体课件上出示《史记》和《汉书》中两则描述江南地区的材料,请学生说一说它们的描述有什么不同。

材料一 楚越之地,地广人希,饭稻羹鱼,或火耕而水耨……无积聚而多贫。

——《史记·货殖列传》

材料二 江南之为国盛矣……地广野丰,民勤本业,一岁或稔,则数郡忘饥。……渔盐杞梓之利,充仞八方;丝绵布帛之饶,覆衣天下。

——《宋书》

学生回答:在《史记》中,汉朝的江南地广人稀,生产生活水平落后,商业很不发达,贫富分化程度很低。在《宋书》中,南朝的江南物产丰富,在丰收的年份,一年的粮食收成可以满足几个郡人口的需要,出产的丝绵布帛可以供给天下人穿用。

教师提问:汉朝与南朝的江南经济为什么会发生这样的变化?教师顺势进入新课的教学。

【设计意图】教师通过材料导入,可以激发学生的学习兴趣,调动学生学习的积极性和主动性。问题引导围绕本课课程目标和学习重难点,提高了教学的效率。

环节二:新课讲授

(一)江南地区开发的原因

教材上对江南地区开发的原因有详细的讲述。教师将学生分成三组,请他们阅读教材,自主学习、讨论并总结江南地区开发的原因,6分钟后小组代表发言。

小组代表发言后,教师进行总结:

1.江南地区发展经济的自然条件比较优越;

2.大量的北方劳动人民迁往江南,带来了劳动力和先进技术;

3.江南地区的战乱比较少,社会秩序比较稳定;

4.南下移民和当地民众的共同努力。

【设计意图】通过自主学习和小组讨论,锻炼学生的自主学习能力和合作探究能力。

(二)江南地区开发的表现

教师出示一张江南地区开发的表现的表格,请学生填写完整。

学生自主学习教材内容,填写表格后,教师出示完整表格:

部门	表现
农业	①荒地开垦,耕地面积增加;②兴修水利工程;③农业生产技术有了很大改进;④实行农业多种经营
手工业	①冶铁技术采用了灌钢法;②瓷器成为比较普遍的生活用具,制瓷业有显著的发展
商业	商业交流活跃,城市繁荣,南朝时建康成为大都市

【设计意图】阅读教材填写表格的形式可以锻炼学生的自主学习和归纳概括能力。

(三)江南地区开发的影响

教师:同学们都知道,如今的江南繁荣富庶,这是历史长期发展的结果。大家还记得,秦汉时期,北方和南方的经济发展很不平衡,黄河流域经济发达,是全国经济重心。魏晋南北朝时期江南地区的开发对我国经济产生了什么影响?

学生:江南地区的开发为我国经济重心逐渐南移奠定了基础。

教师总结归纳:同学们回答得很好。三国两晋南北朝时期是我国政权分立时期,从这一时期开始,我国南方的经济就逐渐发展并赶上北方,南北经济发展趋于平衡。但是总体而言,我国南方的经济依然落后于北方。直到两宋时期,我国的经济重心最终南移。

教师:这一时期江南地区的开发给我们今天的经济发展有什么启示?

学生进行小组讨论4分钟,并派小组代表发言。

教师总结:社会的安定,是人心所向,是社会经济发展的必要条件。

【设计意图】将江南地区的开发与当今的经济发展进行比较,帮助学生认识到社会安定的重要性,从而更加珍惜今天的和平环境。

环节三:小结作业

1.小结:师生共同总结回顾本课所学知识。

2.作业:如果你是北方南迁到南朝宋的农民,你的生活会有什么变化?请查阅资料并展开你的想象,写一篇400字的小论文。

【设计意图】师生共同总结的形式能够帮助学生巩固本课所学知识。课后作业的设置,能够帮助学生锻炼资料搜集及历史写作的能力。

解题方法

1.确定教学内容、知识结构。

(1)确定教学知识。

①结合课程标准提炼知识点。

②结合课文摘录提炼知识点。

(2)确定知识结构。

结合课程标准和课文摘录中的知识点重新组合知识,确定知识点的逻辑和结构。

2.根据知识内容的特点设计教学活动。

3.采用恰当的方式进行书写。

(1)表格式

考生可采用表格来呈现教学活动的片段设计,这种方法直观性强,方便考官阅卷。但是如果考生画的表格不够整齐,就会影响试卷美观,因此要酌情使用。

(2)文字式

考生可将表格转化为文字,充分实现段落化,通过段落来强调不同的活动。

三、备考攻略

在考试备考期间,时间是最宝贵的,通过合理安排学习时间和学习内容,不仅能使复习事半功倍,更能收到很好的学习效果。所以建议考生在备考时注意以下策略:

(一)立足真题,掌握考情

真题是掌握考情的关键。通过对历年真题进行分析整理,我们可以知道考试重点、命题特点和考查频次,能为全面备考及复习作铺垫。为此,我们特组织编写了"应试指导"模块,通过题型解读,总结各部分的命题特点、具体考情,帮助考生把握命题趋势,明确备考目标。

(二)夯实考点,熟练技法

凡事都要从基础做起,基础抓得牢,才能取得更高层次的进步。所以,考生在复习中,一定要完善自己的知识体系,尽可能做到全面备考,不要图多和快,要把硬性知识点掌握牢固。同时,本书中总结了一些备考技巧和解题技法,有助于考生快速掌握考点,提高成绩。

(三)综合训练,巩固提升

综合训练要注意技巧和方法。考生在做完题后,要深入研究题目的内在规律,明白错误的选项为什么错,学会分析命题人的思路和考查方向。同时,考生切忌一味的题海战术,要有针对性地训练,对易错薄弱内容,进行专门强化练习,注意分析和总结。

通过以上内容,大家应该对本科目的备考有了自己的认识和理解,接下来就是要调节心情,充实信心,踏实走好每一步,相信大家都会收到自己满意的结果。

01 学科专业知识

题型分析与考情预测

本部分内容主要以单项选择题、简答题和材料分析题的形式考查。

题型	题量	命题方式
单项选择题	24	1.以材料型选择题的方式考查历史知识或历史理论。 2.直接考查历史知识或历史理论
简答题	1—3	1.考查某一历史事件或历史现象。 2.考查某一历史理论
材料分析题	1—2	给出一到三则历史材料,根据材料或结合所学知识,对材料中的历史知识进行分析

第一章　中外历史知识

考向分析

本章主要介绍中外历史知识。其中,考生应掌握的关键点包括:

模块	知识点	关键点	考频	题型	要求
中国古代史	先秦时期	国家的产生和社会变革	17	单选、材料分析	识记、理解、应用
	秦汉至隋唐五代时期	政治制度、社会经济、思想文化	27	单选、材料分析	识记、理解、应用
	宋元明清时期	政治制度、社会经济、思想文化和民族关系	34	单选、简答	识记、理解
中国近代史	旧民主主义革命	列强的侵略与中国人民的抗争、近代化的探索	22	单选、简答	识记、理解
	新民主主义革命	五四运动、国共十年对峙、抗日战争、人民解放战争	17	单选、简答	识记、理解
	近代经济和社会生活	民族资本主义的曲折发展	15	单选、简答、材料分析	识记、理解、应用
中国现代史	现代中国的政治建设与对外关系	社会主义制度的建立、社会主义建设的探索、对外关系	13	单选、材料分析	识记、理解、应用
	中国特色社会主义道路	改革开放、民主与法制建设	6	单选、材料分析	识记、理解、应用
	科教文化与社会生活	科技发展重大成就、高考制度恢复时间	4	单选	识记、理解
世界古代史	古代外国文明	古代希腊罗马文明	11	单选、简答	识记、理解
	中古亚欧文明	中世纪城市自治的方式、表现和历史作用	3	单选、材料分析	识记、理解、应用
世界近代史	资本主义的兴起	新航路开辟、文艺复兴、殖民扩张	9	单选、简答、材料分析	识记、理解、应用
	资本主义制度的确立和发展	启蒙运动、资产阶级代议制、两次工业革命、一战	22	单选、简答、材料分析	识记、理解、应用
	近代科学技术和文化	近代自然科学、近代思想文化成就	7	单选	识记、理解
世界现代史	两次世界大战之间的世界	苏联社会主义道路的探索、罗斯福新政	12	单选、材料分析	识记、理解、应用
	第二次世界大战	战争进程、影响	3	单选	识记、理解
	第二次世界大战后的世界	主要资本主义国家的发展变化、社会主义国家的改革与演变、全球化	18	单选、简答	识记、理解
	现代科学技术和文化	世界第一部彩色电影《浮华世界》	1	单选	识记

本章是历史学科专业基础内容,知识点多,分布比较均衡全面。在考查题型上以单选、简答、材料分析题为主。在备考时,考生应注意:①中国古代的政治制度、社会经济生活和科技文化成就;②中国的近代化历程;③中华人民共和国成立后取得的重大成就;④重要的古代文明;⑤世界近现代史上重要的政治经济制度和历史事件。预计在以后的考试中以上内容仍是考试重点,但更加突出对考生能力和素养的考查。

🌐 思维导图

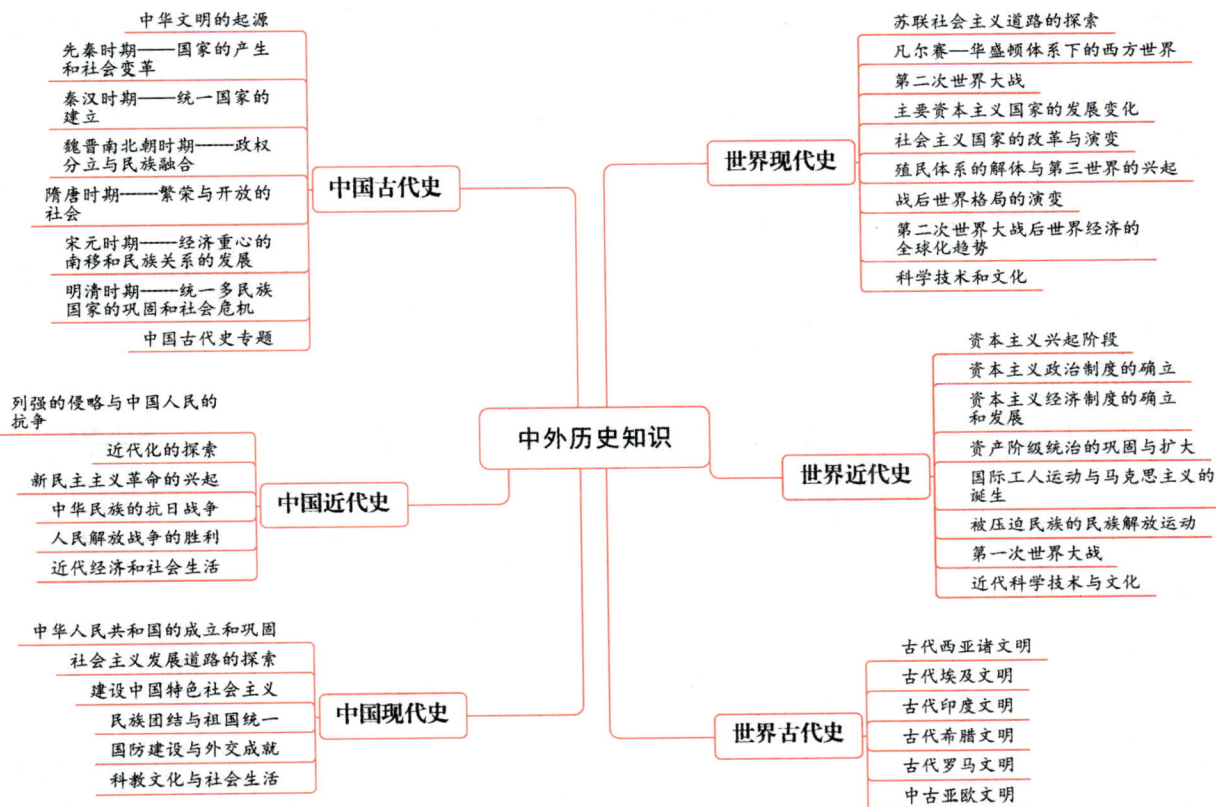

👤 核心知识

第一节 中国古代史

一、中华文明的起源

(一)中国境内的远古居民

1.原始社会的分期

原始社会分为原始群和氏族公社两个时期。这时人类使用的主要劳动工具是石器,因此也叫作石器时代。石器时代又分为两个阶段。旧石器时代是指使用比较粗糙的打制石器的时代,包括原始群的整个时期和氏族公社的初期。新石器时代是指使用磨制石器的时代,包括氏族公社的发展、繁荣时期,一直到青铜时代前的铜石并用时代。

2.旧石器时代的人类

人类	发现年代	距今年代	发现地点	使用工具	基本特征
元谋人	1965年	约170万年	云南元谋县	打制石器	我国目前已知最早的人类;能使用天然火
蓝田人	1963—1964年	约80万—60万年	陕西蓝田县	打制石器	能使用天然火
北京人	1929年	约70万—20万年	北京周口店	打制石器	能使用天然火,能够保存火种
山顶洞人	1933年	约3万年	北京周口店	打制石器,但已经掌握磨光、钻孔技术	能人工取火

(二)氏族公社　重点

氏族公社是继原始群之后出现的以血缘为纽带的人类共同体,是原始社会的高级阶段。氏族公社分为母系氏族公社和父系氏族公社两个阶段。

1.母系氏族公社和父系氏族公社的区别

氏族公社	经济形态	社会组织特征	婚姻形态	子女继承方式
母系	采集、狩猎	母权制	对偶婚	按母系继承
父系	农业、畜牧业	父权制	一夫一妻制	按父系继承

2.代表文化

遗址	距今年代	地点	使用工具	特点
河姆渡遗址	约7000年(母系氏族公社)	长江流域(浙江余姚)	磨制石器(耒耜)	夹碳黑陶;干栏式房屋、过定居生活;培植出世界上最早的水稻
半坡遗址	约6000—5000年(母系氏族公社)	黄河流域(陕西西安)	磨制石器(耒耜、石刀)	彩陶;半地穴式房子,种植粟,我国是世界上最早种植粟的国家
大汶口文化遗址	约5000—4000年(父系社会)	山东汶口	磨制工具(石镰、石锄)	黑陶、白陶;出现夫妻合葬,标志着母系社会的结束

精选真题

[2018下半年]在一份中国考古报告中写道:"陶器,除支座外,均为以稻草茎叶、稻壳为羼和料的夹碳黑陶。"由此可推断出土这种陶器的遗址是(　　)

　　A.北京人遗址　　　　B.半坡遗址　　　　　C.河姆渡遗址　　　　D.山顶洞人遗址

答案:C。本题考查河姆渡遗址的特点,考查考生的理解能力。河姆渡文化的陶器,以夹碳黑陶为主,河姆渡人种植水稻,并将稻草、稻壳用于夹碳黑陶的烧制。北京人和山顶洞人均属于旧石器时代的远古人类,不会制作陶器,排除A、D两项。半坡遗址以彩陶为主,排除B项。故答案选C项。

(三)华夏之祖

　　黄帝和炎帝都是生活在黄河流域的两个著名的部落首领,距今约四五千年。炎帝,号称神农氏,是中华原始农业和医药学的创始人。黄帝被认为是中华文明的创始人。后来,黄帝和炎帝在涿鹿大败蚩尤。从此,这两个部落结成联盟,经过长期发展,形成以后的华夏族。华夏族是汉族的前身,中华民族的主干部分。

相传黄帝之后,黄河流域出现了三位德才兼备的部落联盟首领:尧、舜、禹。民主推举部落联盟首领的办法叫"禅让制"。

二、先秦时期——国家的产生和社会变革　重点

(一)夏、商、西周时期

1.夏、商、西周的兴亡

(1)夏朝(约公元前2070—约前1600年)

约公元前2070年,禹建立我国历史上第一个王朝——夏朝。夏朝历经四百多年,最后一个国王桀极端残暴。约公元前1600年,生活在黄河下游的商部落的首领汤起兵攻夏,夏朝灭亡,商朝建立。

(2)商朝(约公元前1600—前1046年)

商前期,政治动乱,几次迁都,一直到商王盘庚迁都到殷,都城才稳定下来,因此后人又称商朝为殷朝。此后商朝统治区域不断扩展,成为当时世界上的大国。商朝后期政治混乱,最后一个王纣是中国历史上有名的暴君,后来在公元前1046年牧野大战中被周武王打败,商朝灭亡,周朝建立。

(3)周朝(公元前1046—前221年)

周朝分为西周和东周。西周(公元前1046—前771年)定都镐京。公元前771年,西周王朝被犬戎族所灭。公元前770年,周平王东迁洛邑,史称东周(公元前770—前221年)。东周又分为春秋(公元前770—前476年)和战国(公元前475—前221年)两个时期。

2.夏商周的政治制度

①从禅让制到王位世袭制

禹沿用禅让制的惯例,即用民主推荐的方式选举继承人。但是,禹死后,他的儿子启夺得王位,并传给自己的后代。"家天下"的局面逐渐形成,原始社会后期的禅让制被**王位世袭制**所取代。

②分封制

公元前1046年,周武王建立西周,实行"封建亲戚,以藩屏周"的分封制以及与分封制互为表里的宗法制。

目的	维护周王朝的统治
授予对象	将王畿以外的土地和平民、奴隶授予王族、功臣和古代帝王的后代
形式	层层分封,形成统治阶层内部森严的等级:天子—诸侯—卿大夫—士
权利及义务	权利:在自己领地内享有相当大的独立性,如设置官员、建立武装、征派赋役 义务:服从周天子的命令,为周天子镇守疆土、随从作战、交纳贡赋、朝觐述职
影响	加强了周天子对地方的统治,开发了边疆地区,协调了贵族中的等级关系,社会得以稳定下来
废除	西周后期,王室衰微,分封制遭到破坏,秦国商鞅变法时"废分封、行县制"

③宗法制

宗法制是用父系血缘关系的亲疏来维系政治等级,巩固国家统治的制度。其核心就是嫡长子继承制。

宗法制规定周天子称为天子,王位由嫡长子继承,为大宗;其他儿子分封为诸侯,他们对天子来说是小宗,但在自己的领地内却是大宗。诸侯的爵位,也只有嫡长子才能继承,其他儿子领有封地成为卿大夫,依次类推。大宗可以命令和约束小宗,小宗必须服从大宗。周王是天下的大宗,也是政治上的最高领袖。

影响:宗法制保证了各级贵族在政治上的垄断和特权地位,有利于统治集团内部的稳定和团结。

王位世袭制、等级森严的分封制以及血缘关系所维系的宗法制,构成我国古代早期政治制度的主要内容和特征。

山香指导 分封制与宗法制是周朝的重要政治制度,体现了其家国一体、注重血缘宗族的统治特色。从"国"的角度上看即为分封制,从"宗族"或者"家"的角度上看即为宗法制,宗法制是维系分封制的等级秩序的一种制度保障。

精选真题

1.[2019下半年]孔子曰:"殷因于夏礼,所损益,可知也;周因于殷礼,所损益,可知也。"文中所说"礼"的含义是(　　)

A.生活礼节　　　　B.国家政权　　　　C.风俗习惯　　　　D.政治制度

答案:D。本题考查夏商西周政治制度的继承与发展,考查考生的理解能力。题干材料出自《论语》,意思是,孔子说:"商朝继承了夏朝的礼仪制度,所减少和所增加的内容是可以知道的;周朝又继承商朝的礼仪制度,所减少和所增加的内容也是可以知道的。"这段话实际上是说夏商西周的主要政治制度相沿袭又有所变革。文中的"礼"是礼仪制度,实际上代指政治制度。A、C两项都是社会层面的,B项与材料不符。故答案选D。

2.[2018上半年]《诗经·大雅》云:"大邦维屏,大宗维翰,怀德维宁,宗子维城。"从中可以看出西周政治制度的特点是(　　)

A.以礼乐制维持社会安定　　　　　　　　B.以为政有德强化天子的统治地位

C.以井田制保证财政收入　　　　　　　　D.以血缘亲疏维系天子与诸侯关系

答案:D。本题考查宗法制,考查考生的理解能力。题干中"大邦维屏,大宗维翰。怀德维宁,宗子维城"的意思是诸侯是国家的屏障,大宗是国家的主干,天子怀有仁德之心是国家平安的保证,同姓宗族成员是国家的堡垒。这句话强调的是周天子通过血缘关系所维系的宗法制来巩固统治、A、B、C三项与题干所引材料内容不符。故答案选D项。

[解题步骤]第一步,审题干。本题难点是理解文言文材料,这需要考生有一定的文言文素养。本题要求从材料"大邦维屏,大宗维翰,怀德维宁,宗子维城"看出西周政治制度的特点。由题干关键信息"大宗维翰""宗子维城"可以看出大宗是国家的主干,同姓宗族成员是国家的堡垒,强调周天子依靠大宗和同姓宗族维系统治。

第二步,识考点。"大宗""同姓宗族"是宗法制的内容,本题考查宗法制。宗法制以血缘亲疏维系天子与诸侯关系。

3.[2017下半年]史书记载,禹死后,"益干启位而启杀之""诸侯皆去益而朝启"。这一史事对中国古代政治制度产生的主要影响是(　　)

A.实行了禅让制　　　　　　　　　　　　B.创立了分封制

C.开创了王位世袭制　　　　　　　　　　D.确立了皇帝制

答案：C。本题考查王位世袭制，考查考生的理解能力。根据题干内容并结合所学知识可知，禹死后，其子夏启继位，益却坚持禅让制，夏启为维护王位将益杀死，诸侯纷纷向夏启表示臣服。夏启开创王位世袭制，取代原有的禅让制。C项正确。禅让制此时已结束，A项错误。分封制的创立是在西周时期，B项错误。皇帝制的确立是在秦朝建立后，D项错误。

[命题解读]夏、商、周的王位继承方式是常见的命题角度。从夏朝开始王位世袭制代替了禅让制。商王传位的世袭方法有父死子继和兄终弟及两种。商朝中期以前以兄终弟及为主，先长后幼，但不必轮及每一个弟，然后由长兄之子继承。到商朝后期康丁以后五世，才最终确立了传子制。西周的王位世袭制与宗法制度结合在一起，王位由嫡长子继承。传子制成为此后中国古代社会王位继承的主流。涉及王位世袭制的材料中常见"禹、伯益、启""兄终弟及""父死子继"等信息。

3.灿烂的青铜文明

(1)青铜时代

青铜时代，是指人类社会已经发明和制作了青铜器，运用于生产和生活领域，使整个社会面貌发生了巨大变化的时代。原始社会末期，我国已经出现了青铜器。夏商周时代是我国的青铜时代。夏朝时期青铜器种类逐渐增多。商周时期是我国青铜时代的繁盛时期，青铜铸造是手工业生产中的主要部门，青铜器种类繁多，劳动人民创造了灿烂的青铜文化。商朝著名的青铜器有后母戊鼎(原称司母戊鼎，出土于河南安阳，是世界上迄今为止出土的最大的青铜器)和造型奇特的四羊方尊。在成都平原盛行着一种独特的青铜文化，叫作"三星堆"文化。青铜面具、青铜神树、青铜立人像是其中的代表。

精选真题

[2015下半年]学者在研究人类早期历史时经常使用"青铜时代"这个概念，我国"青铜时代"的繁盛时期是(　　)

A.夏商时期　　　　　　　　　　　　B.商周时期

C.秦汉时期　　　　　　　　　　　　D.魏晋时期

答案：B。本题考查我国的青铜时代，考查考生的识记能力。商周时期是我国"青铜时代"的繁盛时期。

(2)文字

甲骨文：刻写在龟甲或兽骨上的一种古文字，清朝末年在河南安阳殷墟被发现。这些甲骨文是商朝占卜的记录。

铭文：铸刻在青铜器上的文字，又称金文、钟鼎文。它是远古历史最早、最完备、最有说服力的记载，是最具魅力的符号语言。商朝青铜器上铸刻的文字数量很少，西周青铜器有长篇铭文出现，记录周代贵族分封、祭祀、战争等重大政治活动。

精选真题

[2017上半年]右图中的文字是西周毛公鼎上的铭文，这种文字被称为(　　)

A.甲骨文　　　　　　　　　　　　　B.金文

C.契丹文　　　　　　　　　　　　　D.小篆

答案：B。本题考查金文，考查考生的理解能力。金文也叫作钟鼎文，是指商、周时期铸刻在青铜器上的铭文，西周毛公鼎上的铭文便被称为金文。故答案选B。

（3）天文

夏朝的有关史料和商朝的甲骨文，保留了我国最早有关日食、月食的记录。

（4）农业

夏、商、周是以农业为主的社会。商周时期"五谷"已经种植，在农业技术上知道选种、懂得使用粪肥、草木灰、绿肥以及防治虫害。

（5）商业和交通

商民善经商，于是后世常将经商者称为"商人"。商朝以贝为币，商都商业繁荣，有"商邑翼翼，四方之极"之称。随着各王朝统治区域的扩大和经济的繁荣，交通运输业逐渐发展，夏朝时"陆行乘车，水行乘船，泥行乘橇"。

商周时还建立了邮驿传递制度。

农业和手工业的高度发达，带动了商业、交通和城市的发展和繁荣，创造了中华文明历史上第一个经济文化高峰。

（二）春秋战国时期

1.春秋战国的纷争

公元前770年，周平王东迁洛邑，史称"东周"。东周分为春秋和战国时期。春秋从公元前770年至公元前476年，是我国奴隶社会瓦解时期；战国从公元前475年至公元前221年，是我国封建社会的形成时期。

（1）春秋争霸

①春秋五霸

春秋时期，一些大的诸侯国扩张势力，力图号召和控制中小诸侯国，确立霸权地位。东方的齐国、北方的晋国、南方的楚国、长江下游的吴国与越国先后建立了霸权。史书将这一时期建立霸权的诸侯国国君统称为"春秋五霸"。

人物	相关内容
齐桓公	春秋时期第一位霸主，他任管仲为相，改革内政，发展生产，改革军制，尊王攘夷，葵丘会盟
晋文公	楚晋争霸在春秋时期最为激烈，城濮之战后成为中原霸主，与齐桓公并称"齐桓晋文"
楚庄王	继位三载后一鸣惊人，北上争霸，邲之战击败晋国，饮马黄河，问鼎中原
吴王阖闾	进行一系列改革，选贤任能，强兵兴国，任用孙武为将，打败越军，称霸中原
越王勾践	春秋时期最后一位霸主，他卧薪尝胆，灭亡吴国，徐州会盟，迁都琅琊，称霸中原

● 关联知识 ●

"春秋五霸"的两种说法

关于"春秋五霸"，古书中有不同说法：一说为齐桓公、晋文公、楚庄王、吴王阖闾、越王勾践；一说为齐桓公、宋襄公、晋文公、秦穆公、楚庄王。

春秋时期的争霸战争，给社会带来了种种灾难。但是在争霸过程中，出现了一些疆域较大的国家。

②春秋时期的变法

春秋时期，各诸侯国先后变法，新的赋税制度和法律条文，促使土地所有制逐步由国有制向私有制转变，如齐国管仲的"相地而衰征"、鲁国的"初税亩"都属于这种情况。

（2）战国兼并战

①战国形成：a.三家分晋，赵、魏、韩；b.田氏代齐；c.战国七雄：齐、楚、秦、燕、赵、魏、韩。

②战国时期著名的战役：桂陵之战、马陵之战、长平之战。

长平之战：公元前260年，秦、赵之间发生长平之战，赵军大败，一蹶不振。从此，东方六国再也无力抵御秦军的进攻。

③战国时期的变法

战国时期，随着封建经济的发展，新兴地主阶级的经济和政治势力越来越大。新兴地主阶级纷纷要求在政治上进行改革，发展封建经济，建立地主阶级统治。变法运动成为战国时期的一股潮流。其中，秦国的商鞅变法效果最为卓著。

商鞅变法开始于公元前356年。主要内容有：重农抑商，奖励耕织；奖励军功，剥夺和限制贵族特权；强制大家庭拆散为个体小家庭；"废井田，开阡陌"，授田于百姓；在民间实行什伍连坐，互相纠察告发；行政管理上普遍推行县制（这是"县"最早作为我国地方行政建制出现），县的主要官员由君主任免。后来商鞅被杀，但变法措施已深入人心。商鞅变法顺应历史潮流，集列国变法之长，是战国时期持续时间最长、涉及面最广、改革最为彻底的一次变法。变法使秦国国富兵强，为秦统一中国奠定了基础。

战国时期，各国经过变法，先后建立了代表封建地主阶级利益的君主专制中央集权郡县官僚制国家。官僚制度开始兴起，官僚政治开始取代贵族政治，地主阶级统治取代了奴隶主贵族统治，地主阶级和农民阶级的矛盾成为社会的主要矛盾，中国封建社会形成了。

精选真题

[2018上半年]《全球文明史》写道："席卷整个中国的战争对正在兴起的官僚精英和平民来说，都是一次较大的挫折。在这个时代，军事技能和体能被看作比士所具有的文学和礼仪才能更有价值。"文中的"这个时代"是指（　　　）

A.春秋战国时期　　　　　　　　B.三国时期

C.南北朝时期　　　　　　　　　D.宋金对峙时期

答案：A。本题考查春秋战国时期的时代特征，考查考生的理解能力。由题干材料可知，"这个时代"战争席卷整个中国，官僚制度兴起，军事才能比传统的士所具有的文学和礼仪才能更有价值。依据所学知识可知，春秋时期，诸国进行争霸战争，战国时期，列国进行兼并战争，整个春秋战国时期，社会急剧动荡，频繁的战争使得军事才能变得异乎重要。春秋战国时期，分封制瓦解，贵族政治开始被官僚政治取代。春秋战国时期符合题干材料所述，因此答案选A。

[疑难点拨]本题的难点是从题干材料中提取春秋战国的几个时代特征：先后进行的争霸和兼并战争、贵族政治衰落、官僚阶层开始兴起。

2.春秋战国时期的社会经济

（1）社会经济制度的变化

社会经济制度开始由奴隶制经济向封建经济飞跃，极大地解放了生产力。

（2）农业的发展

由于铁制农具的使用和牛耕的普遍推广，农业得到了极大的发展。各国纷纷兴建水利灌溉工程，如秦国李冰父子修建的都江堰,韩国郑国修建的郑国渠,楚国孙叔敖修建的芍陂。

（3）工商业的发展

①"工商食官"制度废除。春秋战国时期,随着私营手工业的出现,以及官营手工业效率低下、周王室的衰微等因素,"工商食官"制衰落,至战国后期,彻底终结。

②这一时期工商业的发展主要体现在纺织、漆器、金属铸币三个方面。铁器的推广,促进了手工工具的不断革新,纺织技术迅速提高。战国时漆器开始出现夹纻胎等新产品。战国时金属货币的大量流通,形成了布币、刀币、圜钱和蚁鼻钱四大货币体系。

③这一时期商业很发达,各地涌现出一批人口众多、商贾云集的中心城市。不少工商业主聚集了大量钱财,有的富比王侯。

3.春秋战国的百家争鸣

春秋战国时期,政治经济领域发生了深刻的变化,思想文化领域出现了许许多多的派别,如儒、墨、法、兵、农、阴阳等家,人们统称为"诸子百家"。各学派都创立学说,聚徒讲学,议论时政,相互诘难,人们把思想领域出现的这种局面称为"百家争鸣"。

（1）主要流派

流派	代表人物	作品	思想主张
儒家	孔子	《春秋》	孔子是儒家创始人。他主张礼治,反对法治;主张维护等级制度的正名思想;主张克己复礼,天下归仁;在教育上,孔子主张"有教无类"和"因材施教"
	孟子	《孟子》	孟子是儒家战国时期代表人物,他主张法先王、行仁政,提出"民贵君轻"的民本思想;主张"性善论",提出"春秋无义战"
	荀子	《荀子》	荀子提出"天行有常"和"制天命而用之"的唯物论观点;主张"性恶论"
道家	老子	《道德经》	老子是道家创始人。他认为"道"是万物的本原;提出任何事物都有矛盾对立的两个方面的辩证法思想;倡导"无为而治"
	庄子	《庄子》	庄子是道家战国时期代表人物,他继承和发展了老子的学说,认为世间万物都是相对的;认为放弃一切差别观念,就能获得精神上的自由;提出"逍遥"的人生态度
墨家	墨子	《墨子》	墨子主张"兼爱",即爱无差别等级,不分厚薄亲疏;主张"非攻",即各国和平共处,反对不义战争;主张"尚贤",即治国以贤,反对任人唯亲;主张"节俭",反对统治者铺张浪费
法家	韩非	《韩非子》	韩非子是法家学派的集大成者,主张以法治国,提出建立君主专制的中央集权国家,并主张变法革新
	李斯	《谏逐客书》	李斯主张统一天下,实行郡县制;主张人主独尊,法自君出;主张以法为教,以吏为师,厉行思想文化专制;主张重刑,强调深督轻罪
纵横家	鬼谷子	《鬼谷子》	纵横家鼻祖
	苏秦	《苏子》	"合纵"——六国纵向联合,一起对抗强秦
	张仪	《张子》	"连横"——远交近攻,瓦解六国联盟

续表

流派	代表人物	作品	思想主张
杂家	吕不韦	《吕氏春秋》	《吕氏春秋》作为中国历史上第一部有组织按计划编写的文集,规模宏大
兵家	孙武(兵家鼻祖)	《孙子兵法》	主张"谋攻",《孙子兵法》是世界上最早的兵书
兵家	孙膑	《孙膑兵法》	主张运用武力通过战争来达到统一国家的目的

山香指导 孔子的"仁"最基本的精神是"仁者爱人""己所不欲,勿施于人",它是一种含义极广的伦理道德观念。孟子的"仁政"从孔子的"仁"的思想出发,扩展成包括思想、政治、经济、文化等各个方面的施政纲领。因此,孟子的"仁政"不是对孔子"仁"的简单继承,是对孔子"为政以德"思想的继承与发展。

(2)百家争鸣的意义

百家争鸣基本上形成了中国的传统文化体系,是中国历史上第一次大规模的思想解放运动,有力地推动了中国历史的发展。各家之间互相辩驳,又互相影响,互相取长补短,有力地促进了思想文化的发展。百家争鸣是中国学术文化思想发展史上的重要里程碑阶段,奠定了中国思想文化发展的基础。

精选真题

1.[2019上半年]据先秦典籍记载,有一位思想家在论述仁义问题时,提出"仁者无敌""仁人无敌于天下"的观点。这位思想家是(　　)

　　A.老子　　　　　　　　　　　　B.墨子

　　C.孟子　　　　　　　　　　　　D.荀子

答案:C。本题考查儒家代表人物孟子,考查考生的理解能力。"仁者无敌"和"仁人无敌于天下"都出自《孟子》,孟子主张"仁政"。老子的主要观点是道法自然。墨子的主要观点是尚贤、兼爱、非攻等。荀子主张性恶论。

2.[2018下半年]先秦时期,某思想家认为"德之不修,学之不讲,闻义不能徙,不善不能改,是吾忧也"。这位思想家是(　　)

　　A.老子　　　　　　　　　　　　B.孔子

　　C.庄子　　　　　　　　　　　　D.墨子

答案:B。本题考查儒家代表人物孔子,考查考生的理解能力。题干引用的语句的意思是,"许多人不去培养品德,不去讲习学问,听到义不能去做,有缺点不能改正,这些都是我所忧虑的",出自《论语·述而》。孔子重视道德的作用,提出"仁"的学说,教育学生谦虚好学。老子主张"以柔克刚"。庄子提出"无为而治"。墨子主张"兼爱""非攻"。故答案选B项。

4.春秋战国时期的科技文化

（1）天文

《诗经》中记载了公元前776年9月6日发生日食,这是我国历史上第一次有确定日期的日食记录。

公元前613年,鲁国天文学家观测并记下了一颗彗星扫过北斗,这是世界上关于哈雷彗星最早的确切记载。

（2）历法

今天我们用的农历,又叫"夏历",据说源于夏朝。到商朝时,历法逐渐完备,一年分为十二个月,大月三十天,小月二十九天,闰年增加一个月。

战国时期,人们测定出一年二十四个节气,以便安排农业生产。

（3）医学

扁鹊是春秋战国之际的名医,他总结出来望、闻、问、切四种诊断疾病的方法,一直被中医沿用。

（4）文学

《诗经》是我国第一部诗歌总集,共305篇。绝大部分是西周至春秋中叶的诗歌;《诗经》分为风、雅、颂三部分。

屈原生活在战国末期的楚国,他吸收民歌精华,采用楚国方言,创造出一种新体诗歌——楚辞。屈原创造出很多优秀诗篇,代表作《离骚》是千古传颂的抒情长诗。

（5）钟鼓之乐

春秋战国时期盛行"钟鼓之乐",反映了我国古代音乐发展的较高水平。湖北随州出土了大量的钟鼓乐器,其中以整套编钟最为珍贵。

三、秦汉时期——统一国家的建立 重点

（一）秦的统一与中央集权制度的形成

1.秦的统一

公元前221年,秦王嬴政统一六国,结束了长期以来诸侯割据的局面,建立了一个以咸阳为都城的幅员辽阔的国家。

秦灭六国的顺序:韩（前230年）→赵→魏→楚→燕→齐（前221年）

意义:秦的统一,结束了春秋战国以来诸侯割据称雄的战乱局面,符合历史发展的要求,为我国统一多民族国家的建立与发展奠定了基础;同时,为社会经济的恢复与发展,为各族人民的安定生活和相互交往提供了有利条件,符合各族人民的共同愿望。

2.秦朝中央集权制度

专制主义中央集权制度是中国古代政治制度的核心,是秦始皇在统一六国,建立封建统一王朝后建立的。其目的是强化统治,巩固统一。主要内容有:

（1）政治方面:①确立至高无上的皇权。秦王嬴政自称"始皇帝",他规定:皇帝拥有至高无上的权力,凡行政、军事、经济等一切大权,均由皇帝总揽。

②建立从中央到地方的官制和行政机构。在中央,设置丞相、御史大夫和太尉。丞相帮助皇帝处理全国的政事;御史大夫执掌群臣奏章,下达皇帝诏令,兼理国家监察事务;太尉负责管理军事。在地方,废除分封制,在全国范围内推行郡县制度,县以下设乡、里等基层行政组织。

③颁布通行全国的秦律。秦律集中体现了地主阶级的意志,对后世封建律令的制定很有影响。

（2）经济方面:①实行土地私有制,按亩纳税;②统一度量衡;③统一货币;④统一车轨,修驰道。

（3）文化方面:①书同文。秦始皇下令把"小篆"作为标准字体,通令全国使用。②焚书坑儒,加强思想控制。③以法为教,以吏为师。规定教育由官府举办,严禁私学,实行愚民政策。

秦朝建立的中央集权制度有利于国家的统一,对祖国疆域的初步奠定以及形成以华夏族为主体的中华民族起到了重要作用。有利于封建经济的发展。建立了地主阶级对广大劳动人民的专制统治。秦朝建立的中央集权专制统治的政治制度有很大的开创性,奠定了中国两千多年封建政治制度的基本格局,为历代封建王朝所沿用,且不断加强与完善。

3.秦朝的灭亡

(1)秦末农民战争爆发的根本原因——秦的暴政。

(2)公元前209年,陈胜、吴广在大泽乡发动起义。陈胜、吴广起义是中国历史上第一次大规模的农民起义。起义虽然失败,但他们的革命首创精神,鼓舞了后世千百万劳动人民起来反抗残暴的统治。

(3)公元前207年,巨鹿之战,项羽以少胜多,打败秦军主力。与此同时,刘邦进逼咸阳,秦朝灭亡。

(4)楚汉战争:刘邦和项羽两大集团为争夺政权而进行的一场大规模战争。最终,楚汉之争以项羽败亡,刘邦建立西汉王朝而告终。

(二)大一统的汉朝

公元前202年,刘邦建立汉朝,定都长安,历史上称之为西汉。刘邦史称汉高祖。

汉高祖和他的后继者汉文帝、汉景帝等,吸取秦亡的教训,减轻农民的徭役、兵役负担,注重发展农业生产、以身作则,实行重农抑商和轻徭薄赋的休养生息政策,汉文帝时变十五税一为三十税一。汉文帝、汉景帝重视农业生产,政治清明,经济发展,社会比较安定,百姓富裕起来,历史上称这一时期的统治为"文景之治"。

精选真题

[2016上半年]晁错说:"今法律贱商人,商人已富贵矣;尊农夫,农夫已贫贱矣。"对此,汉文帝采取的措施是(　　)

①推行口赋和算赋　②推行重农抑商政策　③变十五税一为三十税一　④宽松刑罚,裁减官吏

A.①②　　　　　　　　　　　　　　B.①③

C.②③　　　　　　　　　　　　　　D.②④

答案:C。本题考查汉文帝的统治措施,考查考生的识记能力。"今法律贱商人,商人已富贵矣;尊农夫,农夫已贫贱矣"的意思是:当今虽然法律轻视商人,而商人实际上已经富贵了;法律尊重农民,而农民事实上却已贫贱了。重在强调当时商人与地主、官僚互相勾结,通过地租、徭役、工商业和高利贷等多种形式,对农民和手工业者进行疯狂的掠夺,迫使广大农民陷入"卖田宅、子孙以偿责"的困境,有的农民弃农经商谋求生路,使农业愈加荒废。对此,汉文帝采取了减免田税、重农抑商、入粟拜爵等措施。故本题选C。

1.汉初王国问题

(1)郡国并行制

汉高祖刘邦建汉之初,在地方上实行"郡国并行制",即一方面继承秦朝的郡县制,另一方面分封同姓和异姓子弟为王,建立诸侯国。诸侯国后来逐渐成为割据一方的地方势力。

(2)七国之乱

文帝、景帝时,为消除地方势力对中央的威胁,加强中央集权,采取了一系列措施。文帝采纳贾谊"众建诸侯而少其力"的建议,把齐国分成六个小王国,把淮南国分为三个小王国,以削弱其力量。

景帝采纳晁错"削藩"的建议,实行"削藩",削减了几个诸侯王的封区,导致了以"清君侧"为借口的以吴王刘濞为首的七国之乱。

七国之乱平定后,景帝下令取消了诸侯王的治民权,又减缩诸侯王的统治机构,降低王国官职的等级,

使之成为中央直接管理的一级地方行政单位,基本上解决了刘邦实行诸侯王制度的弊病,到了汉武帝时期又实行推恩令,进一步加强了中央集权。郡国并行制下王国问题基本得到解决。

精选真题

[2016下半年]西汉初年,针对王国势力尾大不掉的局面,汉景帝采取的措施是(　　)

A.接受晁错建议,实行"削藩"　　　　B.实行"推恩令",缩小封地

C.设刺史,监察全国地方政治　　　　D.精简官吏,提高办事效率

答案:A。本题考查西汉的王国问题,考查考生的识记能力。针对西汉初期地方诸侯国势力过于强大,势力尾大不掉的局面,汉景帝接受晁错的建议,开始了"削藩"。故本题选A。

2.汉武帝加强中央集权的措施

经过汉初多年的发展,到公元前140年汉武帝即位后,西汉王朝进入了空前繁荣时期。在此基础上,汉武帝在政治、经济、军事、思想等方面采取了一系列措施,进一步加强了中央集权。

领域	措施	内容	影响
政治	①建立"中朝"(也称"内朝"),削弱丞相权力	汉武帝为限制宰相权力而设置 内朝:在宫内办公,实际上是决策机关 外朝:由丞相为首的三公九卿组成,在宫外办公,执行机关	内朝凌驾于外朝之上,是皇帝的御用工具,皇权得以加强
	②设置刺史,加强对地方的控制	将全国划分为十三州部,每州设刺史,对地方郡县进行监察	刺史代表中央监察诸侯王和地方高官,地方割据势力被削弱,中央集权得以加强
	③改革选官制度	设立郡国岁举孝廉的察举制度 设立太学,只要考试合格就可以授官	给予贫困子弟做官的途径,充实和加强了封建统治机构
	④削弱郡国实力	颁布"推恩令":规定诸侯王嫡长子继承王位,其他诸子分封,作为侯国 "附益之法":规定王国官为"左官",地位低于中央任命的官吏,以此限制诸侯王招揽人才	推恩令下,王国越分越小,进一步削弱了诸侯王的势力,中央集权得以巩固和加强
经济	①统一币制	禁止郡国铸钱,成立专门的铸币机构 五铢钱作为法定货币,通行全国	把铸币大权收归中央,对经济的恢复和财政状况的好转起了重要作用
	②盐铁官营	在中央设置盐铁丞,总管全国的盐铁经营事业	增加了国家的财政收入
	③均输法	由国家在各地统一征购、运输货物	抑制了大商贾垄断市场
	④平准法	政府通过官营商业、收售物资以平抑市场商品价格	既可以打击富商大贾囤积居奇的行为,又能调剂供需,节制市场
	⑤颁布算缗、告缗令	算缗是西汉武帝时国家向商人征收的一种财产税 告缗是当时反商人瞒产漏税的一种强制办法	打击了不法工商业主,增加了商税的收入,巩固封建经济基础

领域	措施	内容	影响
思想	"罢黜百家,独尊儒术"	汉武帝采纳董仲舒的建议实施"罢黜百家,独尊儒术"的政策后,以孔孟为正宗的儒学成为统治阶级的正统思想	加强了对人民思想的束缚,巩固了中央集权
军事	建立期门军和羽林骑,建立八校尉	八校尉的士卒都由招募而来,是职业兵,这是我国古代募兵制的开始	提高了军队战斗力
对外关系	北退匈奴开辟"丝绸之路"	汉武帝派卫青、霍去病北退匈奴;派张骞出使西域,开辟了丝绸之路;派军队征服西南夷;对东南地区的少数民族加强管理	维护了多民族国家的安定统一局面

精选真题

1.[2018下半年]《汉书》载:"诏贤良曰:'……贤良明于古今王事之体,受策察问,咸以书对,著之于篇,朕亲览焉。'于是董仲舒、公孙弘等出焉。"文中的"朕"指的是(   )

A.汉高祖　　　　　　　　　　B.汉文帝

C.汉景帝　　　　　　　　　　D.汉武帝

答案:D。本题考查汉武帝,考查考生的理解能力。题干中的董仲舒、公孙弘活跃在汉武帝时期,故答案选D项。

2.[2015上半年]阅读下面材料,并回答问题。

材料:

今师异道,人异论,百家殊方,指意不同,是以上亡以持一统;法制数变,下不知所守。臣愚以为诸不在六艺之科、孔子之术者,皆绝其道,勿使并进。邪辟之说灭息,然后统纪可一而法度可明,民知所从矣。

——董仲舒《天人三策》

问题:

(1)根据材料,董仲舒认为"持一统"的主要障碍是什么?

(2)根据所学知识指出汉初统治者崇尚什么学说?

(3)材料中董仲舒提出什么建议? 其目的是什么?

参考答案:(1)学说众多,法制数变。

(2)黄老之说。

(3)建议:统一思想;目的:维护封建王朝统治。

3.东汉的建立与兴衰

(1)建立

公元9年,外戚王莽篡汉,自立新朝,西汉灭亡。公元25年,汉朝宗室刘秀在洛阳兴复汉室,史称东汉。

(2)政治概况

①尚书台权力不断扩大

东汉光武帝刘秀为加强君主专制,集中皇权,削弱相权,凡机密之事全部交给尚书处理,以此制约三公。尚书的职权由此扩大。

东汉尚书台权力极重,既出诏令,又出政令;朝臣选举,由尚书台主管;还拥有纠察、举劾、典案百官之权;参与国家重大政事的谋议、决策,对朝政有着重大影响。

尚书台权力虽重,但台官职位卑微,长官尚书令不过千石,尚在九卿之下,这样位卑权重,皆由皇帝亲任干练之士充任,便于控制,皇权得以集中。

②外戚与宦官专权日盛

进入东汉中期以后,从和帝开始,东汉政权内部,出现了外戚、宦官轮流把持国家最高权力的局面。这种情况,贯穿于整个东汉中后期的历史,成为东汉政治史的一个重要特点。桓帝、灵帝时,士大夫和太学生对宦官乱政的现象不满,与宦官发生党争,事件因宦官以"党人"罪名禁锢士人终身而得名**"党锢之祸"**,两次党锢之祸都以反宦官集团的失败而结束。

(3)衰亡

在外戚与宦官交替擅权下,东汉王朝日益腐朽,社会矛盾不断激化,最终导致"东汉末年分三国"的局面。

精选真题

[2019上半年]下列选项,发生在东汉时期的是(   )

①耦耕的推广   ②《九章算术》成书

③党锢之祸   ④始设西域都护

A.①②   B.①③

C.②③   D.②④

答案:C。本题考查东汉时期的历史事件,考查考生的识记能力。耦耕是西周时期农业的主要耕作方式,①不符合题目要求。《九章算术》成书于东汉时期,②符合题目要求。党锢之祸发生在东汉末期,③符合题目要求。公元前60年,西汉在西域设立西域都护,④不符合题目要求。

(三)秦汉社会经济的发展

1.水利

治理黄河。汉武帝大规模治水,对北部广大地区的农业生产具有重大的进步作用。治理黄河是两汉时期重视水利的重要表现。汉武帝曾令人治理黄河。东汉明帝令水利专家王景主持修黄河。

2.农业

(1)农业技术的改进:西汉时期,铁农具的使用已相当普及。西汉时期以牛耕为主,主要是用"二牛抬杠"的形式,到东汉时二牛抬杠式已推广到珠江流域,且更为简便的一牛挽犁牛耕法也开始出现。

西汉时耕犁安装了便于翻土碎土的犁壁,提高了耕作效率。这比欧洲早一千多年。

汉武帝时搜粟都尉赵过发明播种用的**耧车**,总结了一种轮耕制的耕作方法——代田法。

(2)农学著作

西汉出现了我国现存最早的农书《氾胜之书》,介绍了有关作物栽培的知识。

东汉时期的《四民月令》介绍了关于农事活动安排和农业生产技术的内容,反映了当时的农业生产状况。

精选真题

1.[2018下半年]农业著述是中国古代农业文明的重要组成部分。下列历史文献属于该分类的是( )

①《沟洫志》　　　　　　　　　　②《齐民要术》

③《氾胜之书》　　　　　　　　　④《水经注》

A.①②③　　　　　　　　　　　　B.①②④

C.①③④　　　　　　　　　　　　D.②③④

答案:A。本题考查中国古代的农业著述,考查考生的识记能力。《沟洫志》是《汉书》"十志"之一,记述汉朝及其之前的水利史实,涉及防洪、航运、灌溉等方面,属于农业著作的范畴。《齐民要术》是北魏时期贾思勰所著的农学著作。《氾胜之书》是西汉时期氾胜之所著农业著作。《水经注》是北魏时期郦道元所著地理学著作,不是农业著作。④不符合题目要求。故答案选A项。

2.[2018上半年]下图是东汉画像石拓片,从中可以直接获取的历史信息是( )

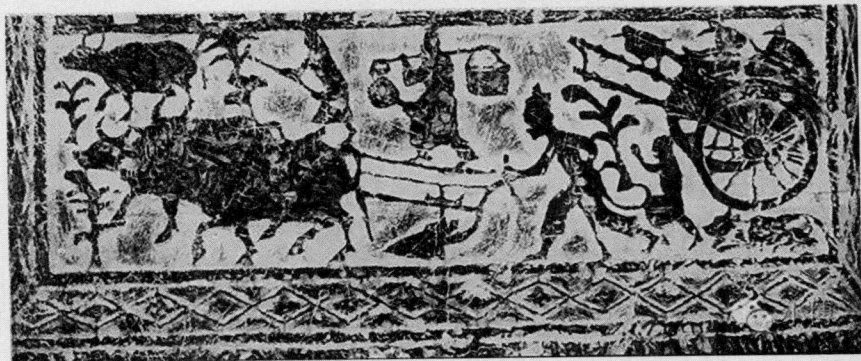

A.播种工具的出现　　　　　　　　B.铁制农具的发明

C.牛耕技术的运用　　　　　　　　D.灌溉技术的进步

答案:C。本题考查古代中国农业生产技术,考查考生的读图能力和对知识的掌握能力。根据图片可以看出拓片上的内容为"二牛抬杠",由此可知,东汉时期牛耕技术已经得到运用。从图片中看不出播种工具、灌溉技术,排除A、D;铁制农具在东汉之前就已发明,排除B,故答案选C项。

[**方法总结**]图片材料型选择题将一定的信息隐含在图片里,借助图片研究事物的特征、规律或联系等,解答这类题可以分为三步。第一步:审。一是审图,要求弄清图片有几个要素和几层含义;二是审注,注的内容对图起补充性或解释性的作用,对理解图及组织答案有一定帮助;三是审设问,设问是图片的落脚点和出发点,不同的设问决定了不同的答题方向。第二步:比。即对图片中的内容或横向或纵向比较。第三步:联。注意图与图之间的联系,注意图与教材相关知识的联系。

3. 手工业

(1)汉代的丝织品,已经使用提花机,而且染色的技术也很高,能织出精美的花纹,呈现出万紫千红的色彩。长沙马王堆汉墓出土的素纱蝉衣充分展示了西汉丝织技术的高超水平。

(2)冶铁业规模扩大、技术提高,煤成为冶铁原料。

(3)在冶铁技术上发明了淬火技术;东汉杜诗发明水排,利用水力鼓风冶铁,使中国冶铁水平长期领先世界;低温炼钢技术发明并得到推广。

4. 商业

西汉的都城长安和东汉的都城洛阳,规模宏大,人称东西二京。长安人口有五十万左右,洛阳人口在百万以上。长安城内的街道宽阔笔直,有较为完备的排水沟、下水道。城里有专门的商业区,叫作"市"。

(四)秦汉时期民族关系与对外关系

1. 北击匈奴

秦汉之际,匈奴族首领冒顿单于第一次统一蒙古草原,建立起强大的国家。

秦末汉初,中原长期战乱,匈奴乘机南下。西汉初期,限于国力,对匈奴实行"和亲"政策。

汉武帝时期,国力强盛,开始对匈奴实行大规模反击,夺取了河套和河西走廊地区。

公元前119年,汉武帝派卫青、霍去病抗击匈奴,经漠北战役大败匈奴,从此,匈奴再也无力与西汉对抗。

公元前1世纪中期,汉元帝时,呼韩邪单于向汉称臣,**昭君出塞**,为汉匈友好交往做出贡献。

精选真题

[2015上半年]右图中人物受到后人敬仰的主要原因是(　　　　)

A. 远嫁呼韩邪单于,促成汉匈友好

B. 辅助孝文帝,促使鲜卑族汉化

C. 远嫁松赞干布,促进汉藏友好

D. 发明织布机,传播棉纺织技术

答案:A。本题考查西汉与匈奴的和亲,考查考生的读图能力和对知识的掌握能力。图中的人物为西汉时期的王昭君。汉元帝时,宫女王昭君远嫁呼韩邪单于,为汉匈的友好相处和文化交流做出了重大贡献。

2. 张骞通西域

(1)汉武帝时期派张骞两次出使西域。

公元前138年,张骞第一次出使西域。目的是联合大月氏,共同反击匈奴。

公元前119年,张骞第二次出使西域。

后来,内地与西域人员往来增多;内地精美的丝绸和铁器等产品,先进的铁器制作和凿井技术传到西域;西域的骏马、瓜果(核桃、石榴、葡萄等)、苜蓿、音乐、舞蹈和魔术传入内地。

(2)公元前60年,西汉在西域建立西域都护,总管西域事务。从此,今新疆地区开始隶属中央政府管辖,成为我国领土不可分割的一部分。

3. "丝绸之路"

(1)路线:陆地上是从长安往西经过河西走廊出玉门关、阳关,经今新疆境内,到西亚,再由西亚到欧洲。海上是从广东的港口出发,最远抵达印度半岛南端和斯里兰卡岛。

(2)作用:是东西方经济文化交流的桥梁,促进了中国与中亚、西亚和欧洲的经济文化交流,促进了中国人民与各国人民之间的相互了解和友谊,对促进汉朝的兴盛产生了积极的作用。

(3)历史价值:体现中国古代劳动人民的勤劳、智慧和富有创造力的精神;中西方友好、物质文化交流的历史见证;有利于弘扬我国民族文化,增强民族凝聚力和自豪感;有利于当今旅游事业的发展和考古工作的开展。至今仍是中西交往的一条重要通道,在我国对外经济文化交流中仍然发挥着重大作用。

精选真题

[2017下半年]考古学家在丝绸之路沿线的乌孙、于阗等地的墓葬中发现许多汉锦、丝绸、铁器、装饰品。这表明汉代(　　)

A.中原与西域的经济联系密切　　　　B.西域手工业的兴盛

C.西域与中原丝织业水平相当　　　　D.西域奢侈之风盛行

答案: A。本题以丝绸之路沿线的考古发现为切入点,考查汉代中原与西域的关系,考查考生的理解能力。乌孙、于阗在汉代属于西域地区,是当时丝绸之路上的重要国家,与中原政权保持密切的商贸往来。所以,在当地墓葬中发现大量汉代的手工业制品。西域各国由于自然环境和社会生产力水平的限制,缺乏丝织品的生产原料和技术,B、C两项错误。西域墓葬中的随葬品与日常生活相关,不能反映该地奢侈之风盛行,D项错误。

4.班超经营西域

东汉初年,北匈奴重新控制西域。为了恢复对西域的管辖,公元73年,东汉政府派班超出使西域。班超在西域经营30多年,进一步加强了西域和内地的联系。

公元97年,班超派甘英出使大秦(中国古代对古罗马帝国的称呼)。甘英到达波斯湾沿岸,未能继续前行,但了解到沿途以及欧洲的一些情况。

166年大秦派使臣访问洛阳,以大秦安敦王的名义向东汉皇帝赠送礼品,这是欧洲国家同我国的首次直接交往。

精选真题

[2019下半年]阅读下面材料并回答问题。

材料一 大秦王安敦遣使自日南徼外献象牙、犀角、玳瑁,始乃一通焉。其所表贡,并无珍异,疑传者过焉。

　　　　　　　　　　　　　　　　　　　　　　　——摘自范晔《后汉书·西域传》

材料二 如果来使的身份真实,必然会带来大量宝贵的信息,更新汉人对于罗马帝国本土的认识。然而种种迹象表明,这些来使的身份值得怀疑。首先,中外学者并没有从罗马帝国的拉丁文文献中发现存在过这样一个使团。其次,使团向汉朝皇帝的进献并无意大利本土的特产和工艺品,却都是一些热带地区的特产,如象牙、犀角、玳瑁……所以所谓使团应该是假借了罗马帝国为名的商业团体。

　　　　　　　　　　　　　　　　——摘编自李博文《先秦两汉西极观与汉代大秦国印象》

问题:

(1)材料一中的"始乃一通"指的是哪一历史事件?"疑传者过焉"表明范晔对这一事件持何看法?

(2)你认为材料二中的哪些信息可以为范晔的看法提供支持?

(3)历史教科书对"始乃一通"多持肯定态度,结合所学知识说明其理由。

参考答案:(1)"始乃一通"指罗马帝国皇帝安敦派使者第一次到达中国。"疑传者过焉"表明范晔对这一事件持怀疑态度。

(2)①中外学者没有从罗马帝国的拉丁文文献中发现存在过这样一个使团。②使团向汉朝皇帝进献的物品中并无意大利本土的特产和工艺品,却都是一些热带地区的特产。

（3）按照《后汉书》的记载,公元166年,大秦安敦王派出的使者到达东汉。早在西汉汉武帝时期,张骞开辟通往西域的道路,后来形成沟通欧亚的陆上交通道路,即丝绸之路。东汉明帝时,派班超出使西域,使西域各国重新与汉朝建立联系。公元97年,班超派甘英出使大秦,最终到达安息,开辟了通往西亚的路线,为打通欧亚交通作出了贡献。因此中国与罗马之间的往来和交流是极有可能的。

（五）秦汉时期科技文化

1.文学

两汉时期文学的文体是赋、乐府诗和散文。赋是一种散文韵文并用、体物言志的文体,源于楚辞,流传至今的汉赋有一千多篇。西汉前期代表作是贾谊的《吊屈原赋》,中期代表作是司马相如的《子虚赋》《上林赋》,后期代表作是扬雄的《甘泉赋》。

2.天文、数学、造纸术

西汉时期,我国第一部算学著作《周髀算经》成书,它是现存文献中最早记载勾股定理的著作。它也是天文学著作,主要阐明当时的盖天说和四分历法。

《九章算术》成书于东汉时期,是我国现存最早的数学专著,标志着我国古代数学完整体系的形成。

西汉时期,对太阳黑子的观测是世界公认的有关太阳黑子的最早记录。

东汉时期张衡发明的浑天仪和地动仪不仅是科学技术上的一大成就,而且沉重地打击了当时的谶纬迷信思想。地动仪是世界公认的最早的地震仪器(比欧洲早1700多年)。

西汉前期已经有了纸,甘肃天水汉墓中出土的纸制作于西汉前期,是世界上已知最早的纸。

东汉时期,蔡伦改进造纸术,人称这种纸为"蔡侯纸"。

3.医学

西汉时期《黄帝内经》是对战国以前医学临床经验的总结,是我国现存最早的一部重要的医学著作。

东汉张仲景:著有《伤寒杂病论》,被后世尊为"医圣"。

华佗:东汉名医,擅长外科手术,制成的全身麻醉药剂"麻沸散"是医学史上的创举,他还编了一套体操叫"五禽戏"。

东汉时期的医药学著作《神农本草经》,是我国现存最早的药物学著作。

4.考古成就

马王堆汉墓是指1972年在湖南省长沙市东郊发掘的一座汉朝墓地。马王堆出土文物种类繁多,涉及政治、历史、医药、地理、天文、文学、艺术、哲学等方面,有很多开创性的发现。

精选真题

[2016上半年]1972年考古学者在一古墓中发掘出大批帛书,涉及古代哲学、历史和科技等许多方面,是不可多得的历史文献资料。该墓是（　　　）

A.云梦睡虎地秦墓　　　　　　　　B.江陵张家山汉墓

C.临沂银雀山汉墓　　　　　　　　D.长沙马王堆汉墓

答案:D。本题考查重大考古发现,考查考生的识记能力。长沙马王堆汉墓于1972年开始发掘,共出土丝织品、帛书、帛画、漆器、陶器、竹简、印章、封泥、竹木器、农畜产品、中草药等遗物3000余件。故本题选D。

四、魏晋南北朝时期——政权分立与民族融合

(一)三国鼎立

1. 重要战役

(1)官渡之战

公元200年,曹操以少胜多,战胜袁绍,奠定了统一北方的基础。

(2)赤壁之战

公元208年,孙权、刘备战胜曹操,奠定了三国鼎立的基础。

2. 三国鼎立局面正式形成

国家	魏	蜀	吴
建立时间	220年	221年	229年
建立者	曹丕	刘备	孙权
都城	洛阳	成都	建业
灭亡	266年,西晋建立,魏亡	263年,被魏所灭	280年,被西晋所灭

3. 九品中正制

曹魏后期为争取世家大族的支持而推行的官吏选拔制度。曹丕接受陈群的建议,推行九品中正制,选择部分中央官吏兼任本州、郡、县的大小中正官,负责品评本区域的士人,将之分为上上、上中、上下、中上、中中、中下、下上、下中、下下九等,供吏部选官参考。九品中正制推行初期,还能做到综合考察门第和才能,后来则完全看中门第,逐渐转化为士族垄断仕途的工具,为门阀制度的形成铺平了道路。

4. 经济发展

三国时各国都注意发展经济,主要目的是满足军事斗争的需要。

魏国:修建了许多水利工程,北方生产得到恢复和发展;

蜀国:恢复和发展成都平原的经济;丝织业兴旺,蜀锦行销三国;

吴国:造船业发达,吴国卫温等人曾率万人船队到达夷洲(现在的台湾),加强了内地和台湾地区的联系。

(二)两晋 【重点】

(1)266年,司马炎建立西晋,定都洛阳,280年,西晋统一全国。316年西晋被匈奴所灭。

(2)南方:317年,司马睿重建晋朝,定都建康,史称"东晋"。

北方:4世纪后期,氐族人苻坚建立的前秦政权强大起来,统一了黄河流域。

(3)中国历史上著名的以少胜多的战役——淝水之战。

①时间:公元383年。

②作战双方:前秦——东晋。

③结果:东晋以少胜多,大败前秦。前秦统治瓦解,北方地区重新陷入割据混战状态,东晋取得暂时稳定,为南方经济发展提供了有利条件。

(4)南北朝

420年,刘裕废东晋恭帝司马德文,自立为帝,是为宋武帝,国号宋,东晋灭亡。此后170年间,南方先后经历了宋(420—479年)、齐(479—502年)、梁(502—557年)、陈(557—589年)四个王朝,合称南朝。四个王

朝均定都建康,加上先前在此定都的吴和东晋,又统称为六朝。

东晋统治南方的时候,北方先后出现了一批割据政权,最主要的有15个,加上西南地区的成汉,合称"十六国"。北方自439年北魏灭北凉开始,至581年隋取代北周为止,历经北魏、东魏西魏对峙、北齐北周对峙三个时期,史称北朝。

精选真题

1.[2019下半年]下图是古代中国某一历史时期的政局形势图(局部)。此图反映的时期是( )

A.南北朝时期　　　　　B.十六国时期　　　　　C.两宋时期　　　　　D.五代十国时期

答案:A。本题考查南北朝时期的政权,主要考查考生的读图能力和对知识的掌握能力。从图中可以看到后梁和陈,它们为中国古代南北朝时期的两个南朝政权。故此图反映的时期是南北朝时期,答案选A。

2.[2018下半年]下图是古代中国某一历史时期的政局形势图。这一政局形势出现于( )

A.公元5世纪　　　　　　　　　　　　B.公元6世纪

C.公元7世纪　　　　　　　　　　　　D.公元8世纪

答案:B。本题考查南北朝时期的政局形势,考查考生的识记能力。由图片可知,当时北齐、北周和陈朝形成南北对峙的态势,此时为南北朝时期。北齐建于550年,灭亡于577年。北周建于557年,灭亡于581年。陈朝建于557年,灭亡于589年。这三个国家都存在于公元6世纪。故答案选B项。

[**方法总结**]解答地图材料型选择题,需要读懂地图,根据地图中的历史地理名称变化、政治地理区域范围变化等信息,并结合所学知识判定该图所反映的历史特征、历史事件或形成原因等。

(三)东晋南朝的门阀制度　重点

1.士族与庶族

士族又称门阀士族,是以家族为基础,以门第为标准,在社会上形成的地主阶级的特权阶层,他们享有很高的政治、经济特权。与士族相对的是庶族,庶族是指士族以外的一般中小地主,也称寒门。

2.门阀政治

(1)形成原因

东汉以来豪强地主势力的发展;魏晋政权的统治基础是士族,皇帝依赖于士族的支持;九品中正制是士族制度的政治保障。

(2)发展

萌芽于东汉,形成于曹魏,巩固于西晋,鼎盛于东晋,渐衰于南朝,消亡于唐末。

(3)衰落原因

腐朽奢华的生活、与生俱来的特权导致士族缺乏执掌政权的能力,甚至缺乏生存能力;东晋、南朝统治集团内部斗争激烈,庶族乘机逐渐典掌机要;侯景之乱的冲击,晋朝南渡士族"侵略殆尽";隋唐科举制的实行动摇了士族的政治基础;唐末农民起义的打击。

(4)特点

政治上,按门第高低分享特权,世代担任重要官职;经济上,士族占有大量土地和劳动力,建立起自给自足、实力雄厚的庄园经济;不与庶族通婚,甚至坐不同席;崇尚清谈,占据高级文官职位。

(5)影响

士族制度的政治、经济特点,决定了魏晋南北朝时期阶级矛盾、民族矛盾、统治阶级内部矛盾特别尖锐,导致形成南北长期分裂割据的政治局面;士族田庄经济强化了封闭的自然经济,阻碍了商品经济的发展。

精选真题

[2018上半年]史载:"晋主虽有南面之尊,无总御之实,宰辅执政,政出多门,权去公家,遂成习俗。"文中"习俗"指的是(　　)

A.郡国并行　　　　　　　　　　B.内阁专权

C.地方割据　　　　　　　　　　D.门阀政治

答案:D。本题考查门阀政治,考查考生的理解能力。由"晋主"可知材料说的是晋朝,而晋朝政治上鲜明的特点就是门阀制度,由材料"晋主虽有南面之尊,无总御之实"可以看出皇帝权力很小,"宰辅执政,政出多门"则说明实际权力由几大门阀士族控制,"遂成习俗"说明门阀掌权已成惯例。郡国并行出现在西汉初期,排除A;内阁专权出现在明朝,排除B;晋朝地方割据并没有形成,排除C,故答案选D项。

(四)江南社会经济的发展

原因	1.北方劳动人民的南迁,既提供了大批劳动力,也带去了先进的生产工具和技术
	2.江南战争较少,不像北方那样战乱不休,社会安定,为经济发展提供了条件
	3.南北劳动人民相互学习、辛勤劳动,开垦荒地,兴修水利工程
	4.江南地区雨量充沛,水源充足,气候适宜,土地肥沃,自然条件优越

续表

表现	农业方面:垦田面积增多;牛耕的运用,耕作技术得以改进;单位面积产量增加;麦、菽等北方作物开始在南方种植;三吴地区农业尤为发达
	手工业方面:冶铁技术显著进步,首创灌钢法,提炼出纯度较高的钢铁
	商业方面:建康成为南方最大的商业城市,成为各地农产品、手工业品的集散地,城内外的贸易市场达数十个之多,来往船只成千上万
影响	江南地区的开发对我国经济产生了深远影响,为经济重心南移奠定了基础

从东汉末年到东晋数百年间,形成我国古代历史上时间最长、规模最大的一次人口迁徙高峰。

(五)北魏孝文帝改革 重点

公元439年,鲜卑族建立的北魏政权统一黄河流域。为了缓和社会矛盾和民族矛盾,冯太后、孝文帝先后进行了一系列改革,统称为孝文帝改革。

1.内容

在政治上,整顿吏治。以"治绩"的好坏为标准,整肃了官僚机构,巩固了封建统治。

在经济上,推行均田制。在实行均田制的同时又颁布了与之相联系的三长制和租调制。均田制使农民分得了一定数量的土地,将农民牢牢束缚在土地上,成为国家的编户,保证了地主们的基本利益及土地私有制。而租调制则相对减轻了农民的租调负担,改善了农民的生产生活条件,也促进了生产力的发展。

在文化上,**迁都洛阳**。为了接受汉族先进文化,加强对黄河流域的控制,孝文帝决定迁都洛阳。495年正式迁都洛阳,实行汉制与移风易俗,要求臣民讲汉语,这是孝文帝改革中最重要的措施。

精选真题

1.[2016下半年]推行"今欲断诸北语,一从正音(指汉语)"这一措施的是(　　)

A.秦始皇　　　　　　　　　　B.汉武帝

C.北魏孝文帝　　　　　　　　D.唐太宗

答案:C。本题考查北魏孝文帝改革,考查考生的识记能力。北魏孝文帝亲自主持了以学习汉文化为主要目的的革除旧俗改革,主要有"易胡服、讲汉语、改汉姓、通婚姻、改籍贯;学习汉族的礼法,尊崇孔子,以孝治国,提倡尊老、养老的风气"。题干中"北语"指的是鲜卑语,"正音"指的是汉语,"今欲断诸北语,一从正音"即要求使用汉语。故本题选C。

2.[2016上半年]史料记载:"诏迁洛之民,死葬河南,不得还北。于是代人南迁者,悉为河南洛阳人。"这一诏书颁布的时期是(　　)

A.东汉　　　　　　　　　　　B.西晋

C.北魏　　　　　　　　　　　D.北周

答案:C。本题考查北魏孝文帝改革,考查考生的理解能力。题干中材料的含义是:令迁居洛阳的人,死后安葬在黄河以南的地区,不准还葬北方。于是从平城南迁的人,都成了河南洛阳人。北魏孝文帝为了学习中原先进的文化,加强对黄河流域的控制,巩固北魏政权,于495年迁都洛阳。

2.影响

第一,北方社会经济有了明显提高。农业生产工具得到改进,兴修了大量水利工程,大批荒地得以开垦,粮食产量大幅提高。手工业生产及商业活动也日趋活跃。

第二,加速了北魏政权的封建化进程。迁都洛阳之后,北魏统治者接受汉族先进文化的熏陶,封建化进程加快,对北魏社会政治经济生活乃至整个中国历史都产生了深远影响。

第三,促进了民族之间的交流和融合。北魏孝文帝改革不仅缓和了民族矛盾,巩固了封建统治,更促进了民族的大融合,为结束长期分裂局面重新走向国家统一奠定了基础。

(六)魏晋南北朝时期的科技文化

1.文化

(1)诗歌

①建安诗歌。建安七子指东汉末年建安时期曹氏父子之外的七位著名文学家。他们是孔融、陈琳、王粲、徐干、阮瑀、应玚、刘桢。建安七子与三曹一起,构成建安文学的主力军。

②陶渊明的田园诗。东晋诗人陶渊明开创了田园诗体,为我国古典诗歌开创了一个新境界。

(2)书法

钟繇:三国时期曹魏著名的书法家、政治家,和大书法家胡昭并称"胡肥钟瘦",与东晋王羲之并称"钟王"。

王羲之被称为"书圣",他的作品被视为书法艺术的最高典范。其代表作为《兰亭集序》。

(3)绘画

张僧繇:南北朝时期梁朝大臣,著名画家,其寺院壁画极为传神。

东晋顾恺之的画线条优美,活泼传神,富有个性,代表作为《女史箴图》和《洛神赋图》。

(4)雕刻

山西大同的云冈石窟和河南洛阳的龙门石窟体现了三国两晋南北朝时期的最高艺术成就。

2.科技

(1)数学

刘徽,魏晋时期的数学家,撰有《九章算术注》和《海岛算经》。

祖冲之继承前人的成果,求出的圆周率在3.1415926到3.1415927之间,是世界上第一个把圆周率的数值准确计算到小数点后7位数字的杰出数学家,比欧洲早近千年。

(2)农学

北魏贾思勰的《齐民要术》是我国现存最早的一部完整的农书。这部著作集中、系统、全面地反映了中国古代农学成就,尤其是总结了魏晋南北朝时期北方的生产经验,被称为"古代中国的农业百科全书"。

(3)地理学

北魏郦道元所著的《水经注》是中国古代一部综合性的地理学专著,其内容远远超出了河道、水文,包括了河道流经地域的历史变迁、经济状况、自然景观等诸多方面,而且文笔生动流畅。

五、隋唐时期——繁荣与开放的社会 重点

(一)繁盛一时的隋朝

1.隋的建立

581年,杨坚(隋文帝)夺取北周政权,建立隋朝,定都长安。

2. 隋的统一

（1）时间：589年，隋朝灭陈，统一南北。

（2）隋朝实现重新统一的原因：①长期的分裂和战乱，人民渴望统一。②北方：经过南北朝长时期的民族大融合，民族界限缩小，为南北统一创造了条件；南方：江南经济的发展，南北人民要求结束分裂局面，加强双方的经济交流。③隋文帝励精图治，隋朝国力强盛；陈朝统治腐败，力量衰弱。

（3）隋朝统一的意义：结束了西晋末年以来二百七十多年的分裂、对峙局面，开创隋唐时期三百二十余年的"大一统"局面，为经济文化的繁荣发展奠定了基础。

3. 隋朝经济的繁荣——"开皇之治"

（1）表现：人口激增，垦田扩大、粮仓丰实。

（2）原因：①国家统一，社会安定；②隋文帝励精图治，发展生产；③统治者提倡节俭。

（3）隋文帝在位时期，国家统一、安定，人民负担较轻，经济繁荣发展，史称隋文帝的统治为"开皇之治"。

4. 隋朝的中央集权制度

（1）政治方面：隋文帝综合汉魏官制，确立了三省六部制。三省指内史省、门下省、尚书省，尚书省下设吏、民、礼、兵、刑、工六部。其中，内史省负责起草政令，为决策机构；门下省职掌封驳，为审议机构；尚书省下辖六部，为行政机关。三省六部制提高了行政效率，加强了中央的统治力量；削弱了相权，加强了皇权；是我国官制史上的重大变革，标志着封建政治制度的成熟。

（2）经济方面：①隋文帝时采取"大索貌阅"整顿户籍清查人口，采取"输籍定样"调整赋役。②隋文帝时实行均田制和租庸调制。③隋文帝统一南北币制和度量衡制度，发行五铢钱，规定标准的铜斗铁尺。

（3）军事方面：隋文帝时实行府兵制。隋朝府兵制的特点是兵农合一、寓兵于农。府兵平时为耕种土地的农民，战时从军。

5. 科举制的创立

隋文帝废除"九品中正制"，开始采取分科考试的办法选拔官吏。隋炀帝时，始设进士科，按考试成绩选拔人才，科举制正式形成。从此，门第不高的读书人，可以凭借才学做官；选拔官吏的权力，从地方集中到朝廷。

6. 隋的灭亡

公元618年，隋炀帝在江都被部将杀死，隋朝灭亡。

巧学妙记　为方便考生记忆，编者将南北朝至隋朝的朝代更替编成顺口溜，供考生参考记忆。

朝分南北划长江，宋齐梁陈据建康。

北魏东西分两魏，北齐废主东魏亡。

周承西魏收齐土，隋篡北周并陈疆。

筑苑凿河天下乱，三十八载覆朝堂。

（二）繁荣开放的唐朝

618年，李渊代隋称帝，定都长安，建立唐朝，国号"唐"，是为唐高祖。后经数十年征战，统一全国。

1.唐朝对隋朝制度的继承和发展

（1）三省六部制的完善

隋	唐	意义
正式确立	完善发展	
三省：内史、门下、尚书 六部：尚书省下设吏、民、礼、兵、刑、工，长官为尚书	三省：中书、门下、尚书分别为决策机构、审核机构、执行机构 六部：尚书省下设吏、户、礼、兵、刑、工，长官为尚书	相权一分为三，加强了君主专制；各省分工合作、互相监督，提高了办事效率；加强了专制主义中央集权

（2）科举制的完善

唐朝科举制度常设的考试科目很多，以进士和明经两科最为重要。唐朝时期完善科举制度的关键人物是唐太宗、武则天和唐玄宗。

①唐太宗：扩充国学的规模，增加考试的人数。

②武则天：增设殿试、武举。

③唐玄宗：丰富考试的内容，诗赋成为进士科主要的考试内容。

2.从"玄武门之变"到"安史之乱"

（1）玄武门之变

唐高祖武德九年（626年），秦王李世民在长安城宫城北门玄武门杀死太子李建成和齐王李元吉。随后，李渊诏立李世民为皇太子，下令军国庶事无论大小悉听皇太子处置。不久之后李世民即位，年号贞观。这就是玄武门之变。

（2）贞观之治

唐太宗即位以后，从统治阶级的根本利益出发，以隋亡为鉴，先后实行了一系列比较开明的政策：减少苛捐杂税，不过分奴役和压迫农民；严惩贪官污吏，奖励功臣良将；重视科举取士，选拔统治人才；革除弊政，励精图治；善于倾听不同意见，不断改进统治方法，等等。

贞观年间，农民占有一定土地，赋役负担减轻，有了安定的生产和生活环境，大量荒地被开垦出来，社会经济出现了繁荣景象。那时候，政治比较清明，经济发展较快，国力逐步增强。历史上称之为"贞观之治"，这是唐朝的第一个盛世，同时为后来的"开元之治"奠定了基础。

（3）武周政权

武则天当政期间，继续实行唐太宗发展农业生产、选拔贤才的政策，使唐朝社会经济进一步发展，国力不断增强。人称她的统治"政启开元，治宏贞观"。

（4）开元之治

开元之治是唐玄宗（李隆基）统治前期出现的盛世。唐玄宗在位44年，前期（开元年间）改治清明，励精图治，任用贤能，经济迅速发展，提倡文教，使得天下大治，唐朝进入全盛时期，并成为当时世界上最强盛的国家，史称"开元之治"。

（5）安史之乱

安史之乱是唐朝由盛而衰的转折点。"安"指安禄山，"史"指史思明，安史之乱是指他们起兵反对唐朝的一次叛乱。安史之乱自唐玄宗天宝十四年（755年）至唐代宗广德元年（763年）结束，前后长达八年之久。其原因是多方面的,是各种社会矛盾的集中反映,主要包括统治阶级和人民的矛盾,统治者内部的矛盾,民族矛盾以及中央和地方割据势力的矛盾,等等。

精选真题

[2018上半年]安史之乱造成北方地区"人烟断绝,千里萧条"。有诗人描述道:"寂寞天宝后,园庐但蒿藜。我里百余家,世乱各东西。"这位诗人是(　　)

A.李白　　　　　　　　　　B.杜甫

C.杜牧　　　　　　　　　　D.白居易

答案:B。本题考查用诗歌描述安史之乱的诗人,考查考生的识记能力。由题干可知这位诗人是生活在唐玄宗天宝年间的现实主义诗人,满足条件的是杜甫,这首诗出自杜甫《无家别》,故答案选B项。

(三)隋唐五代时期的经济

1.农业

唐朝曲辕犁的发明和使用,促进了土地开发;唐朝筒车的发明,促进了水利灌溉,推动了农业的发展;五代十国时期南方各国都重视兴修水利,吴越在南方各国中更居首位;桑树、茶树等经济作物普遍种植。

2.手工业

南方的丝织、制茶、造纸、印刷等行业都有了新的发展。南唐制茶业最为发达,成都、金陵成为全国最大的印刷业中心;蜀绣、吴绫、越锦等丝织品驰名全国;越窑的青瓷、邢窑的白瓷和唐三彩最为著名。

精选真题

[2017上半年]下图所示是唐代名窑的瓷器,被诗人陆龟蒙赞誉为"夺得千峰翠色来"。它产自(　　)

A.邢窑　　　　　　　　　　B.哥窑

C.钧窑　　　　　　　　　　D.越窑

答案:D。本题考查我国古代的制瓷业,考查考生的识记能力。"夺得千峰翠色来"出自陆龟蒙《秘色越器》一诗,是赞叹越窑秘色青瓷的名句。越窑是我国古代最著名的青瓷窑系,晚唐五代时期越窑青瓷为宫廷专用,烧制技术秘不外传,因此被称为"秘色瓷",其胎质细腻,釉面青碧,晶莹润泽。故本题选D。

3.商业

市场发达,城市有固定的交易场所"市",政府设官管理,市中出现了有利于商业发展的邸店、柜坊等。

草市:农村有定期进行交易的场所。最早出现于东晋南朝,到了唐中叶,其数量明显增多。

夜市:在扬州等地的城市中还出现了夜市,打破了日落闭市的旧制。

邸店:唐代以后供客商堆货、交易、寓居的行栈的旧称。

柜坊:唐代专营钱币和贵重物品存放与借贷的机构。是我国最早的银行雏形,比欧洲还早几百年。

唐中期以后,由于商业的发展,打破了原来住宅区"坊"和商业区"市"的界限。

城市兴旺,出现了长安、洛阳、扬州、成都等一批商业中心。

4.五代时期南方经济迅速发展的原因

(1)南方战祸较少,相对稳定,有利于经济的发展。

(2)北方人口的大量南迁,不仅传播了北方的生产技术和经验,更增加了南方的劳动力。

(3)许多割据政权的统治者,为了保存和增强实力,采取了一些促进经济发展的措施。

(4)唐朝南方经济发展已有一定的基础,五代时期进一步向前发展。

(四)隋唐的民族政策与中外经济文化交流

1.民族政策

唐朝民族政策的特点:开明,唐朝政府对边疆少数民族地区,采取"全其部落,顺其土俗"的开明政策。

(1)主要表现

突厥:唐太宗被北方各民族尊称为"天可汗"。在西域地区设置安西都护府及北庭都护府进行管辖。

靺鞨:唐玄宗授予粟末靺鞨首领大祚荣为渤海郡王,加授忽汗州都督,渤海正式划为唐朝版图。762年,唐朝诏令将渤海升格为国,有"海东盛国"之称。

吐蕃:文成公主和金城公主先后入藏,汉藏"合同为一家"。

回纥:后改名为"回鹘",唐玄宗封其首领骨力裴罗为怀仁可汗。

南诏:唐玄宗封其首领皮逻阁为云南王。

(2)方式

通过设置行政机构、和亲、册封、战争、会盟等多种措施。

(3)唐朝民族关系取得重大发展的原因

①经济繁荣,国力增强。这是民族关系发展的物质基础。

②国家统一、政治清明、社会安定,为民族关系发展提供了重要条件。

③唐朝政府实行的民族政策比较开明,策略也较灵活,有利于改善民族之间的关系,使不同的民族能够和睦相处。

(4)唐太宗实行开明民族政策的意义

①稳定了边疆地区。秦汉以来,北方的游牧民族经常与中原王朝发生冲突,而这一时期边疆地区相对稳定。

②政治稳定,双方之间的交流加强,促进边疆地区少数民族的经济文化发展。

③唐代对北方、西北少数民族的控制和影响远远超过前代。强大、宽容的唐王朝对少数民族形成了强大的向心力,促进了民族融合。唐太宗被少数民族首领称为"天可汗"是各民族首领拥戴唐朝的集中体现。

④扩大了唐朝的版图。唐朝前期的疆域,空前辽阔,东到大海、西达咸海、东北至外兴安岭、库页岛一带,南及南海。

2.中外经济文化交流

(1)隋唐对外交往比较活跃,与亚洲以至非洲、欧洲的一些国家,都有往来。唐朝在世界上享有很高的声望,各国人称中国人为"唐人"。

(2)唐与日本的关系:隋唐时,中日两国交往密切。贞观年间,日本有很多遣唐使、留学生和留学僧来唐学习。遣唐使回国后很受重用,他们以唐朝的制度为模式,进行政治改革,还参照汉字创制了日本文字,在社会生活上至今都保留唐朝人的某些风尚。唐朝赴日本的使节和僧人中,最有影响的是鉴真,曾六次东渡日本,在日本传播唐朝文化,主持设计唐招提寺。

(3)唐与新罗的关系:新罗派遣使节和大批留学生到唐朝学习;新罗商人来中国经商,新罗物产居唐朝进口首位。仿唐制建立政治制度,采用科举制选拔官吏,引入了中国的医学、天文、历算等科技成就。

(4)唐与天竺的关系:唐朝时中国与天竺交往频繁,最杰出的使者是高僧玄奘。贞观初年,他从长安出发,前往天竺。回国后,专心翻译佛经,还写成著名的《大唐西域记》。这部书是研究中亚、印度半岛以及我国新疆地区历史和佛学的重要典籍。

(五)隋唐的思想、文化、科技和教育

1.思想

这一时期,秦汉的黄老之学和魏晋的玄学已成过去,代之而起的是励精图治的现实政治主张、社会批判思想、儒家的礼治伦理思想和佛、道的宗教思想。

2.文化

(1)唐诗

时期	代表诗人	代表作
初唐	陈子昂	陈子昂是唐代第一个举起诗歌革新大旗的诗人,他的代表作《登幽州台歌》是唐代诗歌革新的有力宣言
盛唐	李白	李白的诗具有突出的浪漫主义风格,有"诗仙"之称;代表作:《蜀道难》《望庐山瀑布》
	杜甫	我国杰出的现实主义诗人,有"诗圣"之称,代表作有"三吏""三别"
中唐	白居易	继承杜甫传统,进一步主张"文章合为时而著,歌诗合为事而作",掀起新乐府运动,代表作《新乐府》
晚唐	杜牧	在艺术上追求"高绝",不务"奇丽";代表作:《泊秦淮》
	李商隐	以深情婉曲、典丽精工为其独特风格;代表作:《锦瑟》

(2)书法

隋末唐初欧阳询的书法极具特色,其代表作是《九成宫醴泉碑铭》。

盛唐的颜真卿创立了雄浑敦厚的新书体,人称"颜体",他是继王羲之之后,我国书法史上最有成就的大书法家。其代表作为《颜氏家庙碑》《多宝塔碑》和《颜勤礼碑》。

晚唐柳公权的书法自成"柳体",代表作为《玄秘塔碑》。

(3)绘画

初唐的阎立本擅长人物故事画,他的代表作有《历代帝王图》和《步辇图》。

盛唐的吴道子被称为"画圣",代表作为《送子天王图》。

(4)莫高窟

隋唐石窟在世界佛教文化史上占有特别重要的地位。它以丰富的内容和形式、精湛传神的技巧呈现出十六国以来佛教艺术发展清晰完整的脉络。敦煌莫高窟因为集中了大量的石窟艺术珍品而被誉为"艺术宝库"。

[2018下半年]苏轼云:"颜公变法出新意,细筋入骨如秋鹰。"下列书法作品中为"颜公"创作的是(　　)

A　　　　　B　　　　　C　　　　　D

答案:B。本题考查唐代书法家颜真卿的代表作,考查考生的识记能力。苏轼话中的"颜公"指的是唐代书法家颜真卿。颜真卿的书法特点是结构方正茂密,笔画横轻竖重,笔力浑厚,挺拔开阔雄劲,代表作有《多宝塔碑》。根据图片中的碑刻内容和书法风格可知B项为《多宝塔碑》,故答案选B项。

3.科技

建筑:隋朝李春设计建造的赵州桥是世界上现存最古老的石拱桥;唐都长安和大明宫含元殿,都是我国城市建筑史上的新创造,充分显示了我国古代建筑工匠和设计师们的杰出创造才能。

雕版印刷术:《金刚经》是世界上现存最早的雕版印刷品。

天文学:僧一行是世界上第一个实测地球子午线长度的人。

医学:唐朝杰出的医学家孙思邈被后世称为"药王",著作有《千金方》,全面总结了历代的医药学成果,并有许多创见,在我国医药学史上占有重要地位;唐高宗时编修的《唐本草》,是世界上最早的、由国家颁布的药典。

4.教育

唐代前期以官办教育为主,后期私学得到了长足的发展。唐代从中央到地方形成了相当完备的官学教育体系,六学(国子学、太学、四门学、律学、书学、算学)二馆(崇文馆、弘文馆)组成了中央官学的主干。唐代制定了严格的学制、考试、督学和教师管理制度,引入了优胜劣汰的竞争机制,保证了人才甄别、遴选的质量。同时,唐代的官办教育也是开放性的,国子监接纳各国留学生,并允许他们参加科举考试,促进了文化交流。

[2019上半年]杜佑《通典》记载:"贞观五年……增筑学舍千二百间。国学、太学、四门亦增生员,其书、算各置博士,凡三千二百六十员。其屯营飞骑,亦给博士,授以经业。无何,高丽、百济、新罗、高昌、吐蕃诸国酋长,亦遣子弟请入国学。于是国学之内八千余人。"当时的办学特色是(　　)

A.官学与私学并举　　　　　　　B.学制完备

C.官办教育具有开放性　　　　　D.开始设文武博士

答案:C。本题考查唐代的教育,考查考生的理解能力。根据题干内容可知,唐太宗重视发展教育,国学、太学、四门招收学生的数量增加,接纳外国留学生进入国学接受教育。这说明当时的官办教育具有开放性。

(六)五代十国

1.政权更迭

唐朝末期,藩镇割据势力进一步发展。907年,唐宣武节度使朱全忠废唐哀帝自立,国号梁,建都开封,史称"后梁"。唐朝灭亡后,在中原一带相继出现了后梁、后唐、后晋、后汉、后周五个朝代,史称"五代";在南方和河东地区,存在过吴、南唐、吴越、前蜀、后蜀、楚、闽、南汉、南平、北汉十个割据政权,史称"十国"。

2.历史概况

五代十国是唐末以来藩镇割据局面的延续。它们的开国君主都是掌握兵权的武将。北方政权更迭,战事不断,政局动荡不安。当时的南方地区,由于受战乱影响较小,政局相对稳定,经济在原有的基础上也有一定的发展。五代十国时期,虽然政权分立,但长期政治统一的历史影响和各地经济发展的密切联系,使统一始终是一个客观存在的必然趋势。

3.政治特点

五代十国的皇帝大都出身武将,靠兵变改朝换代。建立政权后,往往君臣猜忌。皇帝非常害怕武将、权臣夺权。为了避祸,一些权臣故意放纵享乐,以示没有野心。《韩熙载夜宴图》描绘了南唐高官韩熙载开宴行乐的情形。

巧学妙记　为方便考生记忆,编者将五代十国时期的朝代更替编成顺口溜,供考生参考记忆。

五代梁唐晋汉周,北方更替五十秋。

十国割据南天下,南唐篡吴闽楚收。

前蜀早亡接后蜀,依辽北汉晋阳愁。

南平南汉兼吴越,后蜀南唐作宋囚。

六、宋元时期——经济重心的南移和民族关系的发展　重点

(一)民族政权并立的时代

宋元时期从公元960年北宋建立开始,至1368年元朝灭亡结束。与北宋同时,在东北有契丹建立的辽,在西北有党项族建立的西夏;而女真族建立的金朝,先后灭掉了辽和北宋,随后形成了金与南宋的对峙局面。这一时期,中华民族得到了进一步的交融与发展。北宋和辽经过多次战争后于1004年缔结澶渊之盟。

政权	建立民族	建立时间	建立者	都城
契丹(辽)	契丹	10世纪初(916年)	辽太祖耶律阿保机	上京
宋(北宋)	汉族	960年	宋太祖赵匡胤	东京
大夏(西夏)	党项	11世纪前期(1038年)	元昊	兴庆
金	女真	12世纪初期(1115年)	金太祖完颜阿骨打	会宁(后迁中都)
宋(南宋)	汉族	1127年	宋高宗赵构	临安

(二)宋、辽、西夏、金的政治制度

1.宋朝的政治制度

(1)北宋加强中央集权君主专制的措施

领域	措施	影响
政治方面	①在中央,增设参知政事作为副相,分割宰相权力;宋太祖设枢密院分宰相兵权;建立三司使,分宰相财权 ②在地方上,设通判,加强中央对地方官员的监察;在地方政府机构上实行州、县二级制。宋太宗以后发展为路、州、县三级制	削弱相权,加强皇权,君主专制得以加强
经济方面	设转运使一职,负责将地方财物收归中央	消除地方割据的经济基础,同时造成地方财政困窘
军事方面	分散兵权,将握兵权、调兵权、统兵权分开;选拔精兵扩充禁军;制定"更戍法"	三分兵权,造成兵不知将,将不知兵的情况,削弱了战斗力;大量扩充禁军,造成北宋后期冗兵、冗费的现象

(2)北宋的文官制度

北宋在选官制度上一个显著特点就是"重文轻武",强调文治。

宋太祖赵匡胤吸取唐末藩镇割据的教训,在行政上,由中央派文官担任知州,通过抬高文官地位,"与士大夫共治天下",使传统的"贵族政治,武人政治"从此基本上退出中国封建社会的历史舞台。

利:将武将排除出最高权力核心,杜绝了五代十国武将祸国的局面。

弊:文官政治下,国家对军队的把控力不足,削弱了军队战斗力。

精选真题

1.[2016下半年]下列选项中属于宋代削弱相权,加强皇权的措施是(　　)

A.设立内阁　　　　　　　　B.推行三公九卿制

C.增设三司　　　　　　　　D.确立三省六部制

答案:C。本题考查宋代的统治措施,考查考生的识记能力。北宋在宰相之下增设参知政事为副相,分割宰相的行政权;设枢密使分割宰相的军权;设三司使分割宰相的财政权。结合题干,故本题选C。

2.[2015下半年]宋太祖说:"五代方镇残虐,民受其祸。朕今选儒臣干事者百余,分治大藩,纵皆贪,亦未及武臣一人也。"其中"选儒臣干事者百余,分治大藩"指的是(　　)

A.设置市舶司　　　　　　　　B.派文官任知州

C.设置理藩院　　　　　　　　D.选文臣掌军权

答案:B。本题考查宋代的地方统治制度,考查考生的理解能力。"选儒臣干事者百余,分治大藩",就是说要文臣取代武将做州郡长官。宋太祖这段话的意思是文臣无论怎么"贪浊",都没有武将拥兵自重的危害大,所以他采取的措施是解除地方节度使的兵权,派文臣任州郡长官。

2.辽的政治制度

(1)南北面官制

辽的中枢官制分为北面官和南面官两大系统。北面官的最高权力机构是北枢密院,专管契丹政事;南面官最高权力机构是南枢密院,专管汉人事务。

(2)投下军州

又称"头下军州",辽特别设置的一种行政机构。契丹贵族在初期的征服战争中,劫掠了大量的人口,他们将这些人口聚集起来,建立州、县、城堡等组织,称为头下。头下军州的刺史由中央任免,其他官吏由头下主自行委派。赋税除酒税和一半田租交纳辽政府外,其余归头下主。

3.西夏的政治制度

西夏仿效唐宋王朝建立政治制度,中央设中书省、枢密院等机构,分掌行政、军事等大权;推行科举制,以选拔官吏;还派人仿照汉文楷书字体,创制了西夏文字。

西夏的官职分为汉制官职和党项官职两个系统。汉制官职由党项人和汉人分别担任,党项官职专授党项人。

4.金的政治制度

猛安谋克是金代女真社会的基本组织,具有行政、生产与军事合一的特点。

(三)王安石变法

北宋中期以后,由于冗官、冗费、冗兵的加剧,造成了沉重的财政负担。社会矛盾激化,各地农民起义此起彼伏。1069年王安石在宋神宗的支持下,主持变法。

变法主要措施:

财政经济方面:主要实施均输法、青苗法、农田水利法、募役法、市易法、方田均税法。

军政方面:主要实施置将法、保甲法、保马法,设置军器监。

教育科举方面:兴建学校,在太学设置"三舍法",编纂和颁行《三经新义》。改革科举,废除明经诸科,只以进士科取士。

影响:

王安石的变法,在发展生产、富国强兵等方面起到了一些效果,在一定程度上扭转了"积贫""积弱"的局面。但是,由于变法触犯了大官僚、大地主的利益,引起他们的强烈反对,再加上新法本身的弊端,最终改革以失败告终。

(四)经济重心的南移

1.南方农业的发展

(1)原因:①南方战乱少;②南迁的中原人带来了先进的技术和劳动力;③自然条件的变化;④引进新品种——从越南引进占城稻。

(2)表现:①宋朝从越南引进占城稻。水稻在宋朝跃居粮食产量首位,主要产地在南方。太湖流域的苏州、湖州,成为重要的粮仓,民间流传着"苏湖熟,天下足"的谚语。②棉花的种植,由两广、福建扩展到长江流域。③茶树的栽培取得了很大发展,江南的丘陵地区新辟许多茶园。

> ● **关联知识** ●
>
> **宋代土地政策**
>
> 宋代开历史之先河,采取"田制不立""不抑兼并"的土地政策。"不抑兼并"土地政策的实施,对宋代社会产生了深远影响。土地的高度集中,造成社会贫富差距拉大,加剧了农民与地主之间的阶级矛盾;但它也促进了宋代社会生产力的进步,对于宋代商品经济的发展以及荒地的开垦起着积极的作用。

2.南方手工业的兴旺

(1)纺织业:蜀地的丝织品"号为冠天下";江浙丝绸产量高,朝廷用的丝绸多来自江浙。

(2)棉织业:从海南岛兴起的棉织业,南宋已发展到东南沿海地区。

(3)制瓷业:南宋时,江南地区已成为我国制瓷业重心。浙江哥窑烧制的冰裂纹瓷器,给人别致美感。北宋兴起的景德镇,后来发展成著名的瓷都。

(4)造船业:宋朝的造船业居世界首位,东南沿海的广州、泉州等地,都有发达的造船业。

精选真题

[2019上半年]中国古代名窑都有自己独具特色的产品。下列以冰裂纹瓷器著称的是(　　)

A.汝窑

B.哥窑

C.邢窑

D.钧窑

答案:B。本题考查中国古代的瓷器,考查考生的识记能力。宋代哥窑以冰裂纹瓷器著称。

3. 南方商业的繁荣

(1)商业都市:南宋时最大的商业都市是临安(杭州),其繁荣程度远远超过北宋时的开封,而且还出现有早市、夜市。宋代的城市彻底打破坊、市的界限。宋朝有很多反映商业繁荣的风俗画。

(2)海外贸易:宋朝海外贸易超过前代,成为当时世界上从事海外贸易的重要国家。广州、泉州是闻名世界的大商港。政府鼓励海外贸易,在主要港口设立市舶司,加以管理。

(3)最早的纸币:北宋前期,四川地区出现"交子",是世界上最早的纸币。南宋时,纸币发展成与铜钱并行的货币。纸币的产生,有利于商业发展。

(4)市民阶层的壮大使市民文化丰富起来,东京城内出现了娱乐兼营商业的场所——瓦子,瓦子中圈出许多专供演出的圈子,称为"勾栏",是北宋出现的固定的娱乐场所。它的出现是宋朝市民阶层不断壮大的结果。

(5)権场:各政权之间边境上的互市贸易。権场的设置,常因政治关系的变化而兴废无常。

精选真题

1.[2018下半年]两宋时期,风俗画得到了前所未有的发展与繁荣,其主要原因是(　　)

A.城市商品经济的发展

B.程朱理学影响的扩大

C.对外交往的日益频繁

D.民族文化交流的加强

答案:A。本题考查宋代商业的发展,考查考生的理解能力。两宋时期,城市商品经济繁荣,人民娱乐活动多,反映人民生活的风俗画增多。故答案选A项。

2.[2018上半年]下图是南宋李嵩的《货郎图》,此图反映的是(　　)

A.农业技术进步

B.商业活动活跃

C.手工业的兴盛　　　　　　　　　　D.娱乐业的兴起

答案:B。 本题考查南宋商业的发展,考查考生的读图能力和对知识的掌握能力。《货郎图》还原了南宋时期货郎摇鼓走巷、肩挑杂货穿梭于乡野的场景,从画中可以看出南宋商业活动的活跃,故答案选B。

4.从唐朝中后期开始的经济重心南移,到南宋最后完成

政府的财政收入,主要来自南方特别是东南地区。

(五)元朝的建立

1.元朝的建立与统一

(1)元朝的统一

1206年,蒙古贵族召开大会,推举铁木真为大汗,尊称他为成吉思汗。蒙古国建立,从此,蒙古草原结束了长期混战的局面。成吉思汗死后,忽必烈即汗位,于1271年定国号为元,次年定都大都。忽必烈就是元世祖。1276年,元军占领临安,俘虏南宋皇帝,南宋灭亡。1279年,元统一全国。

(2)元朝统一的影响

①结束了唐末以来国家分裂的政治局面,奠定了此后元、明、清600多年的国家统一局面。

②加强了民族融合,形成了新的民族——回族。

③设宣政院管理西藏地区,设澎湖巡检司管理台湾地区,加强了中央对地方的控制和中原与边疆的联系,促进了我国统一多民族国家的巩固与发展。

精选真题

[**2019下半年**]《元朝秘史》中对12世纪蒙古草原的状况描述道:有星的天旋转着,众百姓反了,互相抢掠财物;有草皮的地翻转着,全部百姓反了,互相攻打。结束这种局面的史事是( )

A.铁木真统一蒙古　　　　　　　　　B.蒙古攻灭西夏

C.忽必烈建立元朝　　　　　　　　　D.元朝统一中国

答案:A。 本题考查铁木真统一蒙古,考查考生的理解能力。12世纪时,蒙古贵族为了争夺权力和财富而互相攻伐,直到1206年铁木真统一蒙古各部才结束这一局面。故答案选A。

2.元朝行省制度

行省制度是蒙古族建立元朝后,在行政划分和政治制度方面的一次重大创新,行省制度不但有利于元朝的中央集权,而且对日后的地方政治制度建设产生了深远的影响。

(1)行省制度

仿中原王朝中书省之称,在中央设**中书省**总理全国政务,在地方设行中书省,行省设丞相一人,掌管全省军政大事,行省下设路、府、州、县。

元朝在全国共设10个行省:湖广、江西、云南、江浙、岭北、辽阳、河南江北、陕西、甘肃、四川。

(2)行省制的影响

从政治上巩固了国家统一,使中央集权在行政体制方面得到了保证。既保证了中央有足够的力量统治全国,又能保证地方有适度的权力建设好地方,比较顺利地解决了唐代集权的弊端,对后世产生了深远的影响。自元以来,省作为地方一级行政区的名称就一直沿袭下来,直到今天。

精选真题

[2018上半年]元朝"上承天子,下总百司"的最高行政机关是(　　)

A.中书省   B.尚书省

C.门下省   D.行中书省

答案:A。本题考查元朝的行省制度,考查考生的识记能力。根据所学知识可知中书省是元朝全国最高的行政机关,故答案选A。

3.四等人制

元朝统治者为了维护蒙古贵族的特权,对各民族进行分化,让先被征服地区的人比后被征服地区的人地位高一些,人为地制造民族等级。元世祖时,明令把全国人分为四等:第一等是蒙古人;第二等是色目人(指西北地区各族及中亚、东欧来中国的人);第三等是汉人(指原来金统治下的汉族和女真、契丹、渤海、高丽等族及较早被蒙古征服的四川、云南两省的人);第四等是南人(指原南宋统治下的汉族和其他民族)。这四等人在政治待遇、法律地位、经济负担以及其他权利义务上都有种种不平等的规定。

精选真题

[2018下半年]《新元史》记载:"上至中书省,下逮郡县,亲民之吏,必以蒙古人为长,汉人南人贰之。"此处的"汉人"指的是(　　)

A.所有的汉族人   B.随蒙古人西征的汉族人

C.原南宋统治下长江以南的汉族人   D.原辽、金统治下的汉族人及契丹、女真族人

答案:D。本题考查元朝的四等人制,考查考生的识记能力。元朝政府将不同时间所征服的地域人群笼统地划分为四个等级。第一等级为蒙古人。第二等级为色目人,多为西域人。第三等级为汉人,概指淮河以北原金朝境内的汉族和契丹、女真等族,以及较早为蒙古征服的云南人,及最晚为蒙古征服的四川汉族、高丽人。第四等级为南人,指最后为元朝征服的原南宋境内(元江浙、江西、湖广三行省和河南行省南部)各族。故答案选D项。

4.元朝的社会经济

元朝统治者在恢复和发展农业生产上采取了一系列措施,重视农桑,各地的农业生产都取得了不同程度的恢复与发展。元朝政府重视兴修水利,修筑了许多灌溉工程,最大的水利工程是凿通大运河,也注意防治黄河泛滥。棉花到元朝中后期种植已比较广泛,是当时农业生产上的一项重要成就。松江人黄道婆将从崖州黎族妇女那里学来的先进棉纺织技术与内地原有的纺织技艺结合起来,并有所发明和创新,适应和推动了当时棉纺织业的发展,使松江成为"衣被天下"的全国棉纺织业中心。至正年间,松江地区从日本学会了印染青花布。江西景德镇成为全国最大的制瓷中心,以生产高质量的青白瓷为主。大都成为世界上著名的经济中心之一。

精选真题

[2015下半年]史载"松江能染青花布,宛如一轴院画……青久浣亦不脱。"文中所述情况出现的朝代是(　　)

A.汉朝   B.唐朝

C.宋朝　　　　　　　　　　　　D.元朝

答案:D。本题考查元朝的棉纺织业,考查考生的理解能力。元朝时期棉布印染水平已明显提高,至正年间,松江地区从日本学会了印染青花布,"宛如一轴院画,或芦雁花草尤妙""青久浣亦不脱"。

5.元朝在我国历史上的贡献

(1)元朝的统一,结束了北宋以来几个政权并立的局面,元朝的疆域,比以往任何朝代都辽阔。(2)元朝建立了行省制度,对后世影响深远。(3)元政府设有澎湖巡检司,管辖澎湖和琉球。(4)元朝在西藏委派官吏,驻扎军队,西藏成为元朝的正式行政区。(5)元朝的统一,促进了民族的大融合。

(六)宋元时期的科技、文化与建筑

1.科技

(1)三大发明

印刷术:11世纪中期,北宋毕昇发明活字印刷术,比欧洲早4个多世纪。东传朝鲜、日本,西传埃及、欧洲。有利于文化的传播和发展,促进了社会的进步,为世界文明作出了重要贡献。

指南针:战国时人们根据磁石指示南北的特性,制成"司南",是世界上最早的指南仪器。北宋时,制成了指南针,并开始用于航海事业。南宋时,指南针广泛应用于航海事业。13世纪,指南针传入阿拉伯、欧洲各国,推动了世界经济文化的交流和发展,为开辟新航路、发现美洲、实现环球航行提供了重要条件。

火药:唐中期已有了火药配方;唐末开始用于军事;北宋设专门机构制造火药、火器;南宋发明了管形火器"突火枪",开创了人类作战史的新阶段;13世纪中期传入阿拉伯及欧洲。其中,金朝的火器制造业比较发达。

(2)沈括《梦溪笔谈》

英国学者李约瑟称他为"中国科学史中最卓越的人物",其著作《梦溪笔谈》被李约瑟称为"中国科学史的里程碑",突出贡献是创制"十二气历"。

(3)郭守敬《授时历》

元朝时著名的天文学家和水利专家,著作《授时历》是当时世界上最精确的历法,测定一年为365.2425天,与现行公历基本相同,但比现行公历的确立早约三百年。

2.思想文化

(1)儒学的发展——理学形成

我国哲学发展到宋代,进入了一个新的阶段,即理学。理学以儒家思想为主,吸收了佛、道的某些思想观点,以阐释义理、兼谈性命为主要内容。由于它符合封建社会后期统治阶级的统治需要,所以备受推崇,成为南宋后长期居于统治地位的官方哲学。

人物	地位	学说及主张
周敦颐	北宋理学的奠基者和倡导者	建立了以"诚"为本的伦理道德学说;主张德治和慎刑;提出无极、太极、阴阳、五行、动静、主静、至诚、无欲、顺化等理学基本概念
程颢、程颐	宋明理学的实际开创者	理学思想较为丰富,南宋朱熹正是继承和发展了他们的学说,形成对后世影响深远的"程朱理学"
朱熹	宋代理学的集大成者	他主张"存天理,灭人欲",实际上是要服从现行的统治秩序
陆九渊	南宋理学中主观唯心主义的代表人物	其学说被称为"心学",他认为一切封建秩序和伦理纲常都是人"本心"所固有,反对朱熹的"天理"说

（2）文化

①话本：宋代新兴的一种世俗文学，由城市艺人口头讲述传授，后经记录整理而成。情节完整，语言生动，艺术成就较高，对后世的小说和戏剧很有影响。

②宋词：宋代主要的文学形式之一。词是一种新体诗歌，也称长短句，便于歌唱。词在唐朝时已经出现，经五代到两宋，得到很大发展。宋词风格多样，内容广泛，词人层出不穷。

③杂剧：宋元时期戏剧表演的主要形式，包含了说唱、杂技、歌舞、傀儡等技艺在内。杂剧形成于宋代。元朝建立后，元杂剧在以大都为中心的北方地区兴盛起来。元朝南北统一后，元杂剧传入南方。

④元曲：包括散曲、杂剧和南戏等。杂剧把音乐、歌舞、动作、念白融合在一起，成为一种综合性的艺术。元代杂剧作家有200人左右，剧目600种左右，现存的有150多种。

体裁	代表人物		代表作/代表思想
宋词	苏轼		北宋词人，扩充了词的内容，着重表达豪放的思想感情，描绘雄浑壮观的景物，对后世影响很大；代表作：《念奴娇·赤壁怀古》
	辛弃疾		南宋词人，继承苏轼的风格，将词的豪放风格发扬光大，在词里经常倾诉对山河分裂的悲痛；代表作：《永遇乐·京口北固亭怀古》
	柳永		柳永的词主要反映市民的生活面貌，具有浓厚的市民气息；代表作：《雨霖铃》
	李清照		李清照的作品渗透了细腻的感情，其中也有怀念中原故土的篇章；代表作：《声声慢》
	陆游		与辛弃疾同时期的陆游，坚决主张抗金，他的文学成就以诗为主，词也很出色；代表作：《钗头凤》
元曲	元曲四大家	关汉卿	关汉卿是元代剧作家中最杰出的代表；代表作：《窦娥冤》
		郑光祖	郑光祖是元代著名杂剧家、散曲家；代表作：《倩女离魂》
		马致远	马致远是元代戏曲家，以散曲的方式创作杂剧；代表作：《汉宫秋》
		白朴	白朴是元代著名杂剧作家；代表作：《梧桐雨》《墙头马上》

（3）书法和绘画

①书法

苏轼、黄庭坚、米芾、蔡襄的书法各有新意，故称"宋四家"。《寒食诗帖》是苏轼的代表作，《参政帖》是米芾的代表作。

②绘画

宋元时期的绘画艺术，题材广泛，风格多样，技巧成熟，突出地体现在山水画、花鸟画和风俗画的创作中。

元朝赵孟頫的书法劲秀雄健，功力深厚，他的山水画、花鸟画、人物画，也很传神和富有情趣，人称"神品"，代表作有《秋郊饮马图》《洛神赋》。

《清明上河图》是北宋张择端的作品，描绘了北宋东京汴河沿岸风光和繁华景象，是我国美术史上的不朽作品。

精选真题

1.[2016上半年]下图是宋代砖雕拓片,它所描绘的是(　　)

A. 征收赋税　　　　　　　　　　B. 杂剧表演

C. 商品交易　　　　　　　　　　D. 官民冲突

答案:B。本题考查宋代的杂剧表演,考查考生的读图能力和对知识的掌握能力。该图片为河南温县宋墓杂剧砖雕拓片,所描绘的是杂剧表演。

2.[2014下半年]元代的戏剧叫作(　　)

A. 杂剧　　　　　　　　　　　　B. 京剧

C. 昆曲　　　　　　　　　　　　D. 傩戏

答案:A。本题考查元杂剧,考查考生的识记能力。元代的戏剧叫作杂剧。元杂剧是一种综合舞台艺术,由演员将成套的散曲连缀在一起歌唱,辅以音乐、舞蹈、表演、道白,安排不同的角色,来表达一个完整的故事情节。

3.建筑

北宋李诫著有《营造法式》。辽代木结构建筑、金代石拱桥、元大都等都是宋元时期建筑的代表。

(七)宋元时期对外经济文化交流

1.宋元对外贸易均超过了前代

北宋在广州等地、元朝在各港口设"市舶司"负责管理对外事务和贸易;泉州是当时世界上最大的国际贸易港;由于当时北方陆路受阻,南方海路发达,对外贸易以海路为主,尤其是两宋时期。

2.中欧、中非交往密切

宋朝拥有庞大的帆船舰队和商船队,频繁远航至阿拉伯、东非、印度、东南亚和东亚的日本与朝鲜;马可·波罗访问大都,著有《马可·波罗行纪》;元朝的列班·扫马成为我国第一位访问欧洲各国的旅行家。

七、明清时期——统一多民族国家的巩固和社会危机 **重点**

1368年,朱元璋以应天为都城,改称南京,登基称帝,建立明朝。

(一)明初专制集权统治的加强

明初,为加强中央集权,在中央和地方进行了一系列的调整。

1.中央方面

(1)废丞相,裁撤中书省,权分六部,直接对皇帝负责。

(2)改大都督府为五军都督府,与兵部相互制约,集中军权。

(3)置内阁。太祖时设殿阁大学士作为侍从顾问协助皇帝处理全国政务,成祖时选拔翰林院官员作为殿阁大学士,入值文渊阁,参与机密事务的决策,"内阁"由此出现。这是废除丞相制后加强皇权的又一次重大改革。但是,明朝内阁始终不是法定的中央一级的行政机构或决策机构,只是为皇帝提供顾问的秘书机构。

(4)特务统治的加强。为加强皇权,建立"锦衣卫"和东厂、西厂等特务机构,由皇帝直接控制。

(5)颁行《大明律》。内容集中,条理分明,增加经济立法;同时主张量刑"重其重罪,轻其轻罪";对皇帝和贵族大臣的特权也有所规定。

精选真题

1.[2019上半年]据《明史·职官志》载:"成祖即位,特简解缙、胡广、杨荣等直文渊阁,参预机务。阁臣之预机务自此始。然其时,入内阁者皆编、检、讲读之官,不置官属,不得专制诸司。诸司奏事,亦不得相关白。"这说明当时的内阁实质上是(　　)

A.皇帝的参谋、秘书机构　　　　B.中央一般行政机构

C.中央主要决策机构　　　　　　D.事实上的宰相

答案:A。本题考查明朝的内阁制,考查考生的理解能力。题目中的材料介绍了明成祖时期内阁的设立。根据"然其时,入内阁者皆编、检、讲读之官,不置官属,不得专制诸司。诸司奏事,亦不得相关白"可知,此时的内阁不是国家法定行政机构,只是皇帝的秘书机构,可以参与国家大事的商讨但并无实际决策权力,B、C两项说法错误。明代内阁在宰相废除之后设置,内阁大臣权力虽大但地位不高,D项说法也不符合史实,故答案选A项。

2.[2017上半年]有学者说,某机构办事者"职在批答,犹开府之书记……吾以谓有宰相之实,今之官奴也。"这个机构是(　　)

A.唐代政事堂　　　　　　　　　B.宋代枢密院

C.明代内阁　　　　　　　　　　D.清代理藩院

答案:C。本题考查明朝的内阁制,考查考生的理解能力。为了加强中央集权,明太祖废丞相,设大学士为皇帝顾问;建文帝时始设内阁,为皇帝的秘书机构,并无实权;宣德朝之后,内阁权力逐渐上升;到了张居正改革之后,内阁权力达到鼎盛,成为实际的政府枢纽,内阁首辅虽无丞相之名,却有丞相之实。明代内阁有票拟权,然而票拟是否被采用,最终取决于皇帝的批红,题干中"职在批答""今之官奴"反映的正是明代内阁制。故本题选C。

2.地方方面

废除行省,实行三司分权:即承宣布政使司(掌管民政和财政)、提刑按察使司(掌刑狱)、都指挥使司(掌军政)。三司分立,互相牵制,大权统归中央。

3.文化方面

实行八股取士,以四书、五经的文句命题,以二程和朱熹的解释为依据,格式固定为八股文。这种考试规定严重禁锢了人们的思想自由,对文化事业的发展和社会进步产生了消极的影响。

(二)中外的交往与冲突

1.郑和下西洋

(1)条件与目的:明初,社会安定,国力强盛;为了加强中国与海外各国的友好关系,明成祖朱棣派郑和

下西洋。

（2）时间：1405—1433年，郑和七下西洋。

（3）到达地区：到过亚非三十多个国家和地区，最远到达红海沿岸和非洲东海岸。

（4）意义：郑和是我国也是世界上的伟大航海家。郑和的远航比欧洲早半个多世纪。郑和下西洋开辟从中国到东非的航路，加强了中国与亚洲、非洲各国的友好往来与经济文化交流，是世界航海史上的奇迹。

精选真题

[2017下半年]今天的马六甲、爪哇等地都有"三宝庙"。下列人物与此相关的是（　　　）

A.玄奘　　　　　　　　　　　　B.鉴真

C.郑和　　　　　　　　　　　　D.法显

答案：C。本题考查明代航海家郑和，考查考生的识记能力。根据题干中的"马六甲、爪哇""三宝庙"可知，这与明代郑和下西洋的航海活动有关，C项符合题干要求。玄奘和鉴真是唐代的高僧，分别经陆路和海路前往印度、日本交流佛法。法显是东晋时期的高僧，前往印度学习佛教经典及印度文化。

2. 戚继光抗倭

元末明初，日本的武士、商人和海盗经常侵袭中国沿海地区，沿海居民称之为"倭寇"。明朝中期，明政府派戚继光抗击倭寇的进攻（浙江台州），平息东南沿海的倭患，戚继光是我国著名的民族英雄。

3. 葡萄牙攫取在澳门的居住权

1553年，葡萄牙殖民者攫取了在我国广东澳门的居住权。1999年12月20日，澳门回归祖国。

（三）清朝多民族国家的建立

（1）明朝后期，女真的杰出首领努尔哈赤统一了女真各部。1616年，努尔哈赤自立为汗，国号大金，史称后金。后迁都沈阳，改称盛京。

（2）1635年，皇太极改女真族名为满洲；次年改国号为清。1644年，李自成进北京，明朝灭亡，清军入关，清顺治帝迁都北京，逐步建立起对全国的统治。

巧学妙记　为方便考生记忆，编者将中国古代的朝代更替编成顺口溜，供考生参考记忆。

三皇五帝夏商周，春秋战国秦暴收。

汉末三分归入晋，朝称南北阻江流。

隋开天下遭唐灭，五代十国战乱稠。

宋统中州元虏代，明清过后帝王休。

精选真题

[2019上半年]阅读下面材料并回答问题。

材料一　李自成是明末农民军最杰出的领袖。崇祯十七年（1644年）正月，李自成在西安建国，国号大顺，建元永昌。……农民军以疾风暴雨之势，从陕西经山西直捣北京。三月十七日，农民军已至北京城下。……十九日晨，崇祯帝在煤山自缢而死。农民军胜利地开进北京。

——摘自翦伯赞《中国史纲要》

材料二　崇祯十二年（1639年），张献忠叛乱……李自成也乘时猖獗，于十四年（1641年）攻陷河南……

十六年(1643年),李自成陷襄阳,僭号"新顺王"。次年,李自成建国,号曰大顺,改元永昌……这时洪承畴早为清军所俘,山海关之地全部沦陷,而流寇的势力已非明朝所能抵御。就在这一年,流寇攻陷北京,清军也接着入关。

——摘自傅乐成《中国通史》

问题:

(1)对同一史事的叙述,材料一与材料二有何不同。

(2)结合所学知识分析出现不同叙述的原因。

参考答案: (1)材料一主要从李自成的农民军的视角对史事进行叙述,将李自成称为"明末农民军最杰出的领袖",把农民军攻占北京叙述为"农民军胜利地开进北京",对明朝末年的农民战争持肯定的态度。材料二是从封建正统的视角对史事进行叙述,将李自成的自称称为"僭号",认为明朝的灭亡是由于农民军攻陷北京和清军入关造成的,将农民军称为"流寇",对明朝末年的农民战争持反对的态度。

(2)出现这种不同叙述的原因:

①材料一选自翦伯赞的《中国史纲要》,该书最早出版于20世纪60年代,作者深受阶级史观(革命史观)和大陆政治局势的影响,对我国历史上的农民起义持正面肯定的态度,因此站在李自成和农民军的视角叙述明朝灭亡这段历史。

②材料二选自傅乐成的《中国通史》,该书最早于20世纪60年代在台湾地区出版。作者由于身处台湾,对历史问题的看法受当时台湾政治局势的影响,把农民的抗争当作内乱,对农民战争持否定的观点,认为明朝的灭亡是由于农民军攻陷北京和清军入关造成的,从封建正统的视角叙述明朝灭亡这段历史。

上述两种不同的历史叙述是由于作者具有不同的史观、身处不同的社会环境和当时的时代背景造成的。

(3)满洲发展的历史

时间	族名	政权	建立者
698年	靺鞨	渤海	大祚荣
1115年	女真	金	完颜阿骨打
1616年	女真	后金	努尔哈赤
1636年	满洲	清	皇太极

(4)君主集权的强化

机构	时间	创立人	作用
八旗制度	明后期	努尔哈赤	促进了女真社会的发展,巩固了努尔哈赤的统治地位
议政王大臣会议	后金	努尔哈赤	中央辅政机关,决定的事情,皇帝也难以更改。皇权受到限制
南书房	大清	康熙	制约议政王大臣会议,集权于皇帝
军机处	大清	雍正	军机大臣只是跪受笔录,军国大事由皇帝一人裁决,加强了皇权,提高了行政效率

关联知识

专制主义与中央集权辨析

专制主义侧重于君主权力与宰相权力之间的制约与平衡,如隋唐以前宰相位高权重,而唐宋以来随着皇权的加强,相权被分割、牵制,清朝军机处的设立标志着专制主义达到顶峰;中央集权侧重于中央与地方之间的权力分配与均衡,一般来讲,中央权力与地方权力均衡,国家政治状况、社会环境相对较好,当中央权力过大(如北宋),地方则羸弱不堪;当地方权力过大(如唐末),国家则陷于分裂和动荡。

(四)统一多民族国家的巩固

1.清朝前期维护统一多民族国家的措施

(1)收复台湾

①明朝后期(1624年),荷兰殖民者侵占了我国宝岛台湾。

②1661年,郑成功率兵进入台湾。1662年,荷兰殖民者被迫投降,台湾重新回到祖国怀抱。意义:沉重打击了荷兰殖民势力,遏制了西方殖民者向东扩张的脚步,保障了东南沿海的安宁,捍卫了民族独立。郑成功是我国古代的民族英雄。

③1683年,清军进入台湾。1684年,清朝设置台湾府,隶属福建省。台湾府的设置,加强了台湾同祖国内地的联系,巩固了祖国的东南海防。

(2)抗击沙俄——雅克萨之战

①17世纪中期,沙皇俄国势力侵入我国黑龙江流域,在雅克萨和尼布楚修建城堡。

②1685年—1686年康熙帝时清军在雅克萨两次大败沙俄侵略者,击毙侵略军头目托尔布津,沙俄被迫投降。

③中国清军取得雅克萨之战胜利的原因是:a.康熙决心大,部署周密;b.军民众志成城,为正义而战;c.人数和武器装备占有优势等。

④1689年,中俄双方代表在尼布楚进行谈判,签订了中俄第一个边界条约《尼布楚条约》。这个条约,从法律上肯定了黑龙江和乌苏里江流域包括库页岛在内的广大地区,都是中国的领土。

(3)清朝加强对西藏的管辖

①确立册封制度:顺治帝接见西藏的佛教首领达赖五世,赐予"达赖喇嘛"封号。康熙帝赐予另一位西藏佛教首领"班禅额尔德尼"的封号。从此,历代达赖和班禅,都须经过中央政府册封。

②设置驻藏大臣:雍正帝时(1727年),清朝开始设置驻藏大臣。驻藏大臣代表中央政府,与达赖、班禅共同管理西藏事务。达赖和班禅的继承,必须报请中央政府批准。在承德修建避暑山庄和外八庙,这是民族团结的象征。

③影响:清朝的这些措施,大大加强了中央政府对西藏的管辖。

(4)平定大小和卓的叛乱

回部指居住在天山以南广大地区、信仰伊斯兰教的维吾尔等族人民。乾隆帝时下令调兵平定了回部上层贵族小和卓与大和卓的叛乱;为加强对新疆地区的统治,清朝在新疆设置伊犁将军,管辖包括巴尔喀什湖在内的整个新疆地区;清朝军队驻扎新疆各地,设置哨所,加强对西北地区的管辖。

(5)土尔扈特回归祖国

土尔扈特是蒙古族的一支,1771年初,土尔扈特部众,在杰出首领渥巴锡的领导下,摆脱了俄国的控制和压迫,踏上了回归祖国的征途,受到乾隆帝的接见和妥善安置。土尔扈特部回归祖国,为多民族国家的巩固和发展谱写了光辉的篇章。

(6)收复蒙古

明末清初,蒙古分裂为漠南、漠北、漠西三部分,清采取"联蒙制汉"的方针,在清朝入关前,漠南蒙古已归属清,漠北和漠西也臣服清。清朝初年,游牧在伊犁河流域的漠西蒙古的准噶尔部逐渐强盛。在贵族噶尔丹统治下,准噶尔部的势力一直达到天山南路,噶尔丹自称可汗,并在沙俄支持下,进攻漠南蒙古和漠北蒙古。康熙帝亲自带兵在乌兰布通打败噶尔丹的军队。1696年,康熙帝再次亲征,清军大败噶尔丹于昭莫多。接着,清军又与其后继者进行了长期斗争,终于在1757年将准噶尔贵族割据势力粉碎,使清朝控制了天山南北。清朝在乌里雅苏台设将军,在科布多设参赞大臣,直接掌管蒙古各部的军政大权。

精选真题

[2016上半年]康熙帝有诗云:"四月天山路,今朝瀚海行……敢云黄屋重,辛苦事亲征。"描述的事件是(　　)

A.平定三藩之乱　　　　　　　B.三征噶尔丹

C.平定回部叛乱　　　　　　　D.进军雅克萨

答案:B。本题考查清朝前期维护统一多民族国家的措施,考查考生的理解能力。题干中的诗句出自《瀚海》,这是康熙亲征噶尔丹时所作的一首诗。

2.清朝疆域

西跨葱岭,西北达巴尔喀什湖,北接西伯利亚,东北至黑龙江以北的外兴安岭和库页岛,东临太平洋,东南到台湾及其附属岛屿钓鱼岛、赤尾屿,南至南海诸屿。

清朝的统一,加强了各民族之间的经济文化联系,促进了边疆地区的开发,使我国统一多民族国家得到进一步巩固。

(五)明清社会经济的发展

1.农业

原产于美洲的玉米、甘薯引入,提高了粮食的亩产量。棉花、甘蔗等经济作物的种植面积扩大。

2.手工业

明后期以后,江浙布、丝等手工业已有相当规模,产品衣被天下。19世纪初,形成以江浙为中心的全国统一市场。清代时,形成以南京、苏州、杭州和湖州为中心的丝织业以及以上海、无锡等为中心的棉纺织业。苏州是明代的丝织业中心。江西景德镇成为全国制瓷业制造中心。在矿冶业中,以佛山的铁器制造业最为发达。

3.商业

北京和南京成为当时全国性的商贸城市。商品经济向农村延伸,江浙地区以工商业著称的市镇蓬勃兴起。伴随商品经济的发展,商帮、票号应运而生。著名的商帮有山西的晋商、安徽的徽商。明清时期,白银成为主要流通的货币。

精选真题

1.[2019上半年]清朝时,江南地区商业繁荣。史书载"徽州富甲江南,然人众地狭,故服贾四方者半土著"。江苏吴江"人浮于田,计一家所耕,不能五亩,以使仰贸易工作为生"。这反映当时江南地区商

业繁荣的直接原因是(　　)

  A.政府鼓励商业发展   B.农业和手工业繁盛

  C.工商皆本观念影响   D.地少而人口众多

  答案:D。本题考查清朝江南商业的发展,考查考生的理解能力。根据题干内容可知,清朝时期江南地区地少人多,迫使部分人从事商业和手工业,促进了江南地区的商业繁荣。清朝政府推行重农抑商政策,A、C两项不符合题目要求。B项属于结果,不是直接原因。

  [方法总结]本题是一道因果型选择题,以结果推出原因的形式出现,这类题的标志性词语是"直接原因""根本原因""主要是因为"等。解答此类题可以用限定词法,即要正确理解限定词的含义,弄清历史事件之间的内在联系,把握题干和备选项之间的逻辑关系,分清哪个是因,哪个是果。

  2.[2017上半年]1436年,明朝政府下令:南畿、浙江、江西、湖广、福建、广东、广西米麦共400余万石,以米麦一石折银二钱五分为率,共计折银百万余两,解京充俸,称为"金花银"。这表明(　　)

  A.海外白银开始大量输入中国   B.钱、钞兼行的货币制度已结束

  C.政府认可了白银的货币地位   D.农副产品在全国实现了商品化

  答案:C。本题考查明清时期白银的货币地位,考查考生的理解能力。以白银折合实物赋税,说明政府认可了白银的货币地位,故本题选C。

  3.[2017上半年]列举明清时期商业发展的主要表现。

  参考答案:明清时期商业发展的主要表现:

  ①大量商业市镇兴起。

  ②货币经济占据主要地位。

  ③农产品大量进入市场,棉花、茶叶、甘蔗等经济作物普遍种植。作为农产品加工的副业产品成为商品化的组成部分。

  ④区域性的商人群体实力雄厚,形成徽商、晋商、宁绍商人、闽商等大商帮。

  ⑤广泛使用贵金属货币白银,有利于商品贸易和商业资本的集聚。

4.资本主义萌芽

  随着农业和手工业的发展,商品经济空前活跃。明朝中后期,在江南一些丝织业发达的城市如苏州,产生了资本主义生产关系的萌芽。典型表现是"机户出资,机工出力"。到了清朝,手工工场的规模扩大,分工细密,具有资本主义萌芽的部门和地区增多。但它始终在萌芽状态中徘徊,整个生产始终未能进入工场手工业阶段,其力量远不足以分解封建生产方式,在全国范围内,自然经济仍占据主导地位。

  资本主义萌芽的产生和发展,说明在中国封建社会产生了新的生产关系,是中国封建社会衰落的重要表现,对明清政治经济的发展以及反封建民主思想的产生都有重要意义。

5."海禁"和"闭关锁国"

  (1)明代的海禁

  明朝时,因东南沿海倭患猖獗,加上中国自给自足的小农经济的强大,朱元璋下令实行海禁。到永乐年间,奉行积极的开海政策,宣宗之后,海禁松弛,外国人与明朝官民贸易日趋频繁。到嘉靖时,因倭患严重,重申海禁。戚继光平倭后,明廷调整对外政策,允许中国商民在特定口岸出海贸易。穆宗时,下令驰放海禁,彻底放开海外贸易。

(2)清代的闭关锁国

①原因

第一,清朝统治者坚持以农为本的传统观念,推行"重农抑商"政策,限制民间工商业的发展;第二,清朝前期自给自足的封建经济稳定,统治者认为天朝物产丰富,无所不有,无需同外国进行经济交流;第三,清朝统治者担心国家领土主权受到外国侵略,又害怕沿海人民同外国人交往,会危及自己的统治。

②表现

第一,清初的40年,实行严厉的禁海政策,不许擅自出海贸易;第二,对出口的商品种类和出海船只的载重量作出严格的限制;第三,开放四个港口,作为对外通商口岸,后来下令只开广州一处作为对外通商口岸,关闭其他港口。

③影响

正面:它对西方殖民者的侵略活动起过一定的自卫作用。

反面:使中国与世界隔绝,既看不到世界形势的变化,也不能适时地向外国学习先进的科学知识和生产技术,使中国逐渐在世界上落伍了。

6.重农抑商

"农本商末"观念是中国传统经济思想的主调,是中国历代封建王朝最基本的经济指导思想,其主张是重视农业、以农为本,限制工商业的发展。由此形成的"重农抑商"政治方针是古代统治者的基本治国之策。自战国时李悝变法、商鞅变法形成"奖耕战""抑商贾"政策始,秦汉后"重农抑商""崇本抑末"渐成国策,到宋元"专卖"法乃至明清"海禁",均是重农抑商政策之表现。

精选真题

[2016下半年]据史书记载:明代"各处商人所过关津,或勒令卸车泊舟,搜检囊匣者有之;或高估价值,多索钞贯者有之。所至关津即已税矣,而市易之处,又复税之。"此材料主要反映的是(　　　)

　　A.明代商品经济发达　　　　　　　　B.明朝实行抑商政策

　　C.明代广泛使用纸钞　　　　　　　　D.明朝加强市场管理

答案:B。本题考查明代的抑商政策,考查考生的理解能力。由题干材料可知,明代各处商人所经关津要纳税,到了市易之处还要纳税,说明政府以重税抑制商业发展,反映明代实行抑商政策。故本题选B。

(六)明清的思想、文化、科技和教育

1.思想

(1)宋明理学

明清两代,在思想上,理学和心学成为统治阶级尊奉的官方哲学。

"理学"经过宋、元、明三朝长达600多年的发展演变,牢牢占据着意识形态的主导地位。理学在发展过程中先后形成了程朱理学和陆王心学两大派别。统治者借助理学,将其确定为官方哲学和科举考试的范本,对各阶层民众实行精神奴役。到明后期,随着封建制度的日益腐朽,人们对理学产生了深深的信任危机。

(2)明代理学代表人物

地位	人物	学说及主张
明代理学代表人物	王守仁	字伯安,号阳明子,世称阳明先生,故又称王阳明。发展了南宋陆九渊的学说,主张"心外无物""心外无理""心明便是天理"。他是主观唯心主义的倡导者。他提倡"致良知"与"知行合一"。其学说在明后期广为流行,被称为"王学"
	李贽	明代后期进步思想家,泰州学派代表人物。其思想中含有唯物主义成分,反对"以孔子之是非为是非",反对把儒家经典看作是真理的标准。他批判"存天理,灭人欲"的说教,强调人的私欲。认为人不能脱离基本的物质生活去空谈仁义道德。其思想在一定程度上反映了资本主义萌芽时期的要求
明末清初三大家	王夫之	在哲学上发展了唯物主义的观点,批判了宋明以来的客观唯心主义和主观唯心主义。把我国古代的朴素唯物主义向前发展了一步。他提出"耕者有其田"的主张,这个观点在当时是很进步的
	顾炎武	其思想带有唯物主义成分,承认"气"是宇宙的实体;反对君主专制的政治;反对理学,认为理学空谈心性,不是学问;极力提倡"实学",主张"经世致用";强调学术与道德的结合
	黄宗羲	他反对君主专制,对君主专制制度作了深刻的批判。在经济上,反对"工商为末"提出"工商皆本"之论,代表了工商业者的利益

精选真题

1.[2019下半年]明末清初以经世致用、注重现实为特征的著作是(　　)

①《梦溪笔谈》　②《明夷待访录》　③《日知录》　④《朱子全书》

A.①②　　　　　　B.①③　　　　　　C.②③　　　　　　D.③④

答案:C。本题考查明末清初的经世致用思想,考查考生的识记能力。《梦溪笔谈》是北宋科学家沈括撰写的一部涉及古代中国自然科学、工艺技术及社会历史现象的综合性笔记体著作,与题干信息不符。《明夷待访录》和《日知录》分别是黄宗羲和顾炎武的著作,都具有经世致用、注重现实的特征,黄宗羲、顾炎武和王夫之为明末清初三大家,C项正确。《朱子全书》是南宋理学家朱熹的著作全集,不符合题意。故答案选C。

2.[2019上半年]提出"吾心之良知,即所谓天理也""是非之心,不待虑而知,不待学而能,是故谓之良知"的理学家是(　　)

A.朱熹　　　　　　　　　　　　　B.陆九渊

C.张载　　　　　　　　　　　　　D.王阳明

答案:D。本题考查明代理学思想的发展,考查考生的识记能力。"吾心之良知,即所谓天理也",即天理就是一个人内心的良知,强调了伦理道德的主宰性。"是非之心,不待虑而知,不待学而能,是故谓之良知"继承自孟子。"良知说"是王阳明学说的显著标志。

3.[2018上半年]顾炎武说:"愚所谓圣人之道如之何?曰'博学于文',曰'行己有耻'……士而不先言耻,则为无本之人。"上述言论的主旨是(　　)

A.倡导经世致用　　　　　　　　　B.强调学术与道德的结合

C.提倡无征不信　　　　　　　　　D.回归先秦儒学的义利观

答案:B。本题考查明清之际的儒学思想,考查考生的理解能力。从题干中顾炎武"圣人之道""博学于文""行己有耻"可以看出他强调的是学术与道德的结合,答案选B项。

2.文化

(1)小说

著作	朝代	作者	影响
《三国演义》	元末明初	罗贯中	我国最早的一部长篇历史小说
《水浒传》	元末明初	施耐庵	我国第一部以农民起义为题材的长篇小说
《西游记》	明朝中期	吴承恩	充满浪漫主义气息的长篇神话小说
《红楼梦》	清朝	曹雪芹	把明清小说推向顶峰,我国古代最优秀的长篇小说
《金瓶梅》	明朝	兰陵笑笑生	我国第一部由文人独立创作的章回体长篇小说

(2)戏剧

汤显祖是明朝后期最负盛名的戏剧家。代表作有《牡丹亭》《紫钗记》《南柯记》《邯郸记》。汤显祖与英国的莎士比亚同时期,所以也被现代人称为"东方的莎士比亚"。

徽班是中国清朝中期兴起于安徽、江苏等地的戏曲班社,以唱"二黄"声腔为主,兼唱昆曲、梆子等,以扬州一带为盛,因艺人多来自安庆等地,而得名徽班。清朝中后期,北京成为戏班荟萃之地,形成百花齐放的局面。四大徽班即三庆班、四喜班、和春班、春台班,乾隆时期进京,是京剧诞生的前奏。后来,以徽剧、汉调为基础,融合吸收其他剧种的曲调和表演方法,在19世纪中期初步形成了一个新的剧种——京剧。

(3)书画

书法:明朝董其昌的书法吸收古人书法的精华,但不在笔迹上刻意模仿,兼有"颜骨赵姿"之美。

绘画:明朝徐渭的绘画善用泼墨,挥洒自如,气势磅礴,代表作为《墨葡萄图》;"扬州八怪"之一的郑板桥进一步发展徐渭的笔墨纵横手法,流传下来的作品很多,最有代表性的是《兰竹图》。

精选真题

[2017上半年]《都门杂咏》云:"时兴小戏得人和,四大徽班势倒戈。虽是园中不上座,原图堂会彩钱多。"词中描绘的情境出现于(　　)

A.宋朝　　　　　　　　　　B.元朝

C.明朝　　　　　　　　　　D.清朝

答案:D。本题考查清朝的戏剧,考查考生的理解能力。四大徽班是清朝乾隆年间北京剧坛的四个著名戏班,即三庆班、四喜班、和春班、春台班。乾隆时期四大徽班进京,是京剧诞生的前奏,在京剧发展史上有重大意义。题干中词句描绘的情境出现于清朝。故本题选D。

3.科技

李时珍的《本草纲目》是一部药物学巨著,在药物学和动植物分类学方面达到了当时世界的先进水平。

宋应星的《天工开物》记录了明代劳动人民的生产新技术,外国学者称之为"中国17世纪的工艺百科全书"。

徐光启的《农政全书》记载了我国自古以来的农学理论,又总结了元、明两代劳动者的农业生产经验,还介绍了欧洲的水利技术,成为我国农学史上最早传播西方近代科学知识的书籍。

4.教育

书院是宋元明清最有影响力的教育组织。书院肇端于唐中期,具有固定学制和教学内容的书院在宋代真正建立。宋代理学的兴盛与书院密切相关。元朝政府出于吸引汉族士人的目的,对书院给以资助,并加以管理。明代心学与书院密切相关。到了清代书院进入官方主导的阶段,官学化越来越明显。

精选真题

[2015下半年]宋元明清最有影响力的教育组织是( )

A.私塾 　　　　　　　　　　B.太学

C.书院 　　　　　　　　　　D.学堂

答案:C。 本题考查中国古代的教育,考查考生的识记能力。书院起初只是地方教育组织,最早出现在唐朝,正式的书院制度则由朱熹创立,发展于宋代。原由富室、学者自行筹款,于山林僻静之处建学舍,或置学田收租,以充经费。后由朝廷赐书籍,并委派教官、调拨田亩和经费等,逐步变为半民间半官方性质的地方教育组织。

八、中国古代史专题

(一)中国古代的土地制度

土地制度	性质	内容和意义
井田制	奴隶社会的土地国有制度	开始于商,盛行于西周,瓦解于春秋,废除于商鞅变法 特点:土地为国王所有,受田者只有享用权,耕地阡陌纵横,实行奴隶集体耕种 意义:井田制是奴隶社会的经济支柱
屯田制	三国时期的封建土地国有制度	屯田制分军屯和民屯。军屯是组织兵士进行农业生产,由将吏管理,收获物全部交给国家;民屯是招募流亡农民垦荒并设官管理,屯田民享有土地使用权,按比例向官府缴纳收获物 意义:屯田制的实行,有利于保证军需供养,有利于稳定社会秩序,有利于促进农业生产的恢复与发展
均田制	北魏和隋唐时期的较为完备的封建土地国有制度	北魏孝文帝推行,隋唐沿用 特点:政府把掌握的土地分给农民。土地不得买卖,以不触动官僚地主土地占有利益为前提,受田农民负担租调役或租庸调 意义:均田制的实行,在一定程度上减轻了自耕农的负担,有利于社会经济的恢复与发展,有利于促进少数民族的封建化与各族人民的融合
更名田制	清朝时期的农民个体土地所有制度	1669年,康熙帝宣布明藩王的土地归现在耕种的人所有,部分农民获得土地 意义:有利于调动农民的垦荒积极性,有利于促进社会生产的恢复与发展

（二）中国古代的赋税制度 重点

赋税制度	性质	内容	意义
相地而衰征	始于战国的封建赋税征收制度的萌芽	齐国管仲创立,根据土地多少和田质好坏征收赋税,承认私人对土地的所有权	相地而衰征与初税亩的实施前提在于铁农具的大量使用和牛耕的推广,社会生产力水平的显著提高,大量私田出现以及社会生产关系的变化。其实质在于承认私田的合法地位,标志着井田制开始瓦解,奴隶社会土地国有制为封建土地私有制所代替
初税亩		初税亩在鲁国开始实行,规定将公田交给耕者,按亩收税,承认耕者对所耕土地的所有权	
编户制	两汉时相对完整的封建赋税徭役制度	政府把农民的人口、年龄、性别和土地财产等情况详细造册,编户农民对封建国家承担田租、算赋、口赋、徭役和兵役	编户制是两汉征收租赋、征发徭役和兵役的根据,有利于加强对百姓的管理
租调役制	北魏孝文帝改革时的封建赋税徭役制度	其实施前提是均田制的推行,特点是以家庭为单位,规定受田农民纳租调,服徭役兵役,即有田就有租,有户就有调,有身就有役	租调役制的实行,有利于推动北魏社会经济的发展
租庸调制	隋唐沿用北魏以来租调役制又有所创新的封建赋税徭役制度	租是田租,调是人头税,庸是指纳绢(或布)代役。其实施前提仍是均田制的推行,重大变化在于隋朝开始推行以庸代役,唐朝的庸不再有年龄限制	租庸调制的实行,有利于保证农民的生产劳动时间,有利于减轻农民的赋役负担,有利于保障政府的赋税收入,是府兵制得以巩固的重要基础
两税法	唐朝中期杨炎改革时的封建赋税制度	原因:唐朝中期以后土地占有关系和经营方式发生决定性变化,均田制无法推行,租庸调制也无法维持 内容:两税法规定每户按资产交纳户税,按田亩交纳地税,取消租庸调和一切杂税杂役,按土地和财产多少,一年分夏秋两季征税	两税法的实行,统一了唐中期以来极端混乱的税制,反映了封建社会经济和地主土地私有制的新发展,扩大了纳税面,放松了对农民的人身控制,是我国赋税制度的一次重大变革和进步
募役法和方田均税法	北宋王安石变法时的封建赋税徭役制度	募役法规定向应服役而不愿服役的人收取免役钱,官除地主也不例外,实质上是纳钱代役。方田均税法规定按重新丈量后的土地多少以及肥瘠程度收取赋税,实质上是按亩纳税	募役法和方田均税法的实行,有利于减轻农民的差役负担,保证农民的生产时间,增加封建国家的田赋收入,从而有利于稳定北宋王朝的封建统治
一条鞭法	明后期张居正变法时的封建赋税徭役制度	其实施前提是封建社会渐趋没落,商品经济有重大发展。特点在于将原来田赋、徭役和杂税"并为一条"折成银两,把从前按户、丁征收的役银分摊在田亩上,按人丁和田亩的多寡分担征收	一条鞭法的实行,特别是纳银代役的规定,有利于减轻农民负担,表明农民对封建国家人身依附关系的松弛;赋役征银的办法,适应了商品经济发展的需要,有利于农业商品化和资本主义萌芽的增长,从而成为我国赋役史上的一次重大改革

01

续表

赋税制度	性质	内容	意义
摊丁入亩	清初封建赋税制度	1712年清政府规定以康熙五十年的人丁数作为征收丁税的固定丁数,以后"滋生人丁,永不加赋"。雍正帝时,实行"摊丁入亩"办法,把丁税平均摊入田赋中,征收统一地丁银	从一条鞭法到摊丁入亩与地丁银,由仍征收人头税转向废除丁税,由赋役征银转向银两纳税,表明汉唐以来封建国家对农民的人身控制松弛,是封建社会渐趋没落、商品经济活跃和资本主义萌芽发展的必然结果,有利于我国人口的增长和社会经济的发展
地丁银			

精选真题

1.[2019下半年]唐朝用两税法取代租庸调制的主要原因是(　　)

①均田制的废弛　②农民破产的结果　③安史之乱的破坏　④朋党之争的影响

A.①②③　　　　　　B.①②④　　　　　　C.①③④　　　　　　D.②③④

答案:A。本题考查两税法实行的原因,考查考生的识记能力。唐朝前期在前代租调制的基础上,推行租庸调制。随着土地兼并的加剧,特别是安史之乱爆发,唐朝的社会经济遭到严重破坏,大批农民破产,失去土地沦为佃户,唐朝政府控制的农户越来越少,赋税来源逐步枯竭,均田制废弛,租庸调制也无法维持。唐德宗接受宰相杨炎的建议,实行两税法。朋党之争与赋税制度无关,④排除。故答案选A。

2.[2017下半年]中国历史上有多次赋役制度的改革,其中把税收并为单一的土地税的赋役制度是(　　)

A.租庸调制　　　　　　　　　　　　B.方田均税法

C.一条鞭法　　　　　　　　　　　　D.摊丁入亩

答案:C。本题考查一条鞭法,考查考生的识记能力。租庸调制,唐朝实行的赋税制度,以征收谷物、布匹或者为政府服役为主,是以均田制的推行为基础的赋役制度。此制规定,凡是均田人户,不论其家授田是多少,均按丁交纳定额的赋税并服一定的徭役。方田均税法是王安石变法的内容之一,包括方田与均税两个部分:方田是一种清丈土地,整理田赋地籍的制度;均税是对清丈完毕的土地重新定税。一条鞭法是明代嘉靖时期确立的赋税及徭役制度,由张居正于万历九年推广到全国。一条鞭法就是把各州县的田赋、徭役以及其他杂征总为一条,合并征收银两,按亩折算缴纳,大大简化了征收手续,同时使地方官员难于作弊。摊丁入亩,又称作摊丁入地、地丁合一,草创于明代,是清朝政府将历代相沿的丁银并入田赋征收的一种赋税制度。

(三)中国古代的选官制度 重点

1.先秦时期:世卿世禄制

世卿世禄制是我国先秦时期统治者实行的一种选官制度,是爵位和官职的世袭制度。盛行于夏、商、周时代。其特点是王权与族权相统一。

2.秦朝:军功爵制

秦的军功爵制主要包括两项内容:其一,凡立有军功者,不问出身门第、阶级和阶层,都可以享受爵禄。其二,取消宗室贵族所享有的世袭特权,他们不能再像过去那样仅凭血缘关系,就可以获得高官厚禄和爵位封邑。

3.汉朝:察举、征辟、考试

察举也就是选举,是一种由下向上推选人才为官的制度。两汉的察举与考试是相辅而行、相互为用的。察举之后,是否选得其人,还需要经过考试,而后视其才能录用。征辟是一种自上而下选拔官吏的制度,主要有皇帝征聘与公府、州郡辟除两种方式。

精选真题

[2019下半年]在中国古代的选官制度中,由下而上推荐人才的制度是(　　)

A.世官制　　　　B.科举制　　　　C.察举制　　　　D.军功爵制

答案:C。本题考查中国古代的选官制度,考查考生的识记能力。世官制也就是世卿世禄制,是我国先秦时期统治者实行的一种选官制度,是爵位和官职的世袭制度,A项不符合题意。科举制是自下而上选拔人才的制度,但是是通过考试而非推荐,B项不符合题意。察举制是两汉时期自下而上推荐人才的制度,C项符合题意。商鞅变法后,秦国推行军功爵制,平民可以通过耕作和参与作战取得爵位,是自上而下授予爵位,D项不符合题意。故答案选C。

4.魏晋南北朝:九品中正制

(1)内容

九品中正制,是魏晋南北朝时期重要的选官制度,是魏文帝曹丕采纳吏部尚书陈群的意见制定的制度。从曹魏始至隋唐科举的确立,这期间约存在了四百年之久。

九品中正制上承两汉察举制,下启隋唐之科举,在中国古代政治制度史上占有十分重要的地位。

(2)意义

积极意义:

①起到了选拔人才的作用,其选拔标准家世、品德、才能并重;

②九品中正制的推行也剥夺了州郡长官自辟僚属的权力,将官吏的任免权收归中央,有利于加强中央的权力。

消极意义:

九品中正制创立之初,评议人物的标准是家世、道德、才能三者并重。但由于门阀世族完全把持了官吏选拔之权,才德标准逐渐被忽视,家世则越来越重要,甚至成为唯一的标准,到西晋时终于形成了"上品无寒门,下品无士族"的局面。九品中正制不仅成为维护和巩固门阀统治的重要工具,而且本身就是构成门阀制度的重要组成部分。

到了隋代,随着门阀制度的衰落,此制终被废除。

5.隋唐—明清:科举制

(1)发展历程

①隋文帝废除"九品中正制",开始采取分科考试的办法选拔官吏。

②隋炀帝时,始设进士科,科举制形成。

③唐朝贞观年间增加了考试科目,以进士和明经两科为主。

④武则天创设武举和殿试。

⑤唐玄宗开元年间,任用高官主持考试,提高科举地位。

⑥北宋科举考试分为解试(又称州试,即明、清的乡试)、省试、殿试三级,考试科目逐渐减少,进士科成为主要科目,考试实行糊名法,增加录取名额。

⑦王安石改革科举,废明经,设明法科,进士科考经义和时务策。

⑧明清实行八股取士。

⑨1905年清末新政废除了科举制。

(2)评价

从积极方面来看:开放考试,吸收了不少寒士进入政权,有益于扩大和巩固封建统治的政治基础,改变了封建社会前期豪门士族把持朝政的局面;广大庶族地主通过科举入仕做官,给封建政权注入了生机与活力;选拔官吏从此有了文化知识水平的客观依据,有利于形成高素质的文官队伍;读书、考试、做官三者联系,把权位与学识结合起来,营造了中华民族尊师重教的传统和刻苦勤奋读书的氛围;促进了文学的繁荣,如唐以诗赋取士,促进了唐诗繁荣。

从消极方面来看:明清实行八股取士,从内容到形式严重束缚应考者,使许多知识分子不讲求实际学问,束缚了知识分子的思想;八股取士所带来的脱离实际的学风,对学术文化的发展产生了极为消极的影响;清末科举制度严重阻碍了科学文化的发展,是导致近代中国自然科学落后的重要原因之一;科举制度不利于知识创新,更不利于创新人才的培养。

总之,要用继承和发展的观点认识我国古代科举考试制度的变革和发展。

精选真题

[2018下半年]唐朝科举制度中最重要的两科是(　　　　)

A.明经、进士　　　　　　　　　B.秀才、进士

C.明经、明法　　　　　　　　　D.明法、明书

答案:A。本题考查唐朝的科举制度,考查考生的识记能力。唐朝的科举考试科目分为常科和制科。常科的考试科目有进士、明经、明法、明书、秀才等科目。明法、明书等不受重视,秀才一科在唐初要求很高,后来渐废。唐朝科举考试最重要的科目是明经和进士。故答案选A项。

(四)谥号、年号、庙号 重点

谥号是古代帝王、贵族、大臣等死后,依其生前事迹定的称号。谥号起自周朝,秦统一后中断,从汉至清则从未断绝。根据谥法,帝王之谥,由礼官议上;臣下之谥,由朝廷赠予。谥号用字一般都有褒、贬之意。如周文王之"文",汉武帝之"武",孝文帝之"孝文",都含褒扬之义;周厉王之"厉",隋炀帝之"炀",则贬义;汉哀帝之"哀",汉殇帝之"殇",却是哀怜之义。贵族、大臣死后由朝廷赐予的谥号,其用字亦含褒贬之意,如唐魏征赐"文贞公",宋岳飞赐"武穆王",褒扬之情不言而喻。

年号是封建帝王所定的纪年的名称。如唐太宗李世民以"贞观"为年号。最早的年号是汉武帝刘彻于公元前140年所定的"建元",最后一个年号是清代的"宣统"。年号的作用,一是记载帝王的在位之年,二是表示初登帝位,如汉昭帝的"始元";三是表示祈求福寿,如武则天身体不适,将年号改为"万岁登封";四是表示吉祥,如汉武帝见到亮星改年号为"元光";五是表示重大时事,如汉武帝首次登封泰山,改年号为"元封"。明朝以前的皇帝,经常改年号,多者达十余个。明清各皇帝大多只有一个年号。

庙号是古代帝王死后,在太庙立室奉祀时特为他们定的名号。最早的庙号出自夏代,如"太康""少康"等。最后一个庙号是清末光绪定的"德宗"。庙号以"祖"为最尊,"宗"次之。自汉代起统一王朝的开国皇帝称"祖",第二代以后的多称"宗"。前者如汉高祖刘邦,唐高祖李渊,后者如唐太宗,明仁宗等。

一般说来,唐以前多称谥号,如周文王、汉武帝、隋炀帝。唐、五代、宋、元多称庙号,如唐太宗、宋太祖、元世祖。明清两代,由于一个皇帝一般只用一个年号,故常用年号称代皇帝,如嘉靖、崇祯、康熙、雍正、乾隆。

精选真题

[2018下半年]下列王朝中,一个皇帝只有一个年号的是(　　　)

A.唐朝　　　　　　B.北宋　　　　　　C.元朝　　　　　　D.清朝

答案:D。本题考查中国古代皇帝的年号,考查考生对知识的掌握能力。年号是中国封建王朝用来纪年的一种名号,汉武帝首创年号,此后形成制度。历代帝王遇到"天降祥瑞"或内讧外忧等大事、要事,一般都要更改年号。一个皇帝所用年号少则一个,多则十几个。明清皇帝大多一人一个年号。故答案选D项。

山香指导　中国古代史是教师资格考试的重要内容,考查题型以单项选择题、简答题和材料分析题为主。中国古代史考查范围广,内容多。考查内容集中在封建王朝专制主义集权的加强、改革与变法、农业手工业商业的发展成果、主要科技成就、文学艺术成就等。复习时可以按照政治史、经济发展史、科技思想文化史、民族关系史和对外交往史等五个专题来梳理。通过绘制示意图、列表等形式呈现,清晰识记基本史实,理解历史事件的前后关系。

第二节　中国近代史

一、列强的侵略与中国人民的抗争

(一)两次鸦片战争　重点

1.英国发动鸦片战争的原因及概况

(1)原因

根本原因:英国为夺取更多的原料产地和商品销售市场。

直接原因:为扭转对华贸易逆差。

导火线:1839年,林则徐"虎门销烟"。

(2)概况

1840年,英军封锁珠江口,战争开始。英军沿海北犯,到达天津白河口;1841年初,英军增兵扩大侵略战争,侵占香港岛和东南沿海一些城市;三元里人民掀起了轰轰烈烈的抗英斗争。

2.中英《南京条约》

(1)内容:割香港岛给英国(破坏中国的领土主权);

(2)赔款2100万银元;开放广州、厦门、福州、宁波、上海五处为通商口岸(破坏中国的贸易主权);

(3)英商进出口货物缴纳的关税税率,中国须同英国商定(破坏中国的关税自主权)。

附件:1843年,中英签订《五口通商章程》和《虎门条约》。

附件规定英国享有"领事裁判权"(破坏中国司法主权),"片面最惠国待遇",在通商口岸租赁土地、房屋和永久居住的特权。

精选真题

1.[2018下半年]史学家黄仁宇写道:"《南京条约》签订之后,感到不满意的不是战败国而是战胜国。"下列使战胜国感到最不满意的是(　　)

A.中国赔款数量太少
B."修约"要求遭到拒绝
C.鸦片贸易未合法化
D.中国市场开放程度有限

答案:D。本题考查鸦片战争,考查考生的理解能力。《南京条约》签订后我国开放五个通商口岸,英国向我国倾销商品,由于受到自给自足的小农经济抵制,并不顺利,英国认为原因在于中国市场开放程度有限,要求进一步开放中国市场。故答案选D项。

2.[2018上半年]晚清一位大臣针对列强在华攫取的某项特权说:"一国所得,诸国安然而享之;一国所求,诸国群起而助之,是不啻驱西洋诸国,使之协以谋我。"这项特权指的是(　　)

A.领事裁判权
B.外国公使进驻北京
C.开矿筑路权
D.片面最惠国待遇

答案:D。本题考查片面最惠国待遇,考查考生的理解能力。"一国所得,诸国安然而享之;一国所求,诸国群起而助之"的大意是西方列强借助这项规定享有同等特权,刺激列强不断提出特权条件进而谋取更大权益。结合史实可知,这项特权应是英国最早提出的片面最惠国待遇。领事裁判权是指外国人在中国违法,由本国领事按照本国法律审判;开矿筑路权是指外国获得修筑铁路的权利后,同时获得铁路沿线的土地和矿产开发权利;外国公使进驻北京指使节常驻北京使馆区,均不符合题意。故答案选D项。

3.鸦片战争对中国社会的影响

鸦片战争是中国近代史的开端,对近代中国社会产生了巨大的影响。

(1)政治上,主权遭到破坏,中国开始由主权独立的封建国家沦为半殖民地半封建性质的国家。

(2)经济上,中国社会的自然经济逐渐解体,中国被卷入世界资本主义市场,客观上促进了中国资本主义的发展。

(3)社会矛盾上,由地主阶级和农民阶级的矛盾转变为外国资本主义和中华民族的矛盾。

(4)革命任务上,由反封建变为反对外来侵略和反对本国封建统治的双重任务,中国进入反帝反封建的旧民主主义革命时期。

(5)思想文化上,鸦片战争以后,一些先进的知识分子开始学习西方,注目世界,对封建思想有一定的冲击作用。

关联知识

半殖民地半封建社会

半殖民地半封建社会不是指一半是殖民地社会,一半是封建社会。半殖民地是部分而不是完全丧失国家主权,半封建是既保存了封建主义又发展了资本主义;半殖民地是从国家的政治地位上看的,半封建是从社会经济结构上看的;从社会发展形态而言,半殖民地是历史的沉沦,半封建则是历史的进步;半殖民地半封建包括政治、经济和思想文化等多方面的深刻内涵。

4. 第二次鸦片战争

原因：鸦片战争后，列强不满足既得利益，企图进一步打开中国市场。

概况：在修约要求遭到拒绝后，英国借口"亚罗号"事件，法国借口"马神甫"事件，武力侵略中国。1856年英军袭击广州城，战争爆发。1860年，英法联军攻入北京，火烧圆明园，清政府战败求和。

结果：签订一系列不平等条约。

签订条约	时间	内容	影响
《天津条约》	1858年	清政府与英、法、俄、美分别签订。允许外国公使进驻北京，增开沿海、沿江十处通商口岸；允许外国人到中国内地游历、经商、传教	中国丧失了大片的领土和主权，外国侵略势力由沿海深入到内地，使中国的半殖民地化程度进一步加深
《北京条约》	1860年	清政府与英、法、俄分别签订。割让九龙半岛给英国，乌苏里江以东大片领土给俄国；准许法国招募华工出国	
中俄《瑷珲条约》	1858年	割占黑龙江以北、外兴安岭以南60万平方千米的领土	
中俄《勘分西北界约记》	1864年	割西北44万平方千米领土	

（二）中法战争

中法战争是1883年12月到1885年4月中法之间因为越南主权问题而爆发的一场战争。

1. 经过

（1）第一阶段：1883年底至1884年夏，战场主要在越南北部。

1883年底，法军向驻守中越边界的清军发动进攻，清政府被迫下令清军与黑旗军抗法，中法战争正式爆发。

（2）第二阶段：战争扩大，战场主要在中国境内，分海战和陆战两个战场。

马尾海战：1884年夏，法国舰队从海上进攻中国，终因清政府腐败，战略指挥失误，马尾海战惨败。

镇南关大捷：1885年3月，法军从东路全力进犯镇南关，中法两国进行关系全局的决战。老将冯子材亲自部署、指挥镇南关大战，乘胜收复谅山等地。

2. 结果

《中法新约》以中国"不败而败"而签约，进一步暴露了清政府的腐败无能、软弱可欺。战后，列强进一步加紧对中国边疆地区的侵略，民族危机更加严重。

条约规定增开口岸，便利了列强对边疆地区的商品倾销和原料掠夺；条约首次规定列强在中国修建铁路的权利，表明了列强已开始对中国采取资本输出的手段来进行经济侵略，大大加深了西南边疆的危机。

中法战争结束后，清政府将台湾正式建立行省。1885年，刘铭传担任第一任台湾省巡抚。

（三）左宗棠收复新疆

1. 背景：中国西北边疆出现危机

（1）阿古柏入侵新疆：19世纪60年代，中亚浩罕国陆军司令阿古柏率兵侵入新疆，占领喀什噶尔。阿古柏擅自宣布建国，自立为汗，攻占天山南路各城，又攻占乌鲁木齐和吐鲁番等地，把侵略势力扩展到北疆。

（2）1871年俄国出兵侵占伊犁。

2. 左宗棠收复新疆

（1）1875年，清政府任命左宗棠为钦差大臣，督办新疆军务。

（2）战略方针："先北后南，缓进急战"。

（3）1878年,打败阿古柏,收复了除伊犁以外的新疆地区。

（4）19世纪80年代,通过外交努力,中俄签订《伊犁条约》,中国收回伊犁,但是损失了中国西部的一块土地和大量赔款。

（5）1884年,清政府在新疆设立行省。

3.意义:巩固了祖国的西北塞防,捍卫了祖国的领土和主权

收复新疆的胜利,捍卫了祖国领土的完整,显示了中华民族抵抗外侮的决心和力量,遏制了英、俄掠夺我国西北边疆的野心。

（四）甲午中日战争 重点

1.战争原因

根本原因:明治维新后,日本资本主义发展,国力强盛,但国内市场狭小,日本急需通过对外扩张寻求出路,为此制定了以侵略中国为中心的"大陆政策"。

直接原因:1894年朝鲜爆发东学党起义,清政府应朝鲜政府的请求出兵,日本也趁机出兵,伺机挑起战争。

2.战争经过

爆发:1894年,日本海军在牙山口外丰岛海面突袭中国的运兵船,战争爆发。

平壤战役:回族将领左宝贵牺牲,平壤失陷。

黄海之战:"致远号"被鱼雷击中沉没,邓世昌与舰同沉,壮烈殉国;北洋舰队主力尚存,日本取得黄海海域的制海权。

辽东之战:聂士成率部抵抗,日军制造旅顺大屠杀。

威海之战:丁汝昌自杀殉国,北洋舰队全军覆没。

3.《马关条约》

《马关条约》是继《南京条约》以来最为严重的不平等条约,给近代中国社会带来严重危害。

《马关条约》的内容:

（1）割让辽东半岛、台湾及其附属岛屿、澎湖列岛给日本;

（2）赔偿日本军费白银两亿两;

（3）增开沙市、重庆、苏州、杭州为商埠;

（4）允许日本在通商口岸开设工厂。

《马关条约》的影响:

（1）破坏了中国领土主权的完整,刺激了列强瓜分中国的欲望,掀起瓜分中国的狂潮。

（2）巨额的赔款加重了中国人民的负担,清政府为支付赔款,举借外债,便利了列强通过贷款控制中国的经济命脉。

（3）外国侵略势力深入中国内地,中国半殖民地化程度大大加深。

（4）在华投资设厂,方便西方列强对华进行资本输出,严重阻碍了中国民族资本主义的发展。

精选真题

[2014下半年]简述甲午中日战争的影响。

参考答案:（1）灾难性

战争的破坏给中国人民带来了前所未有的灾难和耻辱;使中国丧失了更多的主权,加深了中国半殖民地化的进程;中国经济进一步被卷入世界资本主义市场,中国民族资本主义发展受到严重阻碍。

(2)革命性

经济上:资本输出进一步破坏中国的自然经济,客观上为中国资本主义发展创造某些条件;中国民族资产阶级开始登上历史舞台。

政治上:面对不断加深的民族危机,资产阶级掀起了维新变法运动、辛亥革命;农民阶级掀起了义和团运动。

[方法总结]影响类设问是历史主观命题中常见的设问,主要设问方式有两种。一种是限定性设问,如有何积极影响,产生了怎样的消极影响,其政治、经济、思想文化的影响如何,对世界或中国的政治、经济、思想方面的影响如何等;一种是宽泛性设问,如有何影响,其历史影响如何等。回答这类问题,可以分项进行分析,也可以全面进行分析。分项分析可以从经济、政治、思想文化、国际关系等方面分析,也可以从现实影响和深远影响方面分析,或者从主观影响和客观影响方面分析。全面分析主要从积极影响(进步性)、消极影响(局限性)两方面客观、理性地分析事物的影响。

本题考查甲午中日战争的影响,适合用全面分析法作答。

(五)八国联军侵华战争 重点

甲午战争后,西方列强掀起瓜分中国的狂潮。随着民族危机的加深,1898年爆发了以"扶清灭洋"为口号的义和团运动。1900年春,英、法、美、德、意、日、俄、奥匈帝国为首的八国联军以镇压义和团运动之名行瓜分和掠夺中国之实。

1.概况

(1)1900年夏,占领天津,成立都统衙门;

(2)侵占北京,瓦德西设立联军司令部,实行殖民统治;

(3)八国联军在北京犯下滔天罪行。

2.1901年《辛丑条约》的内容及其危害

《辛丑条约》主要内容:

(1)赔款。向各国赔款白银4.5亿两,分39年还清,本息共计9.8亿两。

(2)划定使馆区。划北京东交民巷为使馆界,界内各国可派兵驻守,不许中国人居住。

(3)拆除北京至大沽的炮台,准许各国派兵驻守北京至山海关铁路沿线要地。

(4)永远禁止中国成立反帝性质的组织。

(5)设立外务部。改总理衙门为外务部,是清政府对外交涉的专门机构。

《辛丑条约》的影响:

(1)巨额赔款加重了人民的负担。

(2)"使馆界"的划定和外务部的成立,使列强可以直接干涉中国内政,清政府沦为列强统治中国的工具。

(3)《辛丑条约》的签订标志着中国半殖民地半封建社会统治秩序的完全确立。

精 选 真 题

[2017下半年]下面资料出自中国近代某不平等条约。该条约是(　　　)

> 第七款:大清国国家允定各使馆界,以为专与住用之处,并独由使馆管理。中国民人概不准在界内居住,是亦可自行防守。

A.《天津条约》　　　　　　　　　　B.《北京条约》

C.《马关条约》　　　　　　　　　　D.《辛丑条约》

答案:D。本题考查中国近代签订的不平等条约,考查考生的理解能力。根据题干中的资料内容可知,该条约规定清政府划定专门的使馆区供各国外交人员居住,可以驻扎军队保护,禁止中国公民在界内居住。联系中国近代签订的不平等条约的主要内容,可知题干资料出自《辛丑条约》。

(六)太平天国运动及义和团运动 重点

1.太平天国运动

(1)概述

兴起:1851年,农民革命领袖洪秀全在广西桂平金田村发动起义,封号太平天国,起义军称"太平军"。

发展:永安建制,初步建立政权;1853年,定都天京,正式建立与清政府对峙的政权。

全盛:为推翻清朝统治,太平天国派军队进行北伐和西征。全盛时,太平天国拥有中国的半壁江山。

(2)《天朝田亩制度》

为了满足农民得到土地的愿望,1853年,太平天国颁布了《天朝田亩制度》。

《天朝田亩制度》是太平天国定都天京后颁布的革命纲领。它明确主张废除封建土地私有制,成为几千年来中国农民斗争的最高峰。

此纲领把小农经济作为追求的理想化目标,实际上没有超越封建主义的经济范畴。

(3)太平天国运动失败的原因、教训、历史意义

1856年"天京变乱"标志着太平天国由盛转衰;1864年"天京陷落"标志太平天国运动失败。

①失败原因

客观原因:中外反动势力勾结,力量过于强大,联合绞杀太平天国。

主观原因:一是农民阶级的局限性;二是战略上的失误。

②教训

太平天国的悲剧说明,受阶级和时代的局限,农民阶级不能领导中国革命取得胜利。

③历史意义

第一,太平天国运动是中国近代史上一次伟大的反封建反侵略的农民革命运动,是几千年来中国农民斗争的最高峰;

第二,太平天国运动坚持14年,势力达18省,打击了中外反动势力,担负起反封建反侵略的双重任务;

第三,加速了清王朝和整个封建制度的衰落和崩溃;

第四,打破了西方侵略者把中国迅速殖民地化的企图;

第五,一些领导人开始向西方寻求真理,探索中国独立、富强的途径。

(4)《天朝田亩制度》和《资政新篇》比较

不同点	《天朝田亩制度》	《资政新篇》
产生背景不同	定都天京后,处于全盛时期	天京事变后,处于衰落时期
社会经济主张不同	包括政治、经济、军事、文化教育、社会生活等款项,以改革土地制度为中心,主张废除私有制,实行公有制	政治纲领性文件,分为"用人""设法"两方面。经济方面主张学习西方,发展资本主义工商业,主张发展私有制
群众基础不同	满足农民的土地要求,拥有广泛的群众基础	没有引起农民的强烈反响
作用不同	直接推动了太平天国革命斗争的发展	迫于当时形势,未能付诸实施
反映的时代特点不同	标志着农民战争水平达到最高峰	中国第一个近代化纲领;反映了鸦片战争后,先进的中国人向西方寻求真理和探索救国救民道路的迫切愿望

相同点:两者都是太平天国的纲领性文献,都具有反封建的革命性。

精选真题

[2017上半年]太平天国前期,英国代表声称:英国"绝不左袒中国政府",表示要恪守"中立",同时把《南京条约》的文本抄送给太平天国。英国政府的主要意图是(   )

A.支持太平天国政权   B.维护侵华权益

C.宣示英国主导地位   D.承认两个政权

答案:B。本题考查太平天国前期英国对华政策的主要意图,考查考生的理解能力。19世纪的英国处于帝国主义阶段,其目的在于贸易扩张,因此,英国外交政策的基本原则是"不干涉主义""全球贸易的扩张"等,保护和促进国家利益自然成为英国外交政策最基本的目标。在太平天国运动前期,英国为维护其在华利益采取"中立"政策。故本题选B。

2.义和团运动

19世纪末,随着帝国主义侵略的加剧,人民群众的反洋教斗争迅速展开。

1898年,赵三多领导山东冠县义和拳起义揭开了义和团反帝爱国运动的序幕。

义和团运动的口号是"扶清灭洋"。在民族危机的形势下,该口号反映了中华民族同帝国主义的矛盾已成为主要矛盾,义和团打击的对象是帝国主义,因而能吸引和动员广大群众同帝国主义进行抗争。但该口号有很大局限性,体现在"扶清"虽然有扶中国、保中国的含义,但麻痹了人们对清政府的警觉,反而被清政府利用和出卖;"灭洋"虽能动员广大群众参加反帝斗争,但也带有笼统的排外色彩。这也反映出农民阶级的局限性,不能提出科学的反帝纲领和策略。

最终,义和团运动被中外反动势力联合绞杀了。它是一场伟大的农民反帝爱国运动。

二、近代化的探索 重点

(一)洋务运动

1.洋务运动的兴起

19世纪60年代,为挽救日益衰亡的清王朝,奕䜣、曾国藩、李鸿章、左宗棠、张之洞等封建统治阶级中的先进分子主张学习西方的武器装备和科学技术,兴办洋务,被称为"洋务派"。从19世纪60年代到90年代,洋务派兴建了一大批近代工矿企业和海军,掀起了一场"师夷长技"的洋务运动。

2.洋务运动的代表人物及指导思想

(1)代表人物

中央:恭亲王奕䜣

地方:曾国藩、李鸿章、左宗棠、张之洞

(2)指导思想

冯桂芬的《校邠庐抗议》一书中指出:"以中国之伦常名教为原本,辅以诸国富强之术。"这个思想后来概括为"中学为体,西学为用",成为洋务运动的指导性思想。

3.主要内容

(1)洋务派兴办的近代军用、民用工业

①洋务企业采用西方技术和设备进行生产,属于近代企业。

②洋务派前期创办的军事工业,以"自强"为口号,经费由清政府调拨,产品分配给军队使用,管理方式是封建衙门式的。虽然这些企业采用机器生产,但本质上属于带有资本主义因素的封建官办企业。

③洋务派后期创办的民用工业,以"求富"为口号,投资大多采取官督商办和官商合办形式,产品主要作为商品投放市场,管理上采取劳动雇佣制,所以其本质上属于带有封建因素的资本主义性质的企业。

创办者	企业
曾国藩	安庆内军械所
崇厚	天津机器制造局
李鸿章	江南制造总局、金陵机器制造局
张之洞	汉阳兵工厂
左宗棠	福州船政局、西安机器局
李鸿章	开平煤矿、轮船招商局
张之洞	湖北织布局、汉阳铁厂

其中,李鸿章创办的江南制造总局是清政府创办的规模最大的军事企业,张之洞创办的汉阳铁厂是中国第一个近代化钢铁企业。

(2)洋务派兴办的近代海军

19世纪70年代中期到80年代中期,洋务派兴建了南洋、北洋、福建三支海军。

(3)洋务派开办的新式学堂

1862年,恭亲王奕䜣创办京师同文馆,开创了中国近代化教育的新篇章。

洋务运动期间创办的新式学堂主要类别有:

①外语性质的学堂,如1862年创办的京师同文馆(1866年增设天文算学馆,成为综合性学堂)、上海广方言馆等。

②军事学堂,如福州船政学堂、北洋水师学堂等。

③技术学堂,如上海机械学堂,天津电报学堂等。

与传统官学相比,新式学堂在办学特点上进一步趋向近代化:

①这些新式学堂培养了一批新式的专门人才,如翻译人才、军事人才、技术人才等。

②教学内容有西学,如西文、西艺等。

③采用了新的教学组织形式,实施分年课程和班级授课制等。

精选真题

1.[2017下半年]《中国现代的区域研究》中记载:"1880年,直隶总督李鸿章委派候补知县戴华藻集股两万两白银,开办中兴矿局,均为商股。"由此可以判断中兴矿局的经营方式是(　　)

A.官督商办　　　　　　　　　B.官办

C.商办　　　　　　　　　　　D.官商合办

答案:A。本题考查洋务企业的经营方式,考查考生的理解能力。根据题干内容可知,李鸿章委派戴华藻作为中兴矿局的召集人,面向社会募集商股,这属于我国近代企业经营方式中的官督商办。

2.[2016下半年]创建中国第一个近代化钢铁企业的洋务派代表人物是(　　)

A.曾国藩　　　　　　　　　　B.张之洞

C.李鸿章　　　　　　　　　　D.左宗棠

答案:B。本题考查洋务运动的代表人物,考查考生的识记能力。中国第一个近代化钢铁企业湖北汉阳铁厂的创办者是张之洞。故本题选B。

4.洋务运动的性质

洋务运动是地主阶级洋务派在资本主义入侵和农民革命的双重打击下发起的一场地主阶级的改革和自救运动。

5.洋务运动的结局

甲午中日战争中,北洋海军全军覆没,标志着清朝海军实力的完全丧失,也标志着35年的洋务运动宣告破产。

6.洋务运动的意义

洋务运动期间,洋务派采取了一系列"自强""求富"的措施,虽然其目的是摆脱"内忧外患"的困境维护封建统治,但这一运动在当时是符合历史潮流的。其意义具体表现在:

(1)洋务运动推动了近代中国生产力的发展,促使了中国民族资本主义的产生,为中国的近代化开辟了道路。

(2)洋务运动在一定程度上抵制了外国资本主义的经济输入。

(3)洋务运动打开了封建教育制度的缺口。

(4)洋务运动促进了国防的近代化。

7.洋务运动失败的原因

(1)在不触动腐朽的封建专制的前提下,洋务派单靠引进西方的先进技术和设备,而不彻底变革封建剥削制度,致使洋务运动注定不可能成功。

(2)就内部环境而言,洋务运动处处受到顽固派的阻挠和破坏,加大了洋务运动开展的阻力。就外部环境而言,西方列强并不希望中国富强,他们不会让中国掌握真正的先进技术。洋务派聘请的一些洋匠利用中国官员不懂技术,进行敲诈勒索,牟取暴利,使企业难以发展。

(3)当时的大多数中国人对洋务知之甚少,思想还处于被愚昧迷信和封建礼教束缚的阶段,加大了洋务运动开展的阻力。

(4)洋务派本身的阶级局限性,决定了他们既是近代工业的创办者和经营者,也是其摧残者和破坏者,其封建衙门和官僚式的体制,必定导致洋务企业的失败。

精选真题

[2017上半年]《上海县竹枝词》云:"卅年求富更求强,造炮成船法仿洋。海面未收功一战,总归虚牝掷金黄。"词作者的态度是( )

A.支持守旧势力　　　　　　　　B.痛斥外国列强

C.批评洋务运动　　　　　　　　D.同情海军官兵

答案:C。本题考查时人对洋务运动的评价,考查考生的理解能力。题干中诗句涉及的历史事件是洋务运动和甲午战争,末句说"总归虚牝掷金黄",意思是总归是白白浪费钱财。这是批评洋务运动虚耗国力,一事无成。故本题选C。

(二)维新变法和清末新政

1.戊戌变法

(1)公车上书

1895年,清政府签订《马关条约》后,康有为和梁启超邀请各省参加科举考试的举人,联名上书光绪帝,反对同日本议和,请求变法图强,史称"公车上书"。从此,变法维新运动揭开了序幕。

公车上书以"戊戌六君子"的被杀而宣告失败。

之后,康有为、梁启超创办《万国公报》,宣传维新变法。随后,又改名为《中外纪闻》,作为强学会的机关报发行。维新派的政治团体形成了。

(2)百日维新

公车上书之后,康有为三次上书光绪帝,倡导变法。

1898年6月,光绪帝颁布《定国是诏》,标志着变法开始,史称"戊戌变法"。

①戊戌变法的主要内容

政治上	广开言路,允许士民上书言事;改革政府机构,任用维新人士;裁汰绿营,编练新军
经济上	设立农工商局、路矿总局,提倡开办实业;修筑铁路,开采矿藏;组织商会
文化上	废八股,兴西学;创办京师大学堂,京师大学堂是中国近代史上第一所国立综合性大学;设译书局,派留学生;奖励科学著作和发明

②戊戌变法的结果

由于维新派缺乏反帝反封建斗争的勇气,只采取改良的办法,把希望寄托在没有实权的皇帝身上,脱离了广大群众,再加上封建顽固派的破坏,最终导致变法失败。这次变法历时103天,因此历史上又称它为"百日维新"。

失败标志:1898年9月,慈禧太后发动戊戌政变。

③失败的教训

资产阶级改良道路在半殖民地、半封建社会的中国是行不通的。

④历史影响

戊戌变法是一次资产阶级的改良运动,资产阶级维新派要逐步变封建专制制度为资本主义君主立宪制度,在当时具有进步意义;戊戌变法是近代中国第一次思想解放潮流,资产阶级维新派的兴民权等主张,在社会上起了思想启蒙的作用,促进了中国人民的觉醒。

精选真题

[2018下半年]《全球通史》中写道:"(西方的)入侵在各个领域都达到很大的规模,使中国的生存似乎都受到威胁。结果,愈来愈多的中国领导人被迫得出这样的结论:重大的变革是生存所必不可少的,而这种变革不能仅限于军事和经济方面。"文中所说的"重大的变革"指的是(　　)

A.洋务运动　　　　　　　　B.戊戌变法

C.辛亥革命　　　　　　　　D.护国运动

答案:B。本题考查戊戌变法,考查考生的理解能力。根据题干"(西方的)入侵在各个领域都达到很大的规模,使中国的生存似乎都受到威胁"可知,此时应为19世纪末,排除C、D两项。洋务运动仅限于引进西方先进技术,开办军用和民用企业,A项不符合题意。戊戌变法不仅涉及军事、经济方面,而且主张学习西方先进的制度,实行君主立宪。故答案选B项。

[疑难点拨]本题是一道选项概念类选择题,难点在于由题干提供的信息对历史概念的性质、本质等属性进行界定,进而判断出该概念是什么。由题干材料"(西方的)入侵在各个领域都达到很大的规模""使中国的生存似乎都受到威胁"可以判断出此时应为19世纪末。由"重大的变革是生存所必不可少的""这种变革不能仅限于军事和经济方面"可知进行这次变革的领导人已经认识到变革政治制度的必要性。结合所学知识,戊戌变法中资产阶级维新派开始主张学习西方先进的政治制度,符合题意。

2.清末新政

戊戌变法失败后,义和团运动的爆发和八国联军大举入侵,使清政府陷入内忧外患的困境,面对如此局面,清政府为维护其封建统治主动进行变法。光绪二十七年(1901年),在慈禧太后的默许下,清政府开始改革,宣布实行"新政"。

新政的具体内容有:

时间	内容		意义
1901—1905年	军事上:筹饷练兵,编练"新军"		清末新政是慈禧集团为强化封建国家机器,整顿和巩固清王朝统治而推行的,但"新政"一定程度上推动了中国社会的现代化,也为辛亥革命的兴起提供了条件
	经济上:振兴商务,奖励实业。中国历史上出现第一次工业化浪潮		
	政治上:实行君主立宪制,确立立法、司法、行政三权分立的现代政治制度		
	教育上:废科举,兴办新式学堂,建立新学制,确立现代教育体制		

(三)辛亥革命

辛亥革命,是指发生于中国农历辛亥年(清宣统三年),即从1911年10月10日夜武昌起义爆发,至1912

年元旦孙中山就职中华民国临时大总统前后,这一段时间中国所发生的旨在推翻清朝专制统治、建立民主共和政体的全国性革命事件。

1.酝酿

(1)背景:阶级矛盾激化,民族资本主义发展。

(2)条件

①思想上,资产阶级革命思想得到迅速传播。

②组织上,革命团体和革命政党建立。

1894年11月,孙中山在檀香山联合华侨,成立兴中会,提出"振兴中华"的宗旨,号召"驱除鞑虏,恢复中国,创立合众政府"。随后,民主革命团体如雨后春笋,纷纷出现。

1905年8月,孙中山联合兴中会、华兴会、光复会等革命团体的成员,在日本东京成立了中国同盟会。在成立大会上,确定了"驱除鞑虏,恢复中华,创立民国,平均地权"的政治纲领,选举孙中山为同盟会总理,建立领导机构。大会决定创办《民报》,作为同盟会的机关报。同盟会是中国第一个全国规模的、统一的资产阶级革命政党。它的成立,使全国资产阶级革命派有了一个统一的领导和明确的奋斗目标,大大推动了全国革命运动的发展。孙中山在《民报》发刊词中,将同盟会的政治纲领阐发为"民族""民权""民生"三大主义,合称"三民主义"。三民主义成为孙中山领导资产阶级革命的指导思想。

(3)军事上,组织和领导发动了一系列武装起义。

> **● 关联知识**
>
> **三民主义**
>
> 　　三民主义从民族、民权和民生三方面阐发了同盟会"驱除鞑虏,恢复中华,创立民国,平均地权"的政治纲领。其中民族主义就是"驱除鞑虏,恢复中华",即推翻清王朝的统治,反对民族压迫;民权主义就是"创立民国",它是三民主义的核心,即推翻君主专制政体,建立资产阶级专政的议会制共和国,国民一律平等,总统和议员由国民选举产生;民生主义就是"平均地权",即核定全国地价,国家根据核定地价征收地租税,同时逐步向地主收买土地,实现土地国有,解决贫富不均等问题。

> **精选真题**
>
> 　　[2018上半年]孙中山说:"(我)所最信的是定地价的法,比方地主有地价值一千元,可定价一千元,或多至二千,就算将来因交通发达涨至一万,地主应得二千,已属有益无损;盈利八千,当归国家。"他的主张与下列各项相关的是(　　)
>
> 　　A.民主主义　　　　　　　　　　　B.民族主义
>
> 　　C.民生主义　　　　　　　　　　　D.民权主义
>
> 　　**答案:**C。本题考查孙中山的三民主义,考查考生的理解能力。材料中孙中山主张平均地权,核定全国地价,之后若因交通发达,地价上涨,所得盈利归国家所有。根据所学知识可知这体现了孙中山三民主义中民生主义的内容。故答案选C。

2.爆发

武昌起义:随着革命形势的日渐成熟,湖北新军中的革命团体决定联合行动,于1911年10月10日晚,打响了辛亥革命的第一枪,武昌起义爆发。到12日凌晨,武汉三镇完全为革命党人控制,湖北军政府成立,黎元洪被推举为都督。武昌起义在全国产生了极大的影响,掀起了辛亥革命的高潮。

3.中华民国的成立

1912年1月1日,孙中山在南京宣誓就职,就任中华民国临时大总统,改国号为"中华民国",成立中华民国临时政府。在政治体制方面效仿美国,是一个资产阶级共和国性质的革命政权。

4.《中华民国临时约法》

1912年3月,临时参议院颁布《中华民国临时约法》。

(1)内容

主权在民:规定中华民国的主权属于国民全体。其意义在于从根本上否定了君主专制。

三权分立原则:立法、司法、行政三权分立。

(2)性质:近代中国第一部资产阶级性质的民主宪法。

(3)意义:《临时约法》是中国历史上第一部具有资产阶级共和国宪法性质的重要文件。从法律上废除了两千多年来的封建君主专制制度,确立了资产阶级共和国的政治制度,成为近代中国民主化进程的一座丰碑。

5.结果

1912年2月12日,清帝退位,在中国延续两千多年的封建帝制宣告覆灭。

袁世凯窃取辛亥革命胜利果实,建立起北洋军阀统治。中国仍旧是半殖民地半封建的社会。

6.辛亥革命的教训

辛亥革命表明资产阶级不能领导中国革命取得彻底胜利,资产阶级共和国的方案在中国行不通。

7.辛亥革命的历史意义

辛亥革命是以孙中山为首的资产阶级革命派领导的一次伟大的**资产阶级民主革命**。它既是一场革命运动,又是一次政治革新运动,同时也是一次思想解放运动,具有伟大的历史意义。

第一,辛亥革命不仅推翻了清王朝的反动统治,而且结束了在中国延续两千多年的封建君主专制制度,沉重地打击了封建势力。

第二,辛亥革命在中国建立了资产阶级民主共和国,给人们的思想带来了巨大的解放。此后,民主共和的观念逐渐深入人心。

第三,辛亥革命为民族资本主义的进一步发展创造了有利条件。

第四,辛亥革命对亚洲的民族解放运动产生了广泛影响。

精选真题

1.[2019下半年]在一本有关民国初期的读物中,作者写道:"喝咖啡逛公园的上海买办、书包里藏着白话小说的学生、在政府各部跑新闻的北京记者和出口中国茶叶进口英国钢琴的广州商人们,他们的力量远远不足以支撑一个现代宪政社会。"由此可以得出的结论是(　　)

A.生活习俗全盘西化　　　　　　B.新潮人士已遍及城乡

C.西方商品开始进入　　　　　　D.民主化进程基础薄弱

答案:D。本题考查近代中国民主政治的艰辛历程,考查考生的理解能力。由题干材料中的关键信息"他们的力量远远不足以支撑一个现代宪政社会"可知,民国初期,公民的民主政治意识淡薄,民主的基础在于高素质的现代公民,当时的民主化进程基础薄弱,D项符合题意。A项说法过于绝对。材料中没有提到乡村,B项不符合题意。西方商品进入中国不是民国时期才开始的,C项说法错误。

2.[2016下半年]有学者认为,20世纪中国经历了三次历史性巨变,后两次是中华人民共和国成立和改革开放,而第一次指的是(　　)

A.禁烟运动　　　　　　　　　　B.戊戌变法

C.辛亥革命　　　　　　　　　　D.五四运动

答案:C。本题考查辛亥革命,考查考生的理解能力。20世纪中国经历了三次历史性巨变,第一次是指辛亥革命与中华民国的成立;第二次是指中华人民共和国的成立和社会主义制度的建立;第三次是指改革开放以来取得的巨大成就。结合题干,故本题选C。

(四)北洋军阀的统治

1.北洋军阀统治的建立

1912年3月10日,袁世凯在北京宣誓就任临时大总统,标志着北洋军阀政府的建立。

北洋军阀政府对内坚持封建军事专制,对外投靠帝国主义,建立的是民主共和旗帜下的封建军事独裁统治。

2.二次革命

1913年3月,国会选举揭晓,以宋教仁为主的国民党在两院议员选举中获得胜利,此事激怒袁世凯。

1913年3月20日,宋教仁准备返京组织第一届责任内阁,在上海火车站被刺身亡。

1913年4月,袁世凯未经议会同意,同五国银行团签订"善后大借款"合同,招致国民党成员反对。北洋军开赴江西发起内战,国民党决定武力反袁,7月李烈钧宣布江西独立,之后,江苏、安徽、广东等南方七省分别独立,"二次革命"爆发,起义军仅维持两个月就败退。

3.袁世凯复辟

1913年10月,议会被迫选举袁世凯为大总统。11月,袁世凯下令解散国民党。1914年1月,他又解散了议会,中国历史上第一个民主议会宣告夭折。1914年5月公布中华民国约法,废除临时约法。1915年6月,袁世凯批准"二十一条"。1915年12月12日,袁世凯复辟帝制。

4.护国运动

1915年12月,蔡锷同唐继尧、李烈钧成立护国军,护国运动爆发。战争伊始,护国军节节胜利,得到各省响应。1916年3月22日,袁世凯宣布取消帝制,不久忧郁而亡。护国战争结束。

5.护法运动

袁世凯死后,继任的北洋统治者拒绝恢复《中华民国临时约法》和国会。孙中山认为,约法和国会是共和国的象征,为了维护共和制度,他毅然举起了"护法"的大旗。1917年秋,孙中山在广州组织护法军政府,试图借助滇系、桂系等西南军阀的军事力量,开展护法运动。然而,南北军阀最终达成了妥协,孙中山被排挤出军政府。1918年5月,孙中山被迫离开广州回到上海,护法运动失败。

6.军阀割据

袁世凯死后,北洋军阀分裂。以冯国璋和曹锟为首的直系军阀,控制着江苏、江西、湖北等省;以段祺瑞为首的皖系军阀掌握着北京政府,并控制着安徽、浙江、山东、福建等省;奉系军阀张作霖盘踞东北。其他各省也被大大小小的军阀所控制,如云南、贵州被滇系军阀唐继尧所占,广东、广西被桂系军阀陆荣廷所占。这些军阀为了争夺地盘和巩固政权,不惜出卖国家利益,依附帝国主义。大小军阀连年混战,中国陷入了军阀割据纷争的战乱之中。1928年6月,张作霖退守关外,北洋军阀统治结束。

(五)新文化运动

1.背景

(1)经济:一战期间,民族资本主义有了进一步发展。

(2)政治:辛亥革命后,资产阶级强烈要求实行民主制度。

(3)思想:辛亥革命后,民主、自由、平等、博爱等思想得到进一步传播;同时袁世凯掀起一股尊孔复古的逆流。

2.概况

(1)兴起标志:1915年,陈独秀在上海创办《青年杂志》(后改名为《新青年》)。

(2)代表人物及作品

陈独秀发表《文学革命论》,主张推翻陈腐、雕琢、艰涩的旧文学,建设新鲜、平易、通俗的新文学。

胡适发表《文学改良刍议》,主张以白话文作为新文学的语言,强调写文章"须言之有物""不摹仿古人""不作无病之呻吟"。

鲁迅发表《狂人日记》,揭示了封建礼教的"吃人"本质,表现了作者对以封建礼教为主体内涵的中国封建文化的反抗;也表现了作者深刻的忏悔意识。

李大钊发表《布尔什维主义的胜利》,在中国大地上第一次举起社会主义的大旗。

(3)前期指导思想:民主与科学。

(4)主要阵地和主要活动基地:《新青年》成为主要阵地,北大成为主要活动基地。

(5)发展历程

①前期(1915—1919年)

提倡民主,反对专制、独裁;提倡科学,反对愚昧;提倡新道德,反对旧道德;提倡新文学,反对旧文学;提倡白话文,反对文言文。

②后期(1919—1920年)

俄国十月革命后,新文化运动增加了马克思主义的内容,介绍马克思主义。

精选真题

[2019上半年]1917年初,《新青年》载文:"一曰,须言之有物。二曰,不摹仿古人。三曰,须讲求文法。四曰,不作无病之呻吟。五曰,务去滥调套语。六曰,不用典。七曰,不讲对仗。八曰,不避俗字俗语。"这篇文章的题目是(　　)

A.《文学改良刍议》　　　　　　　B.《敬告青年》

C.《庶民的胜利》　　　　　　　　D.《文学革命论》

答案:A。本题考查新文化运动中的代表作品,考查考生的理解能力。根据所学内容可知,1917年,胡适在《新青年》发表《文学改良刍议》一文,主张以白话文作为新文学的语言,强调写文章"须言之有物""不摹仿古人""不作无病之呻吟",A项符合题目要求。《敬告青年》是1915年陈独秀为《青年杂志》(后改名《新青年》)所写的发刊词,B项不符合题目要求。《庶民的胜利》是李大钊撰写的介绍共产主义思想的文章,C项不符合题目要求。《文学革命论》是陈独秀撰写的倡导文学革命的文章,主张推倒陈腐、雕琢、艰涩的旧文学,建设新鲜、平易、通俗的新文学,D项不符合题目要求。

3. 评价

(1)性质:新文化运动是进步知识分子在思想领域发动的一次空前的思想大解放运动。

(2)积极作用:它批判封建专制思想,启发着人们追求民主和科学,探索救国救民的真理,为马克思主义在中国的传播创造了条件。

(3)局限性:新文化运动中也有对东西方文化绝对否定或绝对肯定的偏向。

精选真题

[2015上半年]白寿彝在《中国通史纲要》中指出:"它对封建主义的打击是前所未有的,它对知识青年摆脱旧思想的束缚起了巨大的作用,它为马克思主义在中国的传播开辟了道路。"文中的"它"指的是(　　)

A.护国运动　　　　　　　　　　　B.新文化运动

C.护法运动　　　　　　　　　　　D.一·二九运动

答案:B。本题考查新文化运动,考查考生的理解能力。新文化运动前期以民主与科学为口号进行宣传,知识分子受到民主与科学的洗礼,促进了中国人民特别是知识青年的觉醒;后期宣传马克思主义,为马克思主义在中国的传播创造了条件。故答案选B。

三、新民主主义革命的兴起

(一)五四爱国运动和中国共产党成立　重点

1. 五四运动

(1)导火线:巴黎和会上,中国外交的失败。

(2)经过

①爆发:1919年5月4日,在北京爆发,主力是北京大学生。

②发展:全国各地学生支援北京学生的反帝爱国斗争。

③高潮:6月,上海工人罢工、商人罢市,支援北京学生的斗争。

(3)口号:"外争主权,内除国贼""废除二十一条""拒绝在和约上签字"。

(4)结果:取得三大初步胜利。北洋政府被迫释放被捕学生;罢免曹汝霖等卖国贼的职务;拒绝在对德和约上签字。

(5)意义:五四爱国运动,是一次彻底的反帝反封建的爱国运动,是中国新民主主义革命的开始。

(6)"五四"精神是忧国忧民,不屈不挠,乐于奉献的精神。

(7)五四运动与中共成立的关系

①五四运动促进了马克思主义的传播,为中共成立奠定了思想基础。

②五四运动中无产阶级开始登上政治舞台,马克思主义与工人运动相结合,为中共成立奠定了阶级基础。

③五四运动中,中国先进知识分子(如陈独秀、李大钊等)起了重要作用,不久共产党早期组织成立,为中共成立奠定了组织基础。

精选真题

[2015下半年]下列我国近代史上出现的标语和口号,按时间顺序排列正确的是(　　)

①"打倒列强,除军阀"

②"要种族不灭唯有抗战到底!"

③"外争主权,内除国贼"

④"打过长江去,解放全中国"

A.①②③④　　　　　　　　　　　　B.①③②④

C.③①②④　　　　　　　　　　　　D.④③①②

答案:C。本题考查中国近代史上出现的标语和口号,考查考生的识记能力。联系史实可知,①"打倒列强,除军阀",出现于中共"二大"之后;②"要种族不灭唯有抗战到底!"是抗日战争时的标语;③"外争主权,内除国贼"发生于五四运动时期;④"打过长江去,解放全中国"是解放战争时的标语。

2.中国共产党的成立

会议	时间和地点	内容
中共一大	1921年7月23日,在上海举行(后转移到浙江嘉兴南湖游船上)	通过了中国共产党的第一个纲领,确定党的名称为"中国共产党";党的奋斗目标是推翻资产阶级政权,建立无产阶级专政
		大会决定今后党的中心工作是组织工人阶级,领导工人运动
		选举产生中国共产党的中央领导机构——中央局,陈独秀为中央局书记
中共二大	1922年7月,在上海举行	会议通过了《中国共产党第二次全国代表大会宣言》,制定了最高纲领和最低纲领,为中国革命进一步发展指明了方向
		最低纲领:(民主革命阶段纲领)消除内乱,打倒军阀,建设国内和平;推翻国际帝国主义压迫,达到中华民族的完全独立;统一中国为真正的民主共和国
		最高纲领:组织无产阶级,用阶级斗争的手段,建立劳农专政的政治,铲除私有财产制度,渐次达到共产主义社会
		意义:中共二大在中国近代历史上第一次明确提出了彻底的反帝反封建的民主革命纲领,为中国革命指明了方向;同时也表明,中国共产党在把马克思主义同中国革命实际相结合的道路上迈出了可贵的第一步

(二)第一次国共合作

1.合作的必要性

20世纪20年代初,在中国内忧外患的困境下,"打倒列强,除军阀"成为国共两党共同的革命任务。

2.合作方式:党内合作

1923年6月,中共三大在广州举行,会议的中心问题是讨论建立国共合作的统一战线问题。大会决定共产党员以党内合作的方式加入国民党。

3.标志

1924年1月,国民党第一次全国代表大会在广州召开。大会发布了《中国国民党第一次全国代表大会宣言》,重新解释了三民主义,确定了联俄、联共、扶助农工的三大政策。

国民党一大的成功召开标志着第一次国共合作的正式形成,民主革命统一战线正式建立。

4.意义

民族革命统一战线的建立,加速了中国革命的进程。

(三)国民大革命　重点

国民大革命,亦称"第一次国内革命战争",是指1924—1927年中国人民在中国国民党和中国共产党合作领导下进行的国内革命战争,是中国人民反对北洋军阀统治的战争和政治运动。

精选真题

[2019上半年]下图是小明家里收藏的一张民国时期的香烟广告。这张广告适于探究学习的历史主题是(　　)

A.二次革命 B.护国运动

C.五四运动 D.国民大革命

答案:D。本题是一道图片型选择题,考查国民大革命,主要考查考生的读图能力和对知识的掌握能力。从题目中图片可以提取关键信息"孙文牌香烟""革命尚未成功,同志仍须努力""提倡国货,挽回利权"。"革命尚未成功,同志仍须努力"是1923年孙中山在中国国民党恳亲大会上的题词。"提倡国货,挽回利权"反映了实业救国思潮。结合史实可知,这张广告适于探究学习的历史主题是国民大革命,D项符合题目要求。二次革命是国民党人发动的反对袁世凯的武装革命。护国运动是孙中山领导的反对袁世凯复辟帝制的运动。五四运动是一场反帝爱国的群众运动。

1.孙中山创办黄埔军校

(1)时间:1924年5月。

(2)地点:广州黄埔。

(3)全称:中国国民党陆军军官学校。

(4)人物:蒋介石任校长,周恩来任政治部主任。

(5)办学宗旨:为建立国民革命军培养军事政治人才。

(6)办学原因:孙中山始终没有自己的革命军队,过去革命依靠的是会党、新军和各派军阀,这也是革命失败的原因之一,所以他希望黄埔军校创建革命军,挽救中国的危亡。

(7)管理制度:效仿苏联红军的政治委员制度,首创党代表制,首创了一整套完备的思想政治教育工作组织机构,设政治部,配备了数量众多的专职政工人员,制定非常严密的规章制度。

(8)历史意义:黄埔军校是孙中山在中国共产党和苏联的积极支持和帮助下创办的,是第一次国共合作的产物。作为中国现代历史上第一所培养革命干部的新型军事政治学校,其影响深远,作用巨大。军校采用军事与政治并重,理论与实践相结合的教学方针,为中国革命培养了大批军事政治人才。广大黄埔师生在反帝反封建、争取国家统一与民族独立的斗争中立下了赫赫战功,为中国革命做出了重大贡献。

精选真题

[2017下半年]1937年,毛泽东在和美国记者贝特兰谈话时回忆说:"那时军队设立了党代表和政治部,这种制度是中国历史上没有的,靠了这种制度使军队一新其面目。"毛泽东所说的"这种制度"始于(　　)

A.黄埔军校　　　　　　　　　B.南昌起义

C.三湾改编　　　　　　　　　D.古田会议

答案:A。本题考查黄埔军校,考查考生的理解能力。根据题干及所学知识可知,黄埔军校效仿苏联红军的政治委员制度,在军校实行党代表制,校本部下设政治部等六个职能部门。南昌起义是1927年8月1日由中国共产党在江西南昌发起的针对中国国民党反共政策的武装起义。三湾改编指的是1927年9月29日至10月3日,毛泽东在江西永新县三湾村,领导了举世闻名的"三湾改编",从政治上组织上保证了党对军队的绝对领导,是我党建设新型人民军队最早的一次成功探索和实践,标志着毛泽东建设人民军队思想的开始形成。古田会议是红四军在1929年12月28日至29日在福建省龙岩市上杭县古田召开的党的第九次代表大会,会议认真总结了南昌起义以来建军建党的经验,确立了人民军队建设的基本原则,核心内容是党指挥枪,不是枪指挥党,重申了党对红军实行绝对领导,规定了红军的性质、宗旨和任务等事关党的事业兴衰成败的根本性问题。

2.国民革命军东征

1925年广东革命军队对盘踞在广东东部的军阀陈炯明的两次征讨。

陈炯明自1922年冬退据粤东东江一带后,一直和广州孙中山领导的革命政府相对抗。

1924年冬,他乘孙中山北上之机,自封为"救粤军总司令",在英帝国主义及北洋军阀段祺瑞政府的支持下,准备进攻广州。

1925年2月,广东革命政府决定进行东征,以黄埔军校学生军和粤军为右路军,由军校校长、粤军参谋长蒋介石统领,周恩来担任政治部主任,作为东征的主力对陈炯明进行第一次东征,第一次东征打垮了陈炯明军主力。黄埔军校编练的军队改编为国民革命军。

1925年10月,广东革命政府为彻底消灭军阀陈炯明的势力,统一广东,决定进行第二次东征,国民革命军于1925年10月1日起陆续出发,经过激烈的战斗攻占了惠州,歼灭敌军主力。

国民革命军两次东征的胜利,统一了广东全境,为后来的北伐战争建立了稳固的后方基地。

精选真题

[2018上半年]1925年10月,以共产党员和共青团员为骨干的"攻城先锋队"攻克惠州,促进了广东革命根据地的统一,下列各项与之相关的是(　　)

A.黄埔军校校军东征　　　　　　　B.国民革命军东征

C.国民革命军北伐　　　　　　　　D.工农红军西征

答案:B。本题考查国民革命军东征,考查考生的识记能力。1925年2月,第一次东征,以黄埔军校学生军和粤军为右路军作为东征的主力,打垮了陈炯明军主力。黄埔军校编练的军队改编为国民革命军。1925年10月,第二次东征,攻占惠州,歼灭敌军主力。黄埔军校校军东征参加的是第一次东征,排除;国民革命军北伐的时间是1926年7月,排除C项;工农红军西征的时间是1936年10月至1937年3月,排除D项。故答案选B项。

3.北伐战争

北伐战争,是1926年至1928年间由中国国民党领导下的国民政府以国民革命军为主力,蒋介石为总司令,北上讨伐北洋军阀政府,实现全国统一的战争。

(1)北伐目的:打倒帝国主义列强,推翻北洋军阀统治,统一全国。

(2)北伐对象:吴佩孚、孙传芳、张作霖。

(3)开始标志:1926年7月,国民革命军总司令蒋介石在广州誓师北伐。结束标志:1928年,张学良"东北易帜"。

(4)北伐军总司令:蒋介石。

(5)初期主战场:湖南、湖北。

(6)结果:北伐军在不到10个月的时间内击溃孙传芳、吴佩孚主力,把革命从广东推进到长江和黄河流域,席卷了半个中国。1928年张学良宣布"东北易帜"。至此北伐完成,中国实现了形式上的统一。

(7)北伐军胜利进军的原因:

①建立黄埔军校,创建国民革命军。

②国共合作,有力地推动了北伐战争的进行。

精选真题

[2015上半年]下图是网友所称的"史上最牛毕业证",颁发于下列哪一个时期(　　)

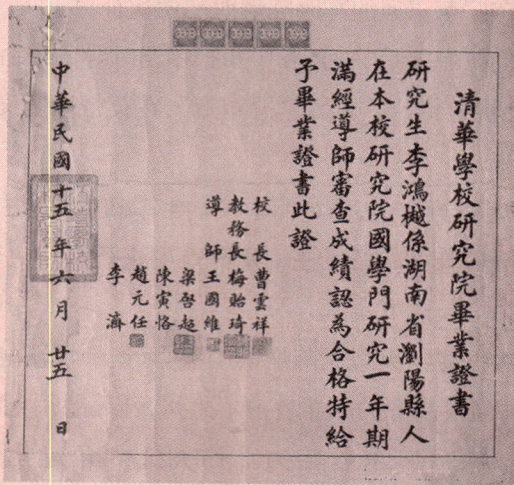

A.国民革命时期　　　　　　　　　　B.国共十年对峙时期

C.抗日战争时期　　　　　　　　　　D.解放战争时期

答案:A。本题考查国民大革命,考查考生的读图能力和对知识的掌握能力。图中毕业证的颁发时间为中华民国十五年六月二十五日,即1926年6月25日,此时为国民革命时期。故答案选A。

4.国共合作的破裂与国民革命的失败

(1)国共合作的破裂

"四一二"政变:1927年4月12日,蒋介石在上海发动的反革命政变,大肆捕杀共产党员和革命群众。

"国民政府"成立:1927年4月18日,蒋介石在南京成立"国民政府",与汪精卫的武汉国民政府相对抗。

"七一五"政变:1927年7月,汪精卫与共产党决裂,大肆捕杀共产党员和革命群众。

宁汉合流:1927年9月,南京国民政府与武汉国民政府合并,史称"宁汉合流",第一次国共合作全面破裂,轰轰烈烈的国民革命失败了。

(2)国民革命失败的原因

国民革命的失败是由多方面因素综合作用的结果,主要归结为以下几个方面:

第一,国民党右派突然叛变,反革命的力量大大超过了革命的力量,并联合镇压革命;

第二,由于中国共产党处于幼年时期,对中国革命的规律懂得不多,特别是北伐后期,陈独秀的右倾错误在中央领导机关占了统治地位,将革命成功的希望寄托在了汪精卫、蒋介石等人的身上,主动放弃了政治、军事等方面的领导权,且忽视了群众和农民的力量。在反革命势力向革命势力发动突然进攻的时候,无法组织有效的抵抗,导致了国民革命的失败。

(3)国民革命失败的历史教训

共产党要领导人民取得革命的胜利,就必须:

①必须充分发动和武装工农群众,使革命获得深厚的群众基础。

②必须坚持无产阶级对革命的领导权。

③必须掌握革命的武装力量,进行武装斗争。

(4)国民"大革命"的意义

①沉重打击了帝国主义和封建主义的统治势力。

②扩大了中国共产党在中国人民中的政治影响,宣传了党在民主革命阶段的纲领,使中国共产党经受了一次大革命的洗礼,积累了初步的经验。

③基于"大革命"的历史教训,中国共产党人开始探索马克思主义中国化的途径,初步提出了无产阶级领导的、人民大众的、反帝反封建的新民主主义革命的基本思想,开始懂得进行土地革命和掌握革命武装的重要性。

④"大革命"后,中国人民的觉悟程度和组织程度有了明显的提高,中国共产党开始掌握了一部分革命武装。

所有这些,为把中国革命推进到一个新的阶段——土地革命战争阶段准备了必要的条件。

(四)中共领导的武装斗争和红色根据地的建立 重点

1.中共领导的武装斗争

武装斗争	时间	内容及性质
南昌起义	1927年8月1日	南昌起义打响了武装反抗国民党反动统治的第一枪,开始了中国共产党独立领导武装斗争的新阶段
八七会议	1927年8月7日	批判了陈独秀的右倾错误,确定了土地革命和武装反抗国民党反动统治的总方针。毛泽东在发言中提出了"政权是由枪杆子中取得的"著名论断
秋收起义	1927年9月	制定决策向敌人力量薄弱的农村进军,途中进行了三湾改编,确立了党对军队的绝对领导

关联知识

"左倾"和右倾

"左倾":激进冒险主义,机会主义,往往以革命的面目出现,因而更具迷惑性,表现为急躁冒进,急于求成,如王明的"左倾"错误,"文革"中的"左倾"错误等。

右倾:保守主义,投降主义,主要表现为保守,妥协,退让,如陈独秀右倾错误。

2.红色根据地的建立

(1)井冈山革命根据地

建立:1927年10月,毛泽东率领湘赣边秋收起义的队伍到达井冈山,创建了中国历史上第一个农村革命根据地——井冈山革命根据地。

革命队伍建设:在向井冈山进军途中,毛泽东对部队进行了改编,即三湾改编,从而确立了党对军队的绝对领导。

1928年4月,朱德、陈毅率领南昌起义余部和湘南农民武装到达井冈山,同毛泽东领导的工农革命军会师,合编为中国工农红军第四军——中国工农红军的第一支队伍。

军事战术方面:毛泽东、朱德总结出"敌进我退,敌驻我扰,敌疲我打,敌退我追"的游击战战术,为红军战略战术理论的形成奠定了基础。

革命道路的探索:井冈山革命根据地的建立和巩固为中国革命找到了一条正确的道路,即"农村包围城市,武装夺取政权的道路"。

(2)其他革命根据地的开辟

从1927年秋收起义开始到1930年,中国共产党人建立了遍及10多个省区的15块农村革命根据地,正式红军发展为13个军7万余人。

闽浙赣革命根据地,是土地革命战争时期由方志敏、邵式平、黄道等领导创建的。它地处福建、浙江、江西三省交界地区。毛泽东曾高度称赞其为"方志敏式的革命根据地"和"模范的闽浙赣省"。

1931年11月,在江西瑞金成立中华苏维埃共和国临时中央政府。

(3)土地革命的广泛开展

①中心任务:发动农民打倒土豪劣绅。

②土地法:1928年12月制定了中国共产党历史上第一个土地法——《井冈山土地法》,首次以法律的形式否定了封建土地所有制。

③路线方针:依靠贫雇农,团结中农,限制富农,保护中小工商业者,消灭地主阶级,变封建半封建的土

地所有制为农民的土地所有制。

④作用:满足了农民的土地要求,解放了生产力,促进了根据地农业生产的发展,为红军革命奠定了坚实的群众基础。

(4)工农武装割据理论

1930年,毛泽东在《星星之火,可以燎原》一书中总结了共产党领导的武装起义和开辟农村革命根据地的经验,建立了"工农武装割据"的理论:在中国共产党的领导下,以武装斗争为主要形式,以土地革命为中心内容,以农村革命根据地为战略阵地,三者相辅相成,缺一不可。

精选真题

1.[2019上半年]下图是1927—1937年中国共产党党员人数发展折线图。图中折线上升部分表示党员人数急速上升,其主要原因是(　　)

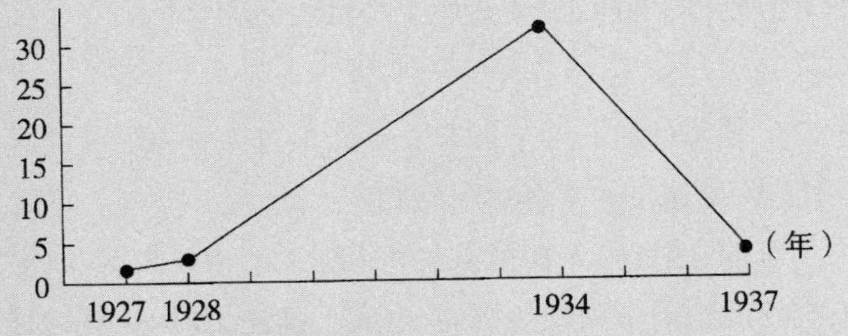

A.农村革命根据地的发展　　　　B.工农红军的战略大转移

C.抗日救亡运动的新高涨　　　　D.苏维埃政府的整风运动

答案:A。本题考查农村革命根据地的发展,考查考生的读图能力和对知识的掌握能力。根据题目图片中折线上升部分对应的时间(1928—1934年)可知,中国共产党转变革命路线,大力发展农村革命根据地,为了壮大革命力量,大力发展共产党员,导致当时党员人数急速攀升。B、C、D三项在时间上与图中时间不符。

2.[2016下半年]下图是"1929—1932年间的农村革命根据地示意图",其中甲处位于福建、浙江、江西三省交界地区,则甲处的创建人是(　　)

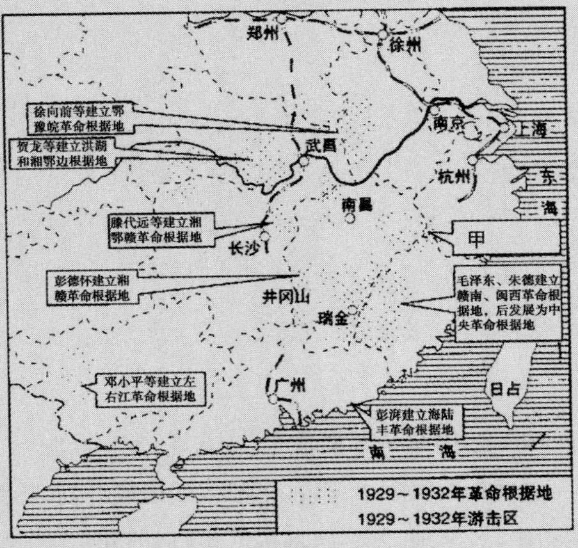

A.邓小平　　　　　　　　　　　B.彭德怀

C.方志敏　　　　　　　　　　　D.滕代远

答案：C。本题考查闽浙赣革命根据地的创建者,考查考生的读图能力和对知识的掌握能力。根据题干和示意图可知,甲处为闽浙赣革命根据地。方志敏是闽浙赣革命根据地的主要创始人、江西省农民运动领袖。故本题选C。

（五）红军长征　重点

1.原因：红军第五次反"围剿"失败,被迫进行战略转移。

1934年10月,中央红军主力被迫退出中央革命根据地,突围转移,开始长征。

2.长征的开始

1934年10月10日晚,中央红军5个军团连同中央机关共8.6万余人,相继从江西瑞金和福建的长汀、宁化等地出发,向红二、六军团所在的湘西进军,开始了举世闻名的长征。

3.遵义会议

1935年1月,中共中央在遵义召开了具有重大历史意义的政治局扩大会议,史称"遵义会议"。会议着重解决了当时最为紧迫、具有决定意义的军事和组织问题。

内容：集中全力解决了李德、博古等人在军事上和组织上的指挥失误,取消了博古在军事上的指挥权,肯定了毛泽东的正确主张,会议改组了中央领导机构,事实上确立了以毛泽东为核心的党中央的正确领导。会后,政治局常委决定由张闻天代替博古负总的责任,由毛泽东、周恩来、王稼祥组成三人军事指挥小组。

意义：遵义会议是中国共产党第一次独立自主地运用马克思主义解决自己的路线、方针、政策的会议,在极端危险的时候,挽救了党、挽救了红军,是党的历史上一个生死攸关的转折点,标志着中国共产党从幼年走向成熟。

精选真题

[2018下半年]费正清在《伟大的中国革命(1800—1985年)》一书中写道："在向西北前进的路上,毛泽东于1935年初重新被推举上了中共领导地位,自那以后再没有更换。"下列与这一论述相关的史事是(　　)

A.中共二大　　　　　　　　B.八七会议

C.古田会议　　　　　　　　D.遵义会议

答案：D。本题考查遵义会议,考查考生的理解能力。由"毛泽东于1935年初重新被推举上了中共领导地位"可知是遵义会议。遵义会议于1935年1月召开,事实上确立了以毛泽东为核心的党中央的正确领导。中共二大召开于1922年。八七会议召开于1927年。古田会议召开于1929年。故答案选D项。

4.经过

中共中央和中央红军于1934年10月从江西瑞金(中央革命根据地)出发,突破四道封锁线,渡过湘江,强渡乌江,攻占遵义,召开遵义会议,四渡赤水,打乱了敌人的追剿计划,巧渡金沙江,跳出了敌人的包围圈,强渡大渡河,飞夺泸定桥,爬雪山,过草地,到达陕北吴起镇(1935年10月)与陕北的红军胜利会师。1936年10月,红军三大主力(红一、红二、红四方面军)在甘肃会宁会师,宣告长征胜利结束。

精选真题

[2019下半年]下列红军长征历程中的重大事件,按时间先后排列正确的是(　　)

①召开遵义会议　②飞夺泸定桥　③吴起镇会师　④巧渡金沙江

A.①②③④　　　　B.①③④②　　　　C.①④②③　　　　D.②④①③

答案:C。本题考查长征历程中重大事件的先后顺序,考查考生的识记能力。1935年1月召开遵义会议。1935年5月29日飞夺泸定桥。1935年10月19日吴起镇会师。1935年5月3—9日巧渡金沙江。按时间先后排列正确的是C。

5.意义

红军长征的胜利,粉碎了国民党军队的围剿,使中国革命转危为安,标志着红军战略退却的终结和战略转移的完成。它向全中国和全世界宣告,中国共产党及其领导的人民军队,是一支不可战胜的力量。红军长征为中国革命锻炼和保存了一大批骨干,铸就了伟大的长征精神,为中国革命和建设事业留下了宝贵的精神遗产。长征精神为中国革命不断从胜利走向胜利提供了强大的精神动力。

四、中华民族的抗日战争

(一)九一八事变

1931年9月18日,日本关东军在沈阳北郊柳条湖村附近炸毁了南满铁路的一段铁轨,诬陷中国军队破坏,突然向中国东北军驻地发动进攻,制造了震惊中外的“九一八事变”。由于张学良执行蒋介石的不抵抗政策,不到半年东北三省全部落入敌手。

东北人民和未撤走的东北军纷纷组织抗日义勇军,1936年组成抗日联军,抗日联军由杨靖宇、周保中、李兆麟领导,是东北抗日武装力量的核心。中国人民的局部抗战开始了。

(二)抗日民族统一战线方针的制定　重点

1.“八一宣言”

1935年,日本制造华北事变,日军威逼平津,签订《何梅协定》,策划“华北五省自治”。中华民族面临亡国灭种的危机,中日民族矛盾上升为主要矛盾。

面对如此形势,中国共产党发表声明号召全民族抗战。

1935年,中共发表“八一宣言”,号召停止内战,一致抗日;1935年底,瓦窑堡会议确定了建立抗日民族统一战线的方针;毛泽东《论反对日本帝国主义的策略》指出当时政治形势的基本特点是中日民族矛盾为中国社会的主要矛盾,中共的任务是建立和领导抗日民族统一战线。

2.西安事变

(1)背景

①日军进一步侵略华北,使中日民族矛盾上升为主要矛盾,中华民族到了生死存亡关头。

②中国共产党提出建立抗日民族统一战线的主张。

③张学良、杨虎城出于爱国热情接受了中国共产党的主张,停止进攻红军,并要求蒋介石联共抗日。

④蒋介石拒不接受联共抗日,并亲临西安督战,致使张学良、杨虎城处于“抗日不能,剿共不愿,苦谏无效”的境地。

（2）目的：逼蒋联共抗日。

（3）经过：1936年12月12日，张学良、杨虎城扣押了蒋介石，实行"兵谏"，通电全国，要求停止内战，联共抗日，这就是西安事变，又称"双十二事变"。

（4）和平解决的意义：西安事变和平解决成为扭转时局的关键。这标志着十年内战基本结束，抗日民族统一战线初步形成，标志着国共两党第二次合作初步形成。

3.卢沟桥事变：又称七七事变

（1）时间：1937年7月7日。

（2）卢沟桥战略位置：处于平汉铁路上的卢沟桥，成为北平通往南方等地的唯一通道，成为中日必争之地。

（3）英雄壮举：第二十九军副军长佟麟阁、一三二师师长赵登禹在指挥作战中壮烈殉国。

（4）事变影响：标志全国性抗日战争的开始。

精选真题

[2017上半年]《卢沟桥歌》中有句歌词："卢沟桥，卢沟桥，国家存亡在此桥！"简述这首歌所反映历史事件的背景与影响。

参考答案：《卢沟桥歌》反映的历史事件是"卢沟桥事变"，也称为"七七事变"，是1937年7月7日发生在中国北平卢沟桥的一次中日武装冲突。

历史背景：（1）1931年，日本发动"九一八事变"，占领东北全境；次年发动"一·二八事变"，进犯上海并攻占华北平原大片土地，又在东北建立伪满洲国，在华北地区搞"自治运动"。此后，日本增兵东北，抽调精锐部队关东军进驻平津一带，频繁举行军事演习，不断制造事端，华北局势日益严峻。

（2）1937年7月7日，日军借口一名日军士兵失踪，要求进入中国守军驻地宛平县城检查，遭到驻守此地的第29军拒绝。日军于是向中国守军开枪射击，又炮轰宛平城，第29军奋起反抗，誓与卢沟桥共存亡。这就是震惊中外的"七七事变"。

影响：（1）"七七事变"是日本帝国主义全面侵华的开始，也是中华民族全民族抗战的起点。日本率先在东方点燃了第二次世界大战的战火，中国开辟了第一个大规模的反法西斯战场。（2）此事件促成了国共两党第二次合作，最终形成抗日民族统一战线，红军自此改编为八路军、新四军。之后，在长达八年的时间内，国共双方的军队分别在正面战场和敌后战场抗击日本侵略者，共同为中华民族的解放事业做出了不朽贡献。

4.抗日民族统一战线正式形成

背景：民族危机空前严重。

国共两党第二次合作成功，抗日民族统一战线正式建立。

工农红军改编为八路军、新四军，奔赴抗日战场。

精选真题

[2018下半年]20世纪上半期的一份历史课程标准规定，历史课程要"叙述中华民族之演进，特别注意各支族间之融合与其相互依存之关系，以阐发全民族团结之历史的根据，而于历史上之光荣，以及近代所受列强之侵略与其原因，尤宜充分说明，以激发学生复兴民族之意志与决心"。据此判断，该文件

颁行于(　　)

A.辛亥革命时期　　　　　　　　　　B.国民革命时期

C.全面抗战时期　　　　　　　　　　D.解放战争时期

答案:C。本题考查全面抗战时期,考查考生的理解能力。根据"特别注意各支族间之融合与其相互依存之关系,以阐发全民族团结之历史的根据"以及"激发学生复兴民族之意志与决心",可以知道该历史课程标准强调的是全民族的团结和爱国,辛亥革命、国民革命和解放战争都是国内矛盾为主要矛盾的时期,与题目不符。全面抗战时期我国的主要矛盾是中日民族矛盾,建立抗日民族统一战线与题干观点一致。故答案选C项。

5.南京大屠杀

攻占南京之前,为逼国民政府投降,日军发动了"八一三事变",大举进攻上海。

1937年12月,日军占领南京,烧杀抢掠,无恶不作,在占领南京六周内,屠杀南京居民和放下武器的士兵达30万人以上。

(三)国民党正面战场与中共敌后战场　重点

1.国民党正面战场抗战

国民党正面战场的特点是采取片面抗战的方针,不发动人民群众,只由政府和军队抗战。

阶段	时间	战役	过程	结果
战略防御阶段	1937年8—11月	淞沪会战	中日双方在抗日战争中的第一场大型会战,也是整个中日战争中进行的规模最大、战斗最惨烈的一场战役	日本获胜,上海沦陷。但是在淞沪会战中日军因遭到国民党的顽强抵抗而损失惨重,彻底粉碎了日本"三个月灭亡中国"的狂妄计划
	1938年1—6月	徐州会战	徐州会战是中日双方以江苏徐州为中心进行的一次大规模防御战役,其中李宗仁指挥的台儿庄战役是抗战以来取得的最大胜利,史称台儿庄大捷	沉重打击了日军,拖延了日军的进攻速度,为部署武汉会战赢得时间
	1938年6—10月	武汉会战	是抗日战争战略防御阶段规模最大、时间最长、歼敌最多的一次战役	日军虽然攻占武汉,但是会战粉碎了日军"速战速决"的战略,迫使日本由战略进攻转入战略防守
战略相持阶段	1939年3—5月	南昌会战	南昌会战是抗日战争进入相持阶段以后的首次大战	会战虽以国军战败失守南昌为结果,但是打破了日军击溃中国军队主力的计划
	1941—1943年	三次长沙战役	抗日战争进入相持阶段以后,国民党正面战场所取得的第一次重大胜利,是抗战爆发以来,中国军队第一次以武力迫使日军回到原战略态势的战役	长沙三次会战的胜利,沉重地打击了日本侵华军队,粉碎了日本消灭中国军队主力、"以战迫降"的战略目标,对盟军在太平洋战场的作战起到了直接、重要的支持作用

续表

阶段	时间	战役	过程	结果
战略相持阶段	1941—1943年	浙赣战役	1942年夏季,日军为摧毁浙江的前进机场群,打击国军第三战区主力而发动的一场战争	此战后,日本达到在华"以战养战"的目的
		常德会战	1943年11月至12月,日军与中国军队在常德地区进行的会战	常德会战是抗日战争时期大规模的会战之一,在整个抗日战争乃至第二次世界大战中都具有一定地位。被誉为"东方的斯大林格勒保卫战"
战略反攻阶段	1944年	豫湘桂战役	日本陆军于1944年4月至12月期间贯穿中国河南、湖南和广西三地进行的大规模进攻战役	豫湘桂战役的大溃败是抗战以来国民党正面战场的第二次大溃败

1942年3月至1945年4月,中国远征军入缅作战。中国远征军入缅作战是中国与盟国直接进行军事合作的典范,也是甲午战争以来中国军队首次出国作战,客观上援助了英美盟军,有助于世界反法西斯战争的胜利。

精选真题

[2016下半年]1937年11月28日的英国《泰晤士报》写道:"此次两军作战,双方伤亡惨重,但十周之英勇抵抗,已造成中国堪称军事国家之荣誉。"这里报道的是(　　)

A.徐州会战　　　　　　　　B.淞沪会战

C.武汉会战　　　　　　　　D.长沙会战

答案:B。本题考查淞沪会战,考查考生的理解能力。淞沪会战是从1937年8月13日开始,至同年11月12日国民党军队西撤,历时三个月。英国《泰晤士报》发表社论,特别提出在会战期间华军之英勇抵抗,并称日军尚未实现其摧毁中国军队之主要目的。题干中的报道便是淞沪会战,故本题选B。

2.共产党敌后抗战

(1)全面抗战路线:1937年在陕北召开洛川会议,制定了全面抗战路线。共产党的全面抗战路线是发动全国各阶层抗战,即全民族抗战。

(2)开辟敌后战场:1937年11月聂荣臻在山西五台山创立了中国第一个抗日根据地晋察冀根据地,开辟了中国抗日战争的敌后战场。抗日根据地主要包括晋察冀、晋绥、陕甘宁、晋冀豫、山东、苏南、皖东等。

(3)百团大战

原因:为粉碎日军的"囚笼"政策,增强抗日根据地军民抗战胜利的信心。

经过:八路军一百多个团,在彭德怀的指挥下,在华北2000多千米的战线上,向日军猛烈攻击,取得辉煌的战绩。

意义:抗战以来中国军队主动出击日军的最大规模的战役。

[2017上半年]下图所示纸币开始发行于（　　）

A.大革命时期

B.土地革命时期

C.抗日战争时期

D.解放战争时期

答案:C。本题考查抗日战争时期的货币,考查考生的读图能力和对知识的掌握能力。抗日战争初期,抗日根据地大部分地方仍然以国民政府发行的法币为流通货币,然而根据地许多物资被国民政府用法币套购,导致根据地物资紧缺、经济停滞,社会不稳定。并且国统区通货膨胀日益加剧,影响了根据地的商品流通。因此,1938年根据地成立了晋察冀边区银行,发行边区钞票,统一了边区的货币市场,支持了抗日战争,支持了生产,改善了人民生活。图中所示货币正是在抗日战争时期发行的边区货币。故本题选C。

3.毛泽东发表《论持久战》

抗战时期,国内出现了"亡国论"和"速胜论"两种论调。毛泽东发表了《论持久战》,提出"兵民是胜利之本",指出中国既不能速胜,也不会亡国,抗战是持久战。要实行人民抗战路线,最后胜利一定属于中国。

《论持久战》驳斥了"亡国论"和"速胜论",为人民指出了抗战的正确道路。

（四）中共七大

1.召开

1945年4月,延安。

2.主要内容

(1)大会主要讨论夺取抗战胜利和胜利后中国将走什么道路的重要问题。

(2)毛泽东在会上作了《论联合政府》的报告。制定了党的政治路线:放手发动群众,壮大人民力量,在中国共产党的领导下,打败日本侵略者,解放全国人民,建立一个独立、自由、民主、统一、富强的新中国。

(3)通过新党章,确立毛泽东思想为党的指导思想。

3.意义

为争取抗战胜利和实现中国的光明前途准备了条件。

（五）抗日战争的胜利 **重点**

1945年8月15日,日本无条件投降,中国十四年抗战取得胜利。台湾也回到祖国的怀抱。

1.促使日本投降的因素

1945年8月美国向广岛、长崎投下两颗原子弹;苏联红军出兵中国东北;中国军民大反攻(毛泽东发出"对日寇的最后一战")。

2.胜利的原因

(1)国共两党的合作与抗日民族统一战线的建立,中华民族实行团结抗战。

(2)坚持实行全面抗战路线即人民战争路线,中国共产党领导的八路军、新四军等抗日武装,开展游击战争,建立敌后抗日根据地,成为全民族抗战的中流砥柱。

(3)国民政府在正面战场的对日作战,对粉碎日军速战速决的方针、牵制日军起了作用。

(4)中国人民的抗战是世界反法西斯战争的重要组成部分,得到了国际上反法西斯国家的援助。

(5)得到了爱国华侨和国际友人的大力援助。

3.抗日战争胜利的意义

(1)抗日战争是近代史上中国人民反对外敌入侵第一次取得完全胜利的民族解放战争,扭转了屡战屡败的局面,洗刷了近代以来的民族耻辱,成为中华民族由衰败到振兴的转折点。

(2)中国人民坚持抗战,牵制了日军大部分陆军和大量空军,是世界反法西斯战争的重要组成部分。中国人民为世界反法西斯战争的胜利作出了重要贡献。

(3)中国人民在战争中付出了巨大的民族牺牲,为战胜和消灭法西斯、维护世界和平和人类尊严,作出了不可磨灭的历史贡献。

精选真题

1.[2019上半年]据学者统计,截至1938年底,全国有1001座城市沦陷,中东部地区就有755座被占;全国集中于中东部地区92%的工厂除了少量迁出(上海也只迁出12.3%)外,其余均沦入敌手。这些数据可用来说明的观点是(　　)

A.日寇侵略迟滞了中国现代化进程　　B.汪伪政府的成立造成国土沦丧

C.上海一直是中国城市发展的翘楚　　D.中东部地区工业基础被彻底摧毁

答案:A。本题是一道数据型材料选择题,以数据材料切入,考查考生获取有效信息和调动知识的能力。根据题目内容可知,截至1938年底,日军占领的大量城市主要集中在中东部地区,集中于中东部地区的主要工业企业沦入敌手,中国的现代化进程因为战争受到阻碍,A项符合题目要求。汪伪政府成立于1940年,B项与题目内容不符。C项无法从题目中的数据判断得出。中东部地区有少量工厂迁出,D项说法错误。

2.[2016上半年]抗战时期,美国陆军部长史汀生称:中国人已经做的和正在做的对侵略之卓越抵抗,以及他们对共同事业的贡献,值得我们给予最充分的支援。他所说的"贡献"是指(　　)

A.粉碎了日军"西进南下"的计划　　B.阻止了日军对东南亚地区的攻势

C.提供了亚太战场所需的战备物资　　D.牵制了日军在亚太战场的相当力量

答案:D。本题考查中国的抗日战争对亚太战场的意义,考查考生的理解能力。太平洋战争爆发后,美国与日本处于战争状态,战争初期,美国处于劣势,而中国战场的抗战牵制着大量日军,配合和支援了美军在太平洋战场的抗战。

五、人民解放战争的胜利

(一)重庆谈判与政治协商会议

1.重庆谈判

(1)谈判的背景:国共两党影响政局,中共要求和平,国民党却想独裁。

（2）谈判的目的

蒋介石邀请毛泽东重庆谈判的目的:赢得准备内战的时间,欺骗人民。

毛泽东谈判的目的:争取国内和平,戳穿蒋介石假和平的阴谋。

（3）重庆谈判:1945年8月,重庆。

（4）中共谈判代表:毛泽东、周恩来、王若飞。

（5）谈判的结果:国共双方签订了《双十协定》,又称《会谈纪要》。

2.政治协商会议与国共北平和谈

（1）政治协商会议

1946年初,政治协商会议在重庆召开,协议内容主要有:改组国民政府,召开国民大会;实施《和平建国纲领》,整编全国军队;制定宪法。其中,争论最激烈的问题是政治民主化和军队国家化。

（2）国共北平和平谈判

1949年4月,中共代表周恩来和国民党代表张治中在北平举行和平谈判。双方虽然达成《国内和平协定最后修正案》,但是国民政府拒绝在协定上签字,造成和谈破裂。国民党假和谈的骗局被揭穿。

（二）全面内战的爆发 重点

1.内战爆发

（1）全面内战爆发

1946年夏,国民党军队进攻中原解放区,内战全面爆发。中共的作战方针是以歼灭敌人有生力量为主要目标,以运动战为主要作战方法。

（2）我军粉碎敌人的全面进攻和重点进攻

解放军经过8个月作战,歼敌70万,粉碎敌人的全面进攻。

敌人重点进攻地区是陕北解放区和山东解放区。西北野战军经过青化砭、羊马河、蟠龙镇、沙家店战役粉碎了敌人对陕北解放区的重点进攻;华东野战军在孟良崮战役中全歼国民党精锐部队整编74师,打退了敌人对山东解放区的重点进攻。

（3）人民解放军转入战略反攻

1947年6月底,人民解放军转入战略反攻。刘邓大军千里跃进大别山,陈谢大军挺进豫陕鄂,陈粟大军挺进豫皖苏,方向是国民党军队防守力量薄弱的中原地区,威胁国民党统治中心南京和武汉。

战略反攻对扭转全国战局起了决定作用,是解放战争走向胜利的历史转折点。

2.三大战役

（1）决战的有利条件:敌我力量(数量、装备、士气)对比发生有利于我军的重大变化。

（2）概况:（1948.9—1949.1）

战役	主力军	指挥官	歼敌数量	意义
辽沈战役	东北人民解放军	林彪、罗荣桓	歼敌47万	解放东北全境
淮海战役	中原、华东野战军	刘伯承、邓小平、粟裕等	歼敌55万	奠定解放长江以南的基础
平津战役	东北、华北人民解放军	林彪、罗荣桓、聂荣臻	歼敌52万	华北全境基本解放

（3）意义:歼灭和改编国民党军队150多万人,国民党军队主力基本被消灭,为解放全中国奠定了基础。

精选真题

[2017下半年]下图所示的战役是(　　)

A.淞沪会战 B.淮海战役

C.徐州会战 D.渡江战役

答案:B。本题考查淮海战役,考查考生的读图能力和对知识的掌握能力。观察题干图片,可以提取"华东野战军""中原野战军""徐州"等信息。结合所学知识,华东野战军和中原野战军分别于1947年1月、1948年5月成立,两大野战军参与的是1948年底至1949年初的淮海战役。淞沪会战和徐州会战是抗日战争期间国民党军队抗击日寇的战役,渡江战役是人民解放军攻破国民党长江防线的渡江作战,均与图片信息不符。

3.渡江战役

三大战役结束后,国民党主力已被歼灭。但蒋介石仍不甘心失败,在美国的策划下,一面与我党假和谈,一面部署江防,企图凭借长江天险阻挡我军南进。

1949年4月20日,国民党反动政府最后拒绝在国内和平协议上签字。21日,中国人民革命军事委员会主席毛泽东和中国人民解放军总司令朱德发布了《向全国进军的命令》。1949年4月23日,解放军占领南京,推翻了国民政府在中国内地的统治。

(三)七届二中全会

为了将人民革命进行到底,夺取全国的胜利,1949年3月5日至13日,中国共产党在河北省西柏坡村召开了七届二中全会。毛泽东在会上作了重要报告,指出党的工作重心必须由乡村转移到城市。会议分析了全国胜利后国内外的基本矛盾,指明了由新民主主义发展到社会主义的总任务。毛泽东还着重分析了中国的国情,阐述了新民主主义经济形态和党的经济政策。

中国共产党七届二中全会,是一次具有重大历史意义的会议。它提出的重要理论思想和确定的各项方针政策,为党夺取全国胜利,以及胜利以后由新民主主义社会向社会主义社会转变,在政治上和思想上做了准备。

精选真题

[2019下半年]中国共产党在某次会议上提出:"党要立即开始着手建设事业,一步一步地学会管理城市,并将恢复和发展城市中的生产作为中心任务。"这次会议是(　　)

A.中共六大 B.瓦窑堡会议 C.洛川会议 D.中共七届二中全会

答案:D。本题考查考生的理解能力。1949年3月,中国共产党召开七届二中全会,提出党的工作重心必须由乡村转移到城市,这与材料表达的意思一致,D项正确。中共六大于1928年在莫斯科召开,此时革命处于低潮,A项不符合题意。瓦窑堡会议召开于1935年底,确定了建立抗日民族统一战线的方针,B项不符合题意。洛川会议召开于1937年8月,会议决定把党的工作重心放在战区和敌后,在敌后放手发动群众,开展独立自主的游击战争,开辟敌后战场,建立敌后抗日根据地,C项不符合题意。

六、近代经济和社会生活 重点

(一)中国近代民族工业的发展

(1)产生原因

①列强的侵略促进了自然经济的解体,客观上成为促使中国资本主义产生的催化剂。

②外商企业的刺激。外商在华投资建厂,吸引了一部分官僚、地主和商人投资近代工业。

③洋务运动的诱导。洋务派创办了一批近代军事和民用企业,促进了中国近代民族工业的产生和发展。

(2)发展概况

19世纪六七十年代,在上海、广东、天津等沿海地区,一些官僚、地主、商人开办了上海发昌机器厂、南海继昌隆缫丝厂、天津贻来牟机器磨坊等企业。

(3)代表人物

郑观应:中国近代最早具有完整维新思想体系的理论家,启蒙思想家,也是实业家、教育家、文学家、慈善家和热忱的爱国者。提出了著名的"商战"思想,主张发展工商业,从经济上摆脱列强的压迫。

张謇:近代最著名的民族企业家之一。甲午战后,主张"实业救国",创办了大生纱厂等一系列企业。

(4)我国近代企业经营方式

官办:清政府官办的近代洋务企业,于19世纪60年代开始。前后由封建湘淮军阀官僚以及各省督抚在中央和地方共大大小小开办19个军工企业,其中规模比较大的有江南制造总局、金陵制造局、福州船政局、湖北枪炮厂等。

官督商办:洋务运动期间,洋务官僚创办近代民用企业采用的一种主要经营形式。19世纪70年代之际,清政府财力枯竭,为了解决军事工业在资金、燃料和运输等方面的困难,洋务派又兴办以"求富"为目的的民用企业,即由商人出资认股,政府委托官员督办。包括采矿、纺织、航运、铁路、邮电等。例如轮船招商局、开平矿务局、上海机器织布局等。这些民用工业虽然受到地方封建政府的控制,但其经营方式已带有商品性性质,已经是资本主义的近代企业了。

商办:20世纪初,官督商办企业已经逐步转变为商办企业。这种转换可看作是我国近代经济体制的一种变革,是特定社会环境的历史产物。它对于我国近代经济的发展具有非常重要的作用。

(5)发展历程

①萌芽——洋务运动时期,出现民族资本主义的萌芽。

②初步发展——洋务运动到清朝末年,中国民族资本主义有了初步发展。这一时期民族资本主义的发展不仅表现为商办企业数量的增加和规模的扩大,还表现出由沿海向内地扩展的趋势。

③"短暂春天"——辛亥革命推翻了封建专制统治,建立了中华民国,为民族资本主义的发展扫除了一些障碍。中华民国临时政府奖励发展实业,激发了民族资产阶级投资近代企业的热情。

"抵制日货,提倡国货"的群众性反帝爱国运动有力地推动了民族资本主义的发展。

"一战"爆发,列强暂时放松了对中国的经济侵略,从外部为中国民族工业的发展提供了一个有利的时机。

这些因素的出现为中国民族资本主义的发展提供了良好的契机,中国民族资本主义迎来"短暂的春天"。

④再度受挫——一战后,帝国主义卷土重来,特别是日本帝国主义的侵略,使民族工业再度受挫。抗战胜利后,由于国民党发动的内战和官僚资本主义的压迫,民族工业没能得到很好的恢复。

(6)民族资本主义的特点

①先天不足。中国近代民族资本主义在帝国主义、封建主义和官僚资本主义三座大山的夹缝中生存,资金少、规模小、技术力量薄弱。

②比例不协调。中国民族资本一直都以轻工业为主,重工业微乎其微,没有完整的独立的工业体系。

③设备简陋,技术落后。

④地区发展不平衡。这些民族企业集中在沿海、沿江通商口岸,尤其是以上海为多,广州次之,武汉占据第三。而广大内陆的工业发展却非常薄弱。

在近代资本主义生产关系下出现了新兴阶级,包括买办阶层、民族资产阶级和工人阶级。

精选真题

1.[2019下半年]19世纪末20世纪初,中国社会兴起一股办厂的热潮。不属于这一热潮出现的原因的是(　　)

A.洋务派自强运动的推动　　　　B.清政府放宽民间设厂限制

C.国民政府鼓励发展实业　　　　D.西方列强放松对华经济侵略

答案:A。本题考查中国近代民族资本主义的发展,考查考生的理解能力。洋务派的自强运动是从19世纪60年代到90年代中期,不符合题干时间,A项符合题意。甲午战争后,清政府放宽对民间设厂的限制,B项属于题干中办厂热潮出现的原因之一。辛亥革命后,国民政府鼓励发展实业,C项属于题干中办厂热潮出现的原因之一。一战期间,西方列强忙于欧洲战事,暂时放松了对中国的经济侵略,D项属于题干中办厂热潮出现的原因之一。故答案选A。

2.[2019上半年]据史料统计,1872—1890年间,进口棉纱的价格下降了1/4以上,如以1872年的进口棉纱价格为基数,1886年进口棉纱的价格仅为它的66.9%。这一变化引起的直接后果是(　　)

A.政府财政收入增加　　　　B.民族工业迅速发展

C.自然经济加速解体　　　　D.阶级矛盾空前尖锐

答案:C。本题考查中国近代自然经济的解体,考查考生的理解能力。根据题干内容可知,1872—1890年间进口棉纱的价格大幅下降,进口数量增加,给中国传统的手工纺织业带来挑战,加速了自然经济的解体。C项符合题目要求。A、D两项在题干中没有体现,予以排除。进口棉纱价格的降低有利于棉纺织企业的发展,但不能说明民族工业迅速发展,B项予以排除。

3.[2016下半年]阅读材料,并回答问题。

材料一　中国资本家在宁波组织一个公司,使用外国机器轧花,以资本五万元开始营业。日本大阪制造的机器,包括蒸汽机和锅炉,已于1887年10月运到宁波。公司是私家经营,职工有外籍技师一名,中国职工约百人,它迄今还没有分付股息。因为这个缘故,同时又由于原料昂贵与日本的竞争,业务难以改进。此厂濒于停业。

——《海关十年报告》(1882—1891年)

材料二　据估计,到1913年,中国产业资本约为3亿多元,其中清政府和北洋军阀政府的国家资本约为1.49亿元,私人资本约为1.55亿元。中国产业资本约占当时中国中外产业资本的19.7%,外国资本则占80.3%。

——贺耀敏《中国近现代经济史》

问题:

(1)根据材料概括这家中国公司的基本特点。

(2)根据材料二并结合所学历史知识,指出当时中国民族资本的发展状况及其主要原因。

[解题思路](1)第一问要求根据材料作答。材料介绍了这家公司的基本状况,其基本特点可以从对外国设备、技术的依赖和自身经营状况两方面回答。

(2)第二问要求结合材料和所学知识作答。本题的关键在于由材料中的时间"1913年"判断出当时中国民族资本所处的发展阶段,再根据材料结合所学知识概括其发展状况及背后的原因。

参考答案:(1)①由于外国资本主义企业在资金、技术等各方面占有巨大优势,材料中的中国民族资本主义企业在设备、技术等方面依赖于外国。②该企业规模小、资金少,经营管理落后,以及外国资本主义企业的竞争,导致其濒于停业。

(2)材料二体现了19世纪末20世纪初(1912—1919年)的一战期间,中国民族资本主义出现了短暂的"春天",但外国资本仍占很大比重。

出现短暂"春天"的原因:①辛亥革命为民族工业提供了有利的政治环境和社会条件;②一战期间,群众性反帝爱国运动此起彼伏,"实业救国"思想有了前所未有的社会基础,为民族工业的发展提供了条件;③北洋军阀政府推行了一些有利于资本主义工商业发展的政策;④实业家特殊的地位和经历,尤其是其自强不息的爱国精神;⑤一战期间,欧洲列强暂时放松了对华经济侵略,客观上为民族工业的发展提供了有利的外部条件。

外国资本占很大比重的原因:中国封建小农经济根深蒂固,导致市场狭小;半殖民地半封建社会的国家性质,统治腐朽无能,分裂割据,政治黑暗;受到帝国主义的压迫、掠夺;自身资金少、规模小、技术力量薄弱等。

(二)社会生活的变化

1. 近代交通通信

19世纪初,轮船、火车传入中国。19世纪70年代,中国开始架设有线电报。1909年,詹天佑设计的京张铁路全线通车,这是中国人自行设计和施工的第一条铁路干线。

2. 文化生活的变迁

(1)西方发明的照相和电影传入我国

照相术:19世纪40年代传入中国。

电影:1905年中国人自己拍摄的第一部影片《定军山》,揭开了中国电影事业的序幕。第一部有声片是《歌女红牡丹》。《渔光曲》在1935年获莫斯科国际电影节荣誉奖,是中国第一部获得国际奖项的影片。

（2）近代传媒

1872年在上海创办的《申报》，是中国第一份商业性报纸、传媒先驱，被称为"中国近代史的百科全书"。

1897在上海创办的商务印书馆，是近代中国历史最长、规模最大的文化出版机构。

精选真题

[2019下半年]下图是《点石斋画报》刊登的《海上繁华》组图中的一幅。图中所描绘的这一社会生活景象出现在（　　）

赛脚踏车

A.晚清时期的中国都市　　　　　　B.民国初期的中国乡村

C.民国后期的中国城市　　　　　　D.20世纪80年代的中国

答案：A。本题考查《点石斋画报》的在刊时间，主要考查考生的读图能力和对知识的掌握能力。《点石斋画报》为中国最早的旬刊画报，由上海《申报》附送，每期画页八幅，光绪十年（公元1884年）创刊，光绪二十四年（公元1898年）停刊，所记风物为晚清时期。分析选项，A项符合题意。

3.社会习俗的变化

辛亥革命后，颁布了剪辫、易服和废止缠足等法令，废除有损人格的跪拜礼，代之以文明简单的鞠躬、握手礼，取消"老爷""大人"之类的称谓，代之以"先生""君"等平等的称呼。

（三）近代科学技术与思想文化

1.教育

（1）科举制度的废除

1905年9月，清政府宣布自1906年起废除科举考试以及相关的教育体制，在全国范围内兴办新式学堂；1905年12月，设立学部。科举制度的废除，不仅是一种教育制度的退出，而且是一种政治制度的终结。

（2）设立学堂

1902年颁布的《钦定学堂章程》，又称"壬寅学制"，将各省、府、州县的书院改设为大、中、小学堂，是中国近代由国家颁布的第一个规定学制系统的文件。

1904年颁布的《奏定学堂章程》，又称"癸卯学制"，将学堂分为初等教育、中等教育和高等教育三段，是中国近代由国家颁布的第一个在全国范围内实行的系统学制。

（3）1898年7月，戊戌变法期间，光绪帝下令开办京师大学堂，1912年改称北京大学。京师大学堂是中国近代史上第一所国立综合性大学，它的创办表明近代中国教育改革迈出了重要的一步。

（4）国立西南联合大学是中国抗日战争开始后高校内迁设于昆明的一所综合性大学。办学时间从1937年国立长沙临时大学组建到1946年国立西南联合大学停止办学。西南联大"内树学术自由之规模，外来民主堡垒之称号",保存了抗战时期的重要科研力量,培养了一大批卓有成就的优秀人才,为中国和世界的发展进步作出了杰出贡献。

精选真题

1.[2019上半年]有一张官方发行的"兴文教育彩票",上面写着"光绪三十四年五月初五日开彩"。其发行目的是(　　)

　　A.纪念屈原　　　　　　　　B.中体西用

　　C.实业救国　　　　　　　　D.兴办新学

答案:D。本题考查晚清教育的发展,考查考生的理解能力。"光绪三十四年"是1908年。清政府在20世纪初实行新政,在教育领域采取的措施是废除科举,建立新学制,兴办新式教育。清政府发行"兴文教育彩票"的目的是兴学。D项符合题目要求。A、B、C三项不能从题目中推导得出。

2.[2019上半年]下图所示学校所在的城市是(　　)

NATIONAL SOUTHWEST ASSOCIATED UNIVERSITY
★ 1946 ★

★ 国立西南联合大学 ★
NO _____

　　A.长沙　　　　　　　　　　B.重庆

　　C.昆明　　　　　　　　　　D.贵阳

答案:C。本题考查西南联合大学的所在地,考查考生的读图能力和对知识的掌握能力。由史实可知,1938年,西南联合大学在昆明正式成立,1946年停止办学。根据题目中图片的相关信息可知,西南联合大学所在城市是昆明。

3.[2016上半年]简述京师大学堂成立的背景及其历史地位。

参考答案:背景:中国传统教育培养出来的人才不适应当时中国的需要,戊戌变法期间,为培养新的科技人才,创办了京师大学堂。

历史地位:京师大学堂是中国近代史上第一所国立综合性大学,它既是全国最高学府,又是当时国家最高教育行政机关,统辖各省学堂。京师大学堂具有重要的意义,并受到举国关注,为中国近代教育事业的发展贡献了力量。

2. 思想

魏源,生活在鸦片战争时期,编《海国图志》一书,介绍了南洋、欧美各国的历史地理,目的是"师夷长技以制夷"。

严复,戊戌变法时期启蒙思想家,他认为要救国,只有效法西方,推行维新改革。《天演论》是他译著的书中影响最大的,书中阐述了"物竞天择,适者生存",是生物进化论和"世道必进,后胜于今"的社会进步论的思想,在当时的中国起到了打击封建势力的作用,对当时中国的知识界起到了资产阶级思想启蒙的作用,为戊戌变法提供了思想武器。

精选真题

1.[2019上半年]魏源提出"夷之长技有三:一战舰,二火器,三养兵练兵之法"的历史背景是( )

A.西学开始传入中国　　　　　　　　　　B.英国使者觐见乾隆帝

C.英国发动鸦片战争　　　　　　　　　　D.外国使者获得驻京权

答案:C。本题考查魏源思想主张的历史背景,考查考生的理解能力。鸦片战争中清朝战败,促使魏源等人向西方学习,提出"师夷长技以制夷"的观点。故答案选C。

2.[2016下半年]严复翻译的《天演论》发表后,引起了社会的强烈反响,他翻译该书的主要目的是( )

A."自强保种"　　　　　　　　　　　　B."中体西用"

C."师夷长技"　　　　　　　　　　　　D."创立民国"

答案:A。本题考查严复翻译《天演论》的目的,考查考生的理解能力。严复翻译《天演论》的主要内容是物竞天择、适者生存、不适者淘汰的进化原理,以及"自强保种""合群进化"等箴言警句,想以此唤起国人学习西方、富国强兵,以达到"保种进化"的最终目的。

3.科技

学科领域	人物	成果
数学	陈建功	中国函数论研究的开拓者之一
	苏步青	中国微分几何学派的创始人,被誉为"东方国度上灿烂的数学明星""数学之王"
	华罗庚	中国解析数论的创始人和开拓者
地质力学	李四光	创立新兴学科——地质力学 其理论对我国石油勘测和地震预报有重要指导作用
工程学	茅以升	1937年建成钱塘江大桥,是中国近代桥梁史上的一座丰碑
制碱工艺	侯德榜	发明了当时最先进的制碱法

4.文艺

种类	代表人物	代表作	意义
文学作品	鲁迅	《狂人日记》	揭示了封建礼教的"吃人"本质,表现了对以封建礼教为主体内涵的中国封建文化的反抗
	茅盾	《子夜》	反映了20世纪30年代初期革命深入发展、星火燎原的中国社会的面貌
	巴金	《家》	揭示了封建文化以及封建礼教对人们的毒害和摧残,讲述了一代人的追求和努力
	老舍	《骆驼祥子》	揭露了黑暗的旧社会对淳朴善良的劳动者所进行的剥削、压迫

种类	代表人物	代表作	意义
绘画艺术	徐悲鸿	《愚公移山》	以形象生动的艺术语言表达抗日民众的决心和毅力,鼓舞人民大众去争取最后的胜利
	齐白石	《墨虾》	以娴熟的笔墨技法,结合独创的濡墨蘸水,从容写出虾的结构、动态和透明的质感
	张大千	《桃源图》	张大千众多泼墨与泼彩山水画中较为成功的一件作品
音乐	聂耳、田汉	《义勇军进行曲》	政治与艺术的完美结合,激励着中国人民的精神

5."诗界革命"

"诗界革命",即戊戌变法前后的诗歌改良运动。早期倡导者是夏曾佑、谭嗣同、梁启超三人。鲜明提出"诗界革命"口号的尽管是梁启超,但早已反映出诗歌变革趋向并获得创作成功,从而成为"诗界革命"旗帜的却是黄遵宪。

精选真题

[2016下半年]1898年,首揭"新派诗"大旗,倡导"诗界革命"的维新人士是(   )

A.黄遵宪   B.夏曾佑

C.梁启超   D.谭嗣同

答案:C。本题考查"诗界革命"的倡导者,考查考生的识记能力。梁启超是"诗界革命"口号的倡导者,也是"诗界革命"理论的积极建构者。故本题选C。

6.革命根据地和解放区的文化教育成就

真正的文艺大众化,是《在延安文艺座谈会上的讲话》发表以后,在抗日根据地和解放区实现的。

7.马克思主义哲学的发展

马克思主义哲学是在工业革命时期产生的,在五四运动时期传入中国。后来成为中国共产党的指导思想。共产党人接受了马克思主义,并用它来指导中国革命实践,中国革命才有了正确的方向。

代表人物	著作	地位
李大钊	《我的马克思主义观》	介绍了马克思主义的观点
	《史学要论》	第一部以马克思主义唯物史观为指导的史学理论著作
毛泽东	《实践论》《矛盾论》	创造性地发展了马克思主义的认识论和辩证法
李达	《社会学大纲》	被毛泽东称为"中国人自己写的第一本马克思主义哲学教科书"

第三节 中国现代史

一、中华人民共和国的成立和巩固

(一)中国人民站起来了

1. 第一届政治协商会议

(1)召开：1949年9月21日,北平。

(2)内容：制定了新中国的大政方针,通过了《中国人民政治协商会议共同纲领》,选举产生了中华人民共和国中央人民政府委员会、政府主席。确定了国旗、国歌、国都和纪年方式,还决定建立人民英雄纪念碑。这一切都为中华人民共和国的正式成立做好了充分的准备。

(3)第一届政协会议制定的《共同纲领》在当时起到了临时宪法的作用。

(4)第一届政协会议以《义勇军进行曲》为代国歌的原因：①《义勇军进行曲》诞生于抗日战争时期,曾经激励了无数中华儿女奋起抗日。②以这首歌曲为代国歌,能够时刻激励中国人民居安思危,继承传统,奋发图强。

2. 开国大典

时间：1949年10月1日。

主要仪式：向全世界庄严宣告中华人民共和国的成立,向世界宣告旧中国的结束,新中国的诞生,"中国人民站起来了!"

3. 中华人民共和国成立的历史意义和影响

(1)是中国历史的伟大转折。中国半殖民地半封建社会历史结束,开始由新民主主义向社会主义过渡。

(2)开辟了历史新纪元。从此中国一百多年被侵略被奴役的历史结束。中国真正成为独立自主的国家,中国人民从此站起来,成为国家的主人。

(3)壮大了世界和平、民主和社会主义的力量。鼓舞了世界被压迫民族争取斗争胜利的信心。

4. 西藏和平解放

(1)时间：1951年。

(2)历史意义：标志着祖国大陆获得了统一,实现了除台湾、香港及澳门以外的全国各地区、各民族的大团结、大统一。

(二)中华人民共和国初期的内外政策 重点

1. 对内政策

(1)土地改革

①原因：为了废除地主阶级封建剥削的土地制度,实行农民的土地所有制。

②内容：1950年颁布《中华人民共和国土地改革法》,实行农民阶级的土地所有制。对富农实行经济上保存,政治上中立的政策。

③意义：废除了封建剥削的土地制度,农民成了土地的主人,在政治上、经济上翻了身,农村生产力得到

了解放,为农业发展和国家工业化开辟了道路。

(2)镇压反革命

①原因:国内残留的反革命势力及帝国主义间谍严重威胁新生的人民政权。

②内容:在全国范围内进行清查和镇压。

③意义:基本上肃清了大陆的反革命残余势力,社会秩序空前安定。

(3)"三反五反"运动

①原因:受资产阶级的腐蚀,有些国家机关和企业工作人员贪污、浪费、官僚主义倾向严重。

②内容:1951年底到1952年10月,中华人民共和国在党政机关工作人员中开展"反贪污、反浪费、反官僚主义"的运动和在私营工商业者中开展"反行贿、反偷税漏税、反盗骗国家财产、反偷工减料、反盗窃国家经济情报"的运动。

③意义:巩固了工人阶级的领导地位和社会主义国营经济在国民经济中的领导地位;创造了对资本主义私营工商业实行社会主义改造的有利条件。

精选真题

[2017上半年]统计数据表明:全国农村人口的人均乡村社会商品零售额,1950年为21.7元,到1952年提高到30.7元,平均每年递增18.9%。这说明(　　)

A.城乡交流已经初见成效　　　　B.合作社促进了农业生产

C.农产品价格大幅度提升　　　　D.农民生活有了明显改善

答案:D。本题考查建国初农民生活的改善,考查考生的理解能力。1950年夏,中央人民政府颁布《中华人民共和国土地改革法》,废除封建剥削的土地所有制,实行农民阶级的土地所有制。到1952年底,除部分少数民族地区外,全国已基本上完成了土地改革。这改善了农村贫苦农民的生产和生活条件,缩小了农村的贫富差距。与此同时,国家还通过兴修水利、增加农贷、城乡交流和缩小农工产品剪刀差等方法来促进农村经济迅速恢复,增加农民收入。题干中,全国农村人口的人均乡村社会商品零售额从1950年到1952年的大幅递增,就是当时农民生活有了明显改善的体现。故本题选D。

[方法总结]本题是一道数据型材料选择题,以数据材料切入,考查考生获取有效信息和调动知识的能力。这类题往往通过统计数据的变化、对比,反映历史事物的发展趋势及特征,揭示历史事物发展的本质规律。本题可以采用综合分析法,首先把数据的变化置于所处的历史时期,分析发生数据变化的历史背景,再将题干数据与备选项结合起来,判断它们之间的逻辑对应关系。

2.抗美援朝

1950年6月到1953年夏,美国干涉朝鲜内政,并把战火烧到中朝边境,美国第七舰队开到台湾海峡,妄图阻止中国人民解放台湾。为了保家卫国,中国人民志愿军开赴朝鲜,抗美援朝。1953年7月,美国在《朝鲜停战协定》上签字。

抗美援朝战争给予美国的干涉主义以有力的打击和严重的警告,保卫了朝鲜的独立和中国的安全,中国国际威望空前提高,为中国的经济建设和社会改革赢得了相对稳定的和平环境。

(三)新中国的民主政治建设 重点

1.中华人民共和国第一部宪法

1954年9月,第一届全国人民代表大会在北京隆重举行,这次大会的首要任务是制定《中华人民共和国宪法》。这部宪法是中华人民共和国的第一部宪法,它规定了国家的性质是工人阶级领导的、以工农联盟为基础的、人民民主专政的社会主义国家。我国的根本政治制度是人民代表大会制度,一切权力属于人民。人民行使权利的机关是全国人民代表大会和地方各级人民代表大会。它是我国第一部真正反映人民利益的社会主义类型的宪法。

2.人民代表大会制度

1954年9月15日,第一届全国人民代表大会第一次会议在北京举行,标志着人民代表大会制度在全国范围内建立起来,人民代表大会制度是中华人民共和国人民民主专政的政权组织形式,是中华人民共和国的根本政治制度。

精选真题

[2016下半年]20世纪50年代,我国民主政治制度建设取得的重大成果是( )

A.政治协商会议的召开　　　　　　　B.人民代表大会制度的建立

C.扩大基层民主选举　　　　　　　　D.民族区域自治法的颁布

答案:B。 本题考查人民代表大会制度的建立,考查考生的识记能力。1954年9月,第一届全国人民代表大会召开,基本形成了人民代表大会制度。人民代表大会制度是我国的根本政治制度,奠定了新中国民主政治建设的基础,昭示着中华人民共和国的最高权力属于人民。政治协商会议代行全国人民代表大会的职权宣告结束。结合题干,本题选B。

3.政治协商制度

政治协商制度,是指在中国共产党领导下,各政党、各人民团体、各少数民族和社会各界的代表,以中国人民政治协商会议为组织形式,经常就国家的大政方针进行民主协商的一种制度。

中国共产党与各民主党派合作的基本方针是"长期共存、互相监督、肝胆相照、荣辱与共"。人民政协是中国共产党、人民政府联系各民主党派、各人民团体和无党派人士的一个重要桥梁和纽带,是我国人民民主专政国家制度的一个特点,体现了我国社会主义民主具有广泛的群众基础。

二、社会主义发展道路的探索

(一)新中国初期的经济

新中国建立后,国内经济千疮百孔,经济形势极其严峻。为恢复和发展国民经济,新成立的中国人民政府采取了一系列有效的措施,包括没收官僚资本,建立社会主义国营经济;稳定物价,统一财经;合理调整工商业等措施,到1952年底,国家财政经济取得根本好转,工农业生产超过中国历史最高水平。国民经济的恢复与发展,为国家开展有计划的经济建设准备了条件。

(二)工业化的起步——一五计划　重点

(1)背景:新中国成立后,经过三年的经济恢复,国民经济得到根本好转,工业生产已经超过历史最好水平。但我国的工业发展水平仍然远远落后于发达国家,甚至不如印度。

(2)基本任务:集中力量发展重工业,建立国家工业化和国防现代化的初步基础;相应地发展交通运输业、轻工业、农业和商业;相应地培养人才。

(3)成就:到1957年底,各项经济指标超额完成。奠定了我国社会主义工业化的初步基础,工业落后的面貌开始改变。

①工业:1953年底,鞍山钢铁公司大型轧钢厂等三大工程建成投产;到1956年,中国第一个生产载重汽车的工厂——长春第一汽车制造厂生产出第一辆汽车;中国第一个飞机制造厂试制成功第一架喷气式飞机;中国第一个制造机床的工厂——沈阳第一机床厂建成投产。

②交通运输业:1957年,武汉长江大桥建成,连接了长江南北的交通。川藏、青藏、新藏公路修到"世界屋脊",密切了祖国内地同边疆的联系,也便利了经济文化的交流。

③在"一五"计划期间,我国以苏联援助兴建的156个项目为核心,先后施工的项目有一万多个,以鞍山钢铁公司为中心的东北工业基地形成了,沿海地区原有的工业基地得到加强,华北和西北也建立了一批新的工业基地。

(4)意义和影响:使我国开始改变了工业落后的面貌,向社会主义工业化迈进。

精选真题

[2018上半年]下图是我国"一五"计划期间各部门的投资比例示意图,此图反映的是(　　　)

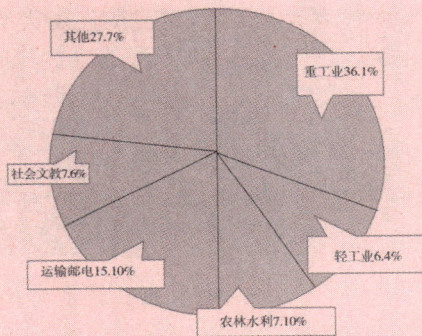

其他27.7%　重工业36.1%
社会文教7.6%
运输邮电15.10%
轻工业6.4%
农林水利7.10%

A.优先发展重工业　　　　　B.各行业协调发展

C.奠定轻工业基础　　　　　D.国民经济比例失调

答案:A。本题是一道数据型材料选择题,以数据材料切入,考查考生获取有效信息和调动知识的能力。从图中可以看出"一五"计划期间投资比例最大的是重工业,表明国家当时对重工业发展的重视,A项正确。B、C两项不符合史实,排除。从图片中不能直接反映出国民经济比例失调,排除D项,故答案选A。

(三)三大改造　重点

1.三大改造的内容

对农业、手工业、资本主义工商业的社会主义改造。

(1)对农业的社会主义改造

①原因:土地改革后,农业生产有了恢复和发展。但是我国农业仍然是一家一户分散经营,难以解决生产工具、资金和水利问题,难以抵御自然灾害,影响了农业生产发展,满足不了国家工业化建设的需要。

②形式:建立生产合作社。

③成果:农业合作化的优越性促使农民踊跃参加合作社,走社会主义道路。1955年,全国掀起农业合作

化的高潮,第二年全国绝大多数农户参加了农业生产合作社。促进了农业生产的发展,使农业产量年年增加。

(2)农业合作化运动推动了手工业的社会主义改造,1956年,百分之九十以上的个体手工业者参加了手工业生产合作社。

(3)公私合营

①形式:资本主义工商业社会主义改造的必经之路是国家资本主义,其主要形式是实行企业的公私合营和全行业公私合营(高级形式的国家资本主义)。

②在改造过程中,国家对资本家占有的生产资料,实行赎买政策。这种赎买政策,为国家对资本主义工商业的社会主义改造找到了一条和平过渡的道路,是中国社会主义改造的创举。

③成果:1956年1月底,全国所有大城市和五十多个中等城市的资本主义工商业者都实行了全行业公私合营。

精选真题

[2018下半年]下列选项中,与下图所反映史事相关的是(　　　)

A.土地改革　　　　　　　　　　　B.农业社会主义改造

C.人民公社化运动　　　　　　　　D.家庭联产承包责任制

答案:B。本题考查农业社会主义改造,主要考查考生的读图能力和对知识的掌握能力。从图中可以看到"农业生产合作社"和"1956"等信息。结合史实可知,农业生产合作社是对农业进行社会主义改造的主要形式。故答案选B项。

2. 三大改造的完成

(1)时间:1956年底,国家基本上完成了对农业、手工业和资本主义工商业的社会主义改造。

(2)意义:促进了生产力的发展,实现了把生产资料私有制转变为社会主义公有制的任务,在我国初步建立起社会主义的基本制度,我国进入到社会主义初级阶段。

(3)缺点:在社会主义改造工作后期,存在要求过急、工作过粗、改变过快的缺点。

3. 三大改造的实质

三大改造的实质是我国改变生产资料私有制的深刻社会变革。

(四)探索中的良好开端和失误 重点

1. 开端

我国探索社会主义建设的良好开端是中共八大的召开。

(1)背景:国内形势是社会主义改造基本完成以后,我国确立了社会主义制度,但尚未认识到我国仍处在社会主义初级阶段,对如何建设社会主义还没有经验,在这种情况下,中国共产党开始了艰苦的探索。国际形势是20世纪50年代中期,世界经济与科技迅速发展,资本主义国家的经济发展驶入快车道,资本主义经济进入"黄金时期"。

(2)内容:对我国现在所面临的形势进行正确的分析,指出当时中国的主要矛盾是人民对于建立先进的工业国的要求同落后的农业国的现实之间的矛盾,人民对于经济文化迅速发展的需要同当前经济文化不能满足人民需要的状况之间的矛盾。现阶段的主要任务是:集中力量发展社会生产力,实现国家工业化,逐步满足人民日益增长的物质和文化需要。

(3)历史意义:八大制定出全面建设社会主义的正确路线,在探索适合我国国情的社会主义道路上迈出重要的一步,为我国建设社会主义指明了方向,是个良好的开端。

2. 失误

(1)总路线的提出及失误的原因

1958年,党提出了"鼓足干劲、力争上游、多快好省地建设社会主义"的总路线。总路线反映了广大群众迫切要求改变我国经济落后的愿望,但由于中国刚刚从革命战争转向社会主义建设,党和人民对我国社会主义所处的发展阶段认识不足,对如何建设社会主义缺少经验,又急于求成,忽视了客观的经济规律。

(2)"大跃进"运动和人民公社化运动

①时间:1958年发动。

②原因:党和人民对我国社会主义所处的发展阶段认识不足,对如何建设社会主义缺乏经验,又急于求成,忽视了经济发展的客观规律。

③表现:以高指标、瞎指挥、浮夸风和"共产"风为标志的"左倾"错误泛滥。

④影响:是党在探索社会主义道路中的一次严重失误,再加上自然灾害等因素,使我国人民遇到了建国以来前所未有的严重经济困难。

⑤教训:搞经济建设要从我国的基本国情出发,不能急于求成,要尊重经济发展的客观规律。

精选真题

[2018上半年]1958年,有报道说:"过去每亩(山药)两千棵秧子的耕作法发展到这里的每亩一万五千棵,计划产量从每亩二十万斤直到一百万斤。"这段报道反映的史事是(　　)

A.土地改革运动　　　　　　　　B."大跃进"运动

C.农业合作化　　　　　　　　　D.农村经济体制改革

答案:B。本题考查"大跃进"运动,考查考生的理解能力。从题干中计划产量直接到一百万斤可知这一时期农业生产追求高速度、高指标,符合"大跃进"时期片面追求"快"的思想,故答案选B项。

3.曲折的经济建设

(1)三年经济困难

由于"大跃进"、人民公社化运动和"反右倾"斗争,使"左"倾错误严重发展,加上严重的自然灾害和苏联背信弃义,单方面撕毁了关于中苏双方经济技术合作的协议,1959—1961年出现了建国以来最困难的经济局面。

(2)中共在经济建设中调整国民经济

①1960年冬开始纠正农村工作中的"左"倾错误,提出了"调整、巩固、充实、提高"的"八字方针"。这是

开始全面建设社会主义以来经济指导工作的一次重要转折,是党为战胜困难而采取的重大决策。

②在七千人大会上,中央领导人带头作自我批评,初步总结了"大跃进"中的经验教训,为"反右倾"中被错误批判的大多数人平反,到1965年国民经济调整任务基本完成。

(3)1956—1966年十年建设时期取得的成就

钢铁	建成武汉、包头两大钢铁基地
石油	建成大庆、胜利、大港三大油田,1965年石油全部自给
原子弹	1964年第一颗原子弹试验成功
生物	研制成结晶牛胰岛素
铁路	兰新、包兰铁路建成通车

(五)"文化大革命" 重点

1.导火索

1965年,上海《文汇报》发表了姚文元《评新编历史剧〈海瑞罢官〉》一文,成为"文化大革命"的导火索。

2.开始标志

1966年5月16日,中共中央政治局扩大会议在北京通过了毛泽东主持起草的指导"文化大革命"的纲领性文件《中国共产党中央委员会通知》,即"五一六"通知,"文化大革命"随即在全国范围内展开。

"文化大革命"开始后,发展异常迅猛,全国一片混乱。

3.党和人民的斗争

"文化大革命"开始以后,党内老一辈革命家和广大干部群众的抵制和抗争始终没有停止过。1967年2月,老一辈革命家对"文化大革命"的错误做法提出了激烈批评,但被诬为"二月逆流",受到压制和打击。

4.粉碎林彪反革命集团

1970年到1971年间,林彪反革命集团阴谋夺取最高权力,策动反革命武装政变。毛泽东、周恩来机智地粉碎了这次政变,1971年9月13日,林彪等人乘飞机仓皇出逃,在蒙古温都尔汗机毁人亡,这就是"九一三事件"。

5.粉碎江青反革命集团

林彪反革命集团被粉碎后,王洪文、张春桥、江青、姚文元在中央政治局组成以江青为首的反革命集团,结成"四人帮",继续进行反革命活动。毛泽东逝世后,他们加紧了夺取党和国家最高领导权的阴谋活动。1976年10月6日,以华国锋、叶剑英、李先念为核心的中共中央政治局执行党和人民的意志,毅然粉碎了江青反革命集团,从根本上挽救了党、挽救了革命,结束了"文化大革命"这场灾难。

精选真题

[2016下半年]下图是"文化大革命"时期的一张诗歌单,其中的"鬼"和"豺狼"指的是( )

A."美帝"   B."苏修"
C."走资派"   D."四人帮"

答案:D。本题考查"文化大革命",考查考生的读图能力和对知识的掌握能力。诗句出自《天安门诗抄》中的一篇。1976年清明节期间,各地人民写了成千上万的诗词,沉痛悼念敬爱的周总理,愤怒声讨万恶的"四人帮。"诗句中的"鬼"和"豺狼"即指四人帮"。

我欲悲闻鬼叫,
我哭豺狼笑,
洒酒祭雄杰,
扬眉剑出鞘。

6. 性质

毛泽东错误发动,被林彪、江青反革命集团利用,给党、国家和人民带来严重灾难和损失的内乱。

7. "文化大革命"造成的危害

使国家政权遭到削弱,民主与法制建设遭到践踏;严重摧残了教育、科学和文化事业,阻碍了教育、科技事业的发展;致使国家经济发展缓慢,拉大了中国与世界发达国家之间的差距。

8. 教训和启示

我们必须正确认识国内的主要矛盾;在社会主义初级阶段,我们必须始终坚持以经济建设为中心;必须加强社会主义法制建设,坚持依法治国的方针;必须保持安定团结的政治局面,为经济建设营造良好的国内环境。

9. "文化大革命"期间的经济建设成就

1966—1976年经济建设成就表

1966年	我国导弹核武器试验成功
1967年	我国第一颗氢弹爆炸成功
1970年	我国成功发射第一颗人造地球卫星;葛洲坝一期工程开工
1971年	我国轻工业形成比较完整的体系;我国成功发射第一颗科学实验人造地球卫星
1974年	大型油田——胜利油田建成
1975年	刘家峡水电站建成;我国第一次发现古生界地层油田
1976年	滇藏公路建成通车;高速大型通用集成电路电子计算机研制成功

三、建设中国特色社会主义

(一)拨乱反正(1976—1978年)

1. "两个凡是"与真理标准大讨论

(1)"两个凡是"

提出原因:当时党政军最高领导华国锋为了稳定形势和巩固自己的政治地位。

内容:1976年,华国锋提出"两个凡是"观点,即,"凡是毛主席作出的决策,我们都坚决维护;凡是毛主席的指示,我们都矢志不渝地遵循"。

结果:遭到邓小平、陈云等人的坚决反对,并引发全党范围内关于真理标准问题的大讨论。

(2)真理标准大讨论

1978年,在大讨论中提出的"实践是检验真理的唯一标准"获得大多数人的支持。

1978年,在十一届三中全会上,邓小平否定了"两个凡是"的观点,取而代之的是"实事求是"的务实观点。

真理标准大讨论是一次深刻的思想解放运动,打破了长期以来个人崇拜和教条主义的束缚,为党的十一届三中全会的召开奠定了思想基础。

2. 中共十一届三中全会

1978年底,中共召开了十一届三中全会。全会确立了一系列思想、政治和组织路线。

（1）内容

思想路线：确定解放思想、开动脑筋、实事求是、团结一致向前看的指导方针，高度评价真理标准问题大讨论。

政治路线：停止"以阶级斗争为纲"的错误方针，作出把工作重心转移到经济建设上来，实行改革开放的伟大决策。

组织路线：决定拨乱反正。

经济上：提出改革开放和社会主义现代化建设的方针。

（2）意义

十一届三中全会是建国以来党的历史上具有深远意义的伟大转折，它完成了党的思想路线、政治路线和组织路线的拨乱反正，是改革开放的开端。中国历史从此进入社会主义现代化建设新时期。此次会议还形成了以邓小平为核心的党的第二代中央领导集体。

（二）改革开放 重点

1. 开端

1978年底，十一届三中全会的召开。

2. 含义

改革开放指对内改革，对外开放。

3. 对内改革

（1）改革先从农村开始。农村实行家庭联产承包责任制。

①1978年，安徽凤阳小岗村18户农民首先开始将田地包干到户，自负盈亏。家庭联产承包责任制把农民的责、权、利紧密结合起来，克服了以往分配中的平均主义等弊端，农民有了生产的自主权，大大地提高了生产积极性，使农业生产得到了大发展，农村开始富裕起来了。十一届三中全会以后，农村乡镇企业也迅速发展起来，为农村致富和实现现代化开辟了一条新路。

②土地改革、农业合作化、人民公社化运动、家庭联产承包责任制的不同点：土地改革是1950年开始的，没收地主的土地，分给无地或少地的农民耕种，即废除地主阶级封建剥削的土地制度，实行农民的土地所有制。农业合作化是1952年开始的，国家对农业进行社会主义改造，主要是把分散的个体农民组织起来，引导他们参加农业合作社，走集体化和共同富裕的道路。人民公社化运动是1958年在"大跃进"中发展起来的，人民公社是在农业合作社的基础上合并而成的政社合一的社会基层组织。公社的一切财产统一核算，统一分配，社员的自留地、家畜、树木等都为公社所有。家庭联产承包责任制是十一届三中全会后农村在实行土地公有制的前提下，实行分田包产到户，自负盈亏。

（2）在城市对国有企业进行改革。

①开始：从1985年起，城市改革全面开展，重点是国有企业改革。

②主要内容：把原来单一的公有制经济发展为以公有制为主体的多种所有制经济共同发展；国有企业实行政企分开，逐步扩大企业的生产经营自主权，实行经营责任制；实行按劳分配为主多种分配方式并存的制度。1992年，党的十四大提出了建立社会主义市场经济体制的目标，国有企业开始推行公司制、股份制、改组、联合等，国有企业的改革加快了步伐。

③效果：大大调动了企业、职工的积极性，增强了企业的活力，推动了工业的发展。

精选真题

[2019上半年]党的十一届三中全会以后,农村实行家庭联产承包责任制,大大提高了农民生产积极性。这一改革的核心是(　　)

A.引导农民与市场接轨　　　　B.增加农业发展的资金投入

C.扩大农民生产自主权　　　　D.强化农业生产的指令性计划

答案:C。本题考查家庭联产承包责任制,考查考生的理解能力。家庭联产承包责任制克服了过去分配中的平均主义弊端,使农民有了生产和分配的自主权,极大地调动了农民的生产积极性。C项符合题目要求。

4.中国对外开放格局的初步形成

类别		过程	特点及影响
经济特区的创办		1980年在深圳、珠海、汕头、厦门设立经济特区;1988年,设置海南经济特区	实行特殊的经济政策和管理方法。成为中国对外开放的窗口和经济体制改革的"试验田"
沿海经济开放区的开辟	沿海开放城市	1984年,开放天津、上海、广州等14个沿海港口城市	扩大对外开展经济活动的权限,加快利用外资、引进技术的步伐
	沿海经济开放区	1985年以后,先后将长江三角洲、珠江三角洲、闽东南地区和环渤海地区开辟为沿海经济开放区	促进了地区经济的发展,带动了内地的开发
	经济技术开发区	在沿海和其他地区的开放城市中划出一定区域建立经济技术开发区	是学习先进管理经验、提高管理水平的重要场所,也是了解国际行情的重要窗口
浦东的开发开放		1990年开发开放上海浦东	成为中国进一步对外开放的重要标志

精选真题

1.[2018上半年]20世纪70年代末,广东省委要求中央给予当地一定的权力,以便借助华侨众多和毗邻港澳的优势发展经济,中央同意给予政策支持。这一政策直接推动了(　　)

A.联产承包责任制的实行　　　　B.沿海经济开放区的设立

C.国有企业市场化的开始　　　　D.外向型经济特区的兴办

答案:D。本题考查改革开放中外向型经济特区的兴办,考查考生的理解能力。家庭联产承包责任制是在1978年底提出的,是农业方面的内容,与题干要求不符,排除A项;沿海经济开发区是在1985年设立的,排除B项;国有企业市场化是20世纪八九十年代开始的,排除C项;十一届三中全会后,中国开始兴办外向型经济特区,故答案选D项。

2.[2016上半年]阅读材料,并回答问题。

材料:

在经济特区发展取得经验的基础上,沿海开放城市和开放地区的建设也迈出了新的步伐。1984年中共中央和国务院决定对大连、秦皇岛、天津、烟台、青岛、连云港、南通、上海、宁波、温州、福州、广州、湛江、北海等14个沿海城市和海南岛实行开放政策。

——靳德行主编《中华人民共和国史》

问题：

（1）材料中所提的"经济特区"指的是哪些城市？

（2）材料中"沿海开放城市"与"经济特区"在开放程度上有何区别？

（3）简述改革开放后形成的对外开放格局。

参考答案：（1）"经济特区"是指深圳、珠海、汕头、厦门。

（2）①经济特区是在国内划定一定范围，在对外经济活动中采取较国内其他地区更加开放和灵活的特殊政策的特定地区。沿海开放城市是中国沿海地区对外开放的，并在对外经济活动中实行经济特区的某些特殊政策的一系列港口城市，是经济特区的延伸。沿海经济开放区是我国为加大实施对内搞活经济、对外实行开放的步骤。②经济特区是最为开放的，它的范围是指一个特定地区，包括城市和周围的村镇等；沿海开放城市是指在某一个城市中实施经济特区的某些特殊政策，开放程度不及经济特区，范围指定为某一城市。

（3）首先，1980年确定在深圳、珠海、汕头和厦门设置经济特区，后来我国对外开放的地区逐渐扩大，开放广州、上海等14个沿海开放城市，增设海南经济特区，设立浦东开发区，现在对外开放区已经从沿海地区向内地发展，形成"经济特区—沿海开放城市—沿海经济开放区—内地"的多层次、全方位、宽领域的对外开放新格局。

5. 改革开放的启示

只有社会主义能够救中国，只有改革开放能够发展中国。社会主义现代化建设是一个曲折漫长的过程，要从社会的不断进步和发展中体会到坚持中国共产党领导的重要性，坚定建设有中国特色的社会主义的信念。

（三）改革开放以来的民主与法制建设 重点

十一届三中全会吸取了"文革"的惨痛历史教训，提出了法制建设的方针，对一些冤假错案作了平反。主要成就有：确立建设中国特色社会主义的政治目标，发展社会主义民主政治，建设社会主义政治文明。

时间	会议	内容
1978年	十一届三中全会	提出"有法可依、有法必依、执法必严、违法必究"的法律建设总方针
1982年	第五届全国人大第五次会议	通过《中华人民共和国宪法》，形成以宪法为核心的社会主义法律体系，为依法治国奠定重要基础
1997年	十五大	把"依法治国"确立为政治体制改革的重点
1999年	第九届全国人大第二次会议	"依法治国"被正式写入宪法
1999年	第九届全国人大常委会第九次会议	通过《行政复议法》，使"民告官"有了法律保证，体现了法律面前人人平等的原则

精选真题

[2016上半年]1997年,中国共产党"十五大"确立政治体制改革的重点是(　　)

A. 依法治国　　　　　　　　　　　B. 民主党派参政

C. 简政放权　　　　　　　　　　　D. 基层民主选举

答案: A。本题考查改革开放以来的民主与法制建设,考查考生的识记能力。1997年的中共"十五大"把"依法治国"确立为政治体制改革的重点。1999年将"依法治国"写入宪法。

(四)建设中国特色的社会主义

1. 中国特色社会主义理论的提出

(1)1982年,中共十二大提出建设有中国特色的社会主义。

(2)1987年,中共十三大明确提出社会主义初级阶段的理论,并制定了党在初级阶段的基本路线。

2. 改革开放的总设计师

在中国改革开放和现代化建设中,邓小平解决了什么是社会主义,怎样建设社会主义等一系列基本问题,是马克思主义在中国发展的新阶段,为中国改革开放和现代化建设指明了前进的方向和道路,是中国改革开放的总设计师。

3. 1992年,邓小平在南方的讲话

①内容:特区姓"社"不姓"资"。要抓住机遇,发展自己,关键是发展经济。发展才是硬道理。

②影响:进一步解放了人们的思想,对建设中国特色的社会主义产生了深远影响。

4. 邓小平理论指导地位的确立

1992年,中共十四大确立邓小平理论在全党的指导地位,提出建立社会主义市场经济体制。

1997年,中共十五大把邓小平理论写进党章,确立为党的指导思想。

> **关联知识**
>
> **邓小平理论的内涵**
>
> 一个精髓:解放思想,实事求是。
>
> 两个答案:什么是社会主义;怎样建设社会主义。
>
> 三个阶段:南方谈话;中共十四大;中共十五大。

四、民族团结与祖国统一

(一)民族团结

1. 党和政府实行民族区域自治的原因

历史传统:秦汉以来,逐渐形成了以汉族为主体的各民族大杂居、小聚居的分布格局。

经济文化:各民族在经济、文化上长期以来取长补短、相互依存、不可分离。

政治利益:近代以来,各族人民在共御外敌、争取国家独立和民族解放的斗争中,建立了休戚与共的关系,在根本的政治利益上完全一致。

2.民族政策和原则

民族平等、民族团结和共同发展繁荣的原则。

（1）政治上：实行民族区域自治。（有利于促进祖国统一、民族团结和民族平等，是我国的一项基本国策和政治制度。）

（2）经济上：实行各民族共同繁荣，共同发展。

3.民族区域自治政策的发展过程

（1）新中国成立前夕，中国共产党提出了国内各民族一律平等，在少数民族聚居地区，实行民族区域自治的建议。**内蒙古自治区成立于1947年5月1日，是我国建立最早的一个省级少数民族自治区。**

（2）社会主义改造开始以后，党和政府根据少数民族的意愿，在少数民族地区进行民主改革或土地改革，建立起各种形式的社会主义经济。

（3）十一届三中全会以后，国家进一步落实民族政策，在民族地区实行改革开放，民族地区的农村也推广了家庭联产承包责任制，并根据本民族地区的实际情况发展地方工业，发展民族经济。

4.西藏的发展

（1）西藏和平解放：1951年，西藏和平解放，使祖国大陆实现了统一，各族人民实现了大团结。

（2）第一个五年计划期间，修建了川藏、青藏、新藏三条公路，加强了内地与边疆的联系。

（3）建立了西藏自治区，实行了民族区域自治制度。

（4）1959年初完成了民主改革，废除了封建农奴制度，百万农奴翻身当家做主人，进入社会主义阶段。

（5）实施西部大开发战略，2006年青藏铁路建成通车。

（6）援藏干部：为达到各民族共同发展，中央抽调大批干部支援少数民族地区的建设，山东援藏干部孔繁森，被藏族群众称为"活菩萨"。

（二）香港和澳门回归

1."一国两制"

（1）提出：改革开放以后，邓小平针对台湾问题提出了"一个国家，两种制度"的构想。目的是从维护祖国和中华民族的根本利益出发，早日完成祖国统一大业。

（2）含义：在中华人民共和国境内，大陆实行社会主义制度，香港，澳门和台湾实行资本主义制度。全称：一个国家，两种制度；前提：一个中国。

2.港、澳回归祖国

香港、澳门、台湾问题都是历史遗留下来的，解决这些问题，实现祖国统一，是包括港、澳、台同胞、海外侨胞和祖国大陆全体同胞在内的整个中华民族的共同心愿。香港、澳门在近代史上，分别被英国和葡萄牙占领，于1997年和1999年回归祖国。

香港、澳门的回归，使中国人民洗刷了百年国耻，增强了中国人民的民族自尊心；促进改革开放，我国在完成祖国统一大业的道路上迈出了重要一步。

（三）海峡两岸的交往

1.台湾历史上就是我国领土不可分割的组成部分

（1）三国时，东吴孙权派将军卫温率万人船队到达夷洲（台湾），加强了台湾与内地的联系。

（2）隋朝隋炀帝三次派人去流求（台湾）。

（3）元朝时，设置澎湖巡检司管理澎湖和琉球（台湾）。

（4）1661—1662年，郑成功打败荷兰殖民者，收复台湾。

（5）1684年，清政府设置台湾府，隶属福建省，进一步加强了台湾与祖国内地的联系。

（6）1895年，日本通过《马关条约》强迫清政府割让台湾岛和澎湖列岛，台湾人民坚决反对，进行了长期艰苦的反日斗争。

（7）1945年10月，抗战胜利后台湾回到祖国怀抱。

2. 台湾问题的由来

（1）1949年，从祖国大陆败退的国民党蒋介石集团盘踞台湾。

（2）1950年，为了阻止人民解放军解放台湾，美国第七舰队开进台湾海峡。从此，台湾与祖国大陆隔海相望至今。

3. 我国的对台政策

（1）新中国成立后，明确提出要解放台湾。

（2）20世纪50年代中期，确立了争取用和平方式解放台湾的思想。

（3）改革开放以后，在邓小平"一国两制"的基础上形成了"和平统一，一国两制"的对台基本方针。

（4）1995年，江泽民提出了发展两岸关系，促进和平统一的八项主张，成为新时期推进祖国和平统一的指导思想。

4. 海峡两岸关系的发展

（1）1987年，台湾当局被迫放弃"三不"政策。

（2）1992年，海协会与海基会就"海峡两岸均坚持一个中国原则"达成共识，即"九二"共识。

（3）1993年，海协会会长汪道涵和海基会董事长辜振甫在新加坡举行会谈，将"加强两岸经济交流，互补互利"写入协议，并就开展两岸经济、科技、文化交流达成共识。

（4）1995年，江泽民提出现阶段发展两岸关系、促进和平统一的八项主张，成为推进祖国和平统一进程的指导思想。

五、国防建设与外交成就

（一）新中国国防建设

1. 人民海军建立

（1）新中国成立前夕，第一支海军——华东军区海军建立。建国后，又建立了北海、东海和南海舰队。

（2）1971年，我国自行研制成功导弹驱逐舰、核潜艇等，多次远洋航行，圆满完成了科学考察和对外出访的任务。

（3）20世纪90年代以后，海军现代化水平明显提高，已由水面舰艇部队、潜艇部队、海军航空兵、海军陆战队等多兵种组成，活动范围也逐步扩大。

2. 人民空军建立

（1）人民空军是在陆军基础上建立起来的，刚诞生就接受抗美援朝战争的考验。

（2）早期飞机主要从国外购买，后来逐步走上国产化道路。

(3)改革开放以来,我国自行研制和引进了一批新型飞机,提升了现代化装备水平。

3.导弹部队的发展

(1)1957年,中国开始组建战略导弹部队,主要担任核反击任务。

(2)我国导弹部队陆续装备了中程、远程、洲际导弹核武器,还有其他多种型号的导弹,具有较强的战斗力。

(二)新中国初期外交的主要成就 重点

1.确立独立自主的和平外交方针

(1)背景:第二次世界大战后,以苏联为首的社会主义阵营和以美国为首的资本主义阵营之间对立和激烈斗争;中国民主革命胜利,建立新中国。

(2)表现:①方针:独立自主的和平外交方针。②政策:三大外交政策。

外交政策	解决的问题	内容	意义
"另起炉灶"	如何对待国民政府的外交	不承认国民政府建立的一切屈辱的外交关系,而要在新的基础上同各国另行建立新的平等外交关系	改变了中国半殖民地的地位,使中国在国际交往中独立自主
"打扫干净屋子再请客"	如何对待以美国为首的资本主义国家	首先是清除帝国主义在中国的残余势力,取缔帝国主义在华的一切特权,然后再考虑与西方国家建立外交关系的问题	巩固新中国的独立和主权,为与世界各国建立平等互利的外交关系奠定基础
"一边倒"	如何对待以苏联为首的社会主义国家	在外交上坚定地站在以苏联为首的社会主义阵营一边,在坚持独立自主的基础上,加强中国和苏联等社会主义国家的联系	使新中国在保障人民革命胜利成果、捍卫和平以及维护独立与主权的斗争中,不致处于孤立地位

2.提出和平共处五项原则

(1)目的:积极同邻近国家和新兴的民族独立国家发展友好关系。

(2)提出:1953年12月,周恩来在接见印度代表团时,第一次提出了和平共处五项原则。第二年,周恩来分别同印度、缅甸两国总理发表联合声明,一致同意以和平共处五项原则作为指导中印、中缅关系的基本原则。

(3)内容:互相尊重领土主权、互不侵犯、互不干涉内政、平等互惠、和平共处(后改为"互相尊重主权和领土完整、互不侵犯、互不干涉内政、平等互利、和平共处")。

(4)意义:和平共处五项原则在国际上产生深远影响,成为解决国与国之间问题的基本准则。

3.走向国际舞台

(1)日内瓦会议

①会议召开:1954年,中、英、美、法及有关国家在瑞士日内瓦召开。

②目的:为和平解决朝鲜和印度支那问题。

③结果:最终达成关于恢复印度支那和平的《日内瓦协议》,结束法国在印度支那地区的殖民统治。

④意义:中国第一次以世界大国身份参加的重要国际会议,展示了新中国争取和平,反对殖民主义的决心。

(2)万隆会议

①背景:亚非民族解放运动高涨。

②时间:1955年,29个国家政府首脑在印尼的万隆举行。

③内容:讨论各国关心的国际问题和亚非国家发展问题。

④结果:周总理提出"求同存异"的方针,通过《关于促进世界和平与合作宣言》。

⑤意义:第一次没有西方殖民国家参加的亚非间的国际会议,代表着国际舞台上一种新兴力量的崛起。亚非会议所呈现的增进各国间友好合作的精神,被誉为"万隆精神"。

精选真题

[2017下半年]邮票蕴含着丰富的历史信息。下图反映的是(　　)

A.中国首次提出和平共处五项原则　　B.广大亚非拉国家掀起不结盟运动

C.亚非国家寻求紧密的团结与合作　　D.中国首次以大国身份出席国际会议

答案:C。本题考查万隆会议,考查考生的读图能力和对知识的掌握能力。根据图片中的"万隆会议十周年"可知,题目考查万隆会议的相关知识。万隆会议是部分亚洲和非洲的第三世界国家在印度尼西亚万隆召开的国际会议,也是亚非国家第一次在没有殖民国家参加的情况下讨论亚非事务的大型国际会议。万隆会议主要讨论了保卫和平,争取民族独立和发展民族经济等各国共同关心的问题。主要目的是促进亚非国家之间的经济文化交流,并共同抵制美国与苏联的殖民主义和新殖民主义活动。选项C符合题意。

4.外交关系的突破

事件	原因	经过	意义
重返联合国	(1)20世纪70年代后,亚非拉发展中国家的力量壮大 (2)中国国际地位逐步提高 (3)美国对华政策发生了微妙的变化	1971年10月25日,第26届联合国大会通过提案恢复中华人民共和国在联合国的合法权利,恢复中国安理会常任理事国的席位	中国恢复在联合国的合法席位,是中国外交的重大胜利,有利于在国际事务中发挥更大的作用
中美关系解冻	美国方面:孤立中国政策的失败;陷入侵越战争的泥潭;经济发展缓慢;美苏争霸,由战略进攻转入战略防御 中国方面:综合国力的不断增强;国际地位的提高;为了进一步打开外交局面;缓解苏联对中国北部的压力	(1)1971年:"乒乓外交",打开了中美两国交往的大门 (2)1972年尼克松访华,双方在上海签订《中美联合公报》 (3)1979年,中美正式建立外交关系	(1)结束了中美长期对峙的局面,开始了两国关系的新阶段 (2)提高了两国的战略地位,改变了国际战略格局,对亚太地区的和平与稳定有重大的意义 (3)促使西方国家同中国建交,形成中国外交史上第三次建交高潮

续表

事件	原因	经过	意义
中日邦交正常化	(1)中美关系的缓和直接推动了中日关系的改善 (2)日本出于自身的战略考虑	(1)1972年9月,田中角荣首相访华,双方签署建立外交关系的联合声明,承认台湾是中国领土的一部分。随后,日本同台湾断绝了"外交关系" (2)1973年初,中日两国互设大使馆	中日建交结束了两国长期敌对的历史,打开了两国睦邻友好的历史新局面,这对于两国关系的发展和亚洲与世界的和平稳定都具有重要的意义

精选真题

[2018上半年]阅读材料,并回答问题。

材料一 中国人民不是倒向社会主义一边,就是倒向帝国主义一边,绝无例外。骑墙是不行的,第三条道路是没有的。

——摘编自毛泽东《论人民民主专政》

材料二 从1960至1964年,共有14个亚非国家同中国正式建交,其中撒哈拉以南的独立的非洲国家占12个。

——摘编自张岂之《中国历史新编》

材料三 1971年4月,周恩来根据毛泽东的决策,指示有关部门主动邀请美国乒乓球队访华,随后又亲自会见他们。"乒乓外交"被国际舆论称为"小球转动了大球"。

——摘编自《中国近现代史纲要》

问题:

(1)根据上述材料并结合所学知识,概述从新中国成立到20世纪70年代我国外交政策的变化过程。

(2)根据材料三并结合所学,说明开展"乒乓外交"的历史背景。

参考答案:(1)①20世纪50年代初,我国实行"一边倒"的外交政策,加入以苏联为首的社会主义阵营。

②20世纪50年代中期,我国提出和平共处五项原则,加强同亚非拉国家的政治经济往来。

③20世纪70年代,我国实行"一条线,一大片"政策。20世纪70年代中美关系缓和,中国在联合国合法地位得到恢复。我国外交领域取得重大突破,迎来建交高潮。我国开始全面参与国际事务,在国际舞台上发挥着日益重要的作用。

(2)①美国在1973年中东石油危机爆发后经济发展陷入"滞胀",在同苏联全球争霸的竞争中处于守势。

②美国身陷越战泥潭,实力被削弱,加上国内的反战压力,积极开展"均势外交"。

③苏联与中国交恶,苏军屯兵边境,给中国造成极大压力。

④中国急欲改善和西方国家的关系,从而打破外部封锁。

(三)新时期的外交政策

在社会主义建设新时期,中国在外交上依然奉行独立自主的和平外交政策,开展以联合国为中心的多边外交,积极维护国际的和平与安全。

1.推进新型区域合作

（1）积极参加亚太经合组织

1989年,亚太经合组织成立,是亚洲太平洋地区最重要的政府间的经济合作组织。1991年,中国加入亚太经合组织后,一直以积极、负责、务实和合作的态度参与亚太经合组织的活动。

（2）建立上海合作组织

建立:1996年4月26日,中国、俄罗斯、哈萨克斯坦、吉尔吉斯斯坦、塔吉克斯坦五国元首在上海举行首次会晤,从此,"上海五国机制"正式建立。2001年6月,"上海五国机制"发展为区域性多边合作组织——上海合作组织,中国、俄罗斯、哈萨克斯坦、吉尔吉斯斯坦、塔吉克斯坦、乌兹别克斯坦六国元首签署了《上海合作组织成立宣言》,上海合作组织正式成立。

意义:上海合作组织的发展进程是中国当代国际关系中一次重要的外交实践,丰富了以结伴而不结盟为核心的新型国家关系,对推动建立公正合理的国际政治经济新秩序具有重要的现实意义。

精选真题

[2019下半年]下表为中国某一时期制定和修改的法律。制定和修改这些法律的主要目的是(　　　)

制定	证券法、合同法、招标投标法、信托法、个人独资企业法、政府采购法等
修改	对外贸易法、中外合资经营企业法、外资企业法、专利法、商标法、著作权法等

A.建立新民主主义经济基础　　　B.保障社会主义改造的推进

C.启动城市经济体制的改革　　　D.适应加入世界贸易组织的需要

答案: D。本题考查中国的法律变革,考查考生的理解能力。由题干材料可知,制定和修改的这些法律都是经济领域的,属于社会主义市场经济条件下的经济法律,有些还涉及对外贸易。结合材料,分析选项,制定和修改这些法律的主要目的是与世界贸易组织的基本规则相衔接,适应加入世界贸易组织的需要。A、B、C三项均不符合题意。故答案选D。

2."一带一路"

（1）涵义

"一带一路"是"丝绸之路经济带"和"21世纪海上丝绸之路"的简称。

（2）目的

2013年由国家主席习近平提出,旨在借用古代丝绸之路的历史符号,高举和平发展的旗帜,积极发展与沿线国家的经济合作伙伴关系,共同打造政治互信、经济融合、文化包容的利益共同体、命运共同体和责任共同体。

（3）意义

推进"一带一路"建设既是中国扩大和深化对外开放的需要,也是加强和亚欧非及世界各国互利合作的需要,中国愿意在力所能及的范围内承担更多责任义务,为人类和平发展作出更大的贡献。

六、科教文化与社会生活　重点

1."两弹一星"(原子弹、导弹和人造地球卫星)

（1）核技术领域

①1964年10月,我国第一颗原子弹爆炸成功。加强了我国的国防力量,打破了帝国主义的核垄断,对于

维护世界和平具有重要意义。

②1966年10月,装有核弹头的中近程对地导弹发射成功,我国有了可用于实战的导弹。

(2)航天技术领域

①1970年,我国用长征号运载火箭,成功地发射了第一颗人造地球卫星"东方红一号",成为继苏联、美国、法国、日本后,第五个能独立发射人造地球卫星的国家。

②1999年,成功发射第一艘无人飞船"神舟一号"。2003年,"神舟五号"载人飞船成功地将宇航员杨利伟送上太空。2005年,"神舟六号"载人飞船又成功地将宇航员费俊龙、聂海胜送上了太空。

精选真题

[2015下半年]有西方学者评论说:"这是一个具有高度标志性的事件,它表明中国的航天技术在21世纪已经走到了欧洲和日本的前面。"他所评论的事件是(   )

A.中近程运载火箭发射成功

B."东方红一号"卫星发射成功

C.返回式遥感卫星发射成功

D."神舟五号"宇宙飞船发射成功

答案:D。本题解题的关键词是"21世纪",中近程运载火箭发射成功是在1964年,故排除A项;东方红一号人造地球卫星成功发射是在1970年,故排除B项;返回式遥感卫星发射成功是在1975年,故排除C项。

2. 籼型杂交水稻

(1)培育:袁隆平1973年首次在世界上育成籼型杂交水稻,他被称为"杂交水稻之父"。

(2)启示:知识是最大的财富,也证实了科学技术在经济发展中的巨大作用;科学技术是第一生产力。

(3)杰出科学家和技术人员:邓稼先、袁隆平等(学习他们振兴中华、刻苦钻研、奋发图强的精神,继承和发扬他们的优良品质,进一步增强建设中国特色社会主义的决心和信心)。

3. "863计划"

(1)提出:1986年3月,四位老科学家联合向中共中央写信,名为《关于跟踪世界战略性高科技发展的建议》。邓小平立刻作出批示。经反复论证,形成《863计划纲要》。

(2)范围:把生物技术、航天技术、信息技术、激光技术、自动化技术、能源技术、新材料等七个领域作为我国发展高技术的重点。1996年又将海洋高技术列为计划的第八个领域。

精选真题

[2019下半年]20世纪80年代中期,为跟踪世界战略性高科技发展方向,抢占科学技术前沿,缩小与发达国家的差距,我国政府提出的发展战略是(   )

A.科教兴国   B."863计划"   C.改革开放   D."七五"计划

答案:B。本题考查"863计划",考查考生的识记能力。1986年3月,四位老科学家联合向中共中央写信,名为《关于跟踪世界战略性高科技发展的建议》,经反复论证,形成《863计划纲要》,B项符合题意。1995年5月6日颁布的《中共中央国务院关于加速科学技术进步的决定》,首次提出在全国实施科教兴国战略,A项不符合题意。1978年底召开的十一届三中全会作出改革开放的决策,但这属于经济领域,时间上也不符合,C项不符合题意。"七五"计划,即中华人民共和国1986—1990年的国民经济和社会发展计划,不是专门的科技发展计划,D项不符合题意。

4. 计算机网络技术的应用

(1)应用:浏览新闻、查阅资料、发电子邮件、通话、购物、上课、看病等。

(2)影响:①正面:健康上网,有利于增强自己与外界的沟通与交流,有利于创造出全新的生活方式和社会互动关系。②负面:网络的不健康也会给青少年网民带来危害。如:在网上浏览不良信息,有的超时无节制上网,影响学习和身体健康等。

5. 改革发展中的教育

(1)1977年9月,中国教育部在北京召开全国高等学校招生工作会议,决定恢复已经停止了10年的全国高等院校招生考试,中国高考制度得以恢复。

(2)1986年我国颁布实施了《中华人民共和国义务教育法》。到2000年,我国基本实现了普及九年义务教育。20世纪90年代以来,党和政府实施"科教兴国"的发展战略,明确提出"把教育摆在优先发展的战略地位,把九年义务教育作为科教兴国的奠基工程"。

(3)从整体上看,高等教育已形成相当规模,高等教育取得前所未有的巨大发展。科学技术工作成就显著。

6. 百花齐放推陈出新

(1)文学的繁荣

1956年,中国共产党提出了"百花齐放,百家争鸣"的方针,文学艺术创作出现了崭新的局面。

"文革"前:反映革命年代和现实生活的作品。

"文革"后:先是反思"文革",而后是反映改革开放内容和弘扬民族道德精神的作品。

(2)艺术的发展:影视、绘画、书法、戏剧、音乐、舞蹈、杂技艺术丰富人们的精神生活。

7. 走向世界的体育强国

(1)群众性体育运动发展。毛泽东对学生提出"健康第一"的要求。体育课被列为学校重点课程。20世纪90年代,国家建立完整的体育制度,大力开展全民健身运动。

(2)竞技体育运动发展。从乒乓球队开始,中国的运动员走出国门,赢得世界瞩目。1990年,首次成功举办亚运会。2008年,成功举办奥运会。

第四节　世界古代史

一、古代西亚诸文明

(一)古巴比伦王国

1. 古巴比伦王国的兴起

公元前1894年,阿摩利人建立古巴比伦王国。

公元前18世纪,第六代国王汉谟拉比在位时,对外采取各个击破的策略,完成了两河流域中下游地区的统一事业,建立了统一、强大的奴隶制国家。古巴比伦进入最强盛的时期。

2.《汉谟拉比法典》

(1)制定者:汉谟拉比。

(2)内容:《汉谟拉比法典》把当时已形成的奴隶制关系、等级关系、租佃雇佣关系、商业高利贷关系、家庭婚姻关系和财产关系用法律条文明确规定下来。

(3)意义:《汉谟拉比法典》宣扬君权神授,维护奴隶主的利益和权威。它是世界上现存最早的较为完整的成文法典。

3.古巴比伦王国的衰亡

汉谟拉比建立的统一国家并不稳固,内部阶级矛盾十分尖锐。约公元前1595年,古巴比伦王国被北方入侵的赫梯人所灭。

(二)波斯帝国

1.波斯帝国的兴起

波斯位于伊朗高原西南部,靠近波斯湾。

公元前550年居鲁士二世建立起波斯王国。

公元前518年,在大流士的统治下,侵占中亚和印度河流域一带,发展为一个横跨欧、亚、非三大洲的国家。

2.《贝希斯敦铭文》

波斯国王大流士在夺取王位后,曾两次爆发反对大流士的起义。大流士残酷地镇压了这些起义并将其过程用三种语言——古波斯语、阿卡德语(巴比伦方言)和古埃兰语刻在贝希斯敦山崖上,故称之为《贝希斯敦铭文》。

3.希波战争

希波战争是古代波斯帝国为了扩张版图而入侵希腊的战争,战争以希腊获胜,波斯战败而告结束。这次战争对东西方经济与文化的影响远大于战争本身。

希波战争是世界历史上第一次欧亚两洲大规模的国际战争。这场战争前后持续了将近半个世纪,结果是希腊城邦国家和制度得以幸存下来,而波斯帝国却从此一蹶不振。

4.波斯帝国的衰亡

公元前334年,马其顿亚历山大率军东侵波斯,波斯军节节败退,公元前330年,波斯帝国灭亡。

(三)古代西亚的文化

1.文字
古代西亚的人们创造的文字属于楔形文字,对西亚许多民族语言文字的形成和发展有着重要影响。

2.文学
苏美尔和巴比伦的文学作品多是宗教神话和史诗,其中最具有代表性的是《吉尔伽美什史诗》。

3.宗教
波斯人信奉琐罗亚斯德教,该教崇拜光明、崇拜火,故亦称拜火教。

4.科学知识
苏美尔和巴比伦人的数学知识达到很高的水平。苏美尔人采用10进位和60进位记数法;古巴比伦数学家已经知道四则运算,能求出平方根、立方根,解出三个未知数的方程式。

二、古代埃及文明

大约从公元前3500年开始,在非洲的尼罗河两岸陆续出现了几十个奴隶制小国。公元前3000年左右,初步统一的古埃及国家建立起来。

(一)宗教崇拜与墓葬习俗

1.宗教崇拜

宗教在埃及人的生活中占据着支配地位。埃及文明几乎每一个领域都带有浓重的宗教色彩。

古王国时期埃及归于统一,宗教观念也渐趋融合。古王国时期,对太阳神拉神的崇拜是主要的宗教体系。更多的埃及人,包括下层民众敬奉的是奥西里斯神。

2.金字塔

金字塔的建造始于第三王朝第一个国王乔赛尔,是古埃及法老和王后的陵墓,是埃及权力的象征。尼罗河下游迄今已发现大大小小的金字塔80多座,大多建于埃及古王国时期。国王胡夫的金字塔最大,狮身人面像金字塔是国王哈夫拉的陵墓。

在古王国以后的各个朝代,金字塔逐渐被地下墓穴所取代。在中王国和新王国时期,神庙取代金字塔成为主要的建筑形式,最著名的是卡纳克神庙和卢克索神庙。

(二)古代埃及的文化

门类	内容	代表
文字	埃及象形文字	第一中间期时,这种文字演变出一种简化体——祭司体
		公元前1000年前后,从祭司体又演变出了一种世俗体
		象形文字、祭司体和世俗体一直通用到罗马帝国时代,1822年由法国学者商博良释读成功,打开了了解古埃及文明的钥匙
科学	天文学	太阳历
	数学	创造十进位的计数制度、解一次方程、计算几何图形的面积
	医学	编纂了《艾贝尔斯纸草》
建筑	金字塔	胡夫金字塔被誉为世界古代七大奇迹之一
	神庙	卡纳克神庙和卢克索神庙是祭祀阿蒙神的庞大建筑群

三、古代印度文明

(一)印度河流域的早期文明

(1)概念:古代印度在地理上是指今天的南亚次大陆。古代印度文明最早出现于印度河流域。

(2)发现:1921年,考古学家在印度河流域发现了哈拉帕文化遗址,可称为古代世界面积最广的青铜文化。

(3)概况:由达罗毗荼人建立,以南部的摩亨佐·达罗和北部的哈拉帕为中心,习惯上称为哈拉帕文化。哈拉帕文化大致在公元前23世纪—前18世纪,已进入奴隶制发展阶段,与同时期的埃及、两河流域水平相当。这一文明的发现把印度的历史整整提前了1500年左右。

(4)衰亡:哈拉帕文明一度繁荣,后来因不明原因衰亡,长期不为人所知。

(二)吠陀文明

1.吠陀时代

印度的历史是从吠陀时代才开始有文献记录的。

《吠陀》是印度最古老的文学作品,是知识总汇的意思,也译为《圣知》。《吠陀》是雅利安人进入印度时期形成的宗教诗集,共分为四部:《梨俱吠陀》《沙摩吠陀》《耶柔吠陀》《阿达婆吠陀》。其中《梨俱吠陀》是最古老的一部。

在后期吠陀时代,又出现了解释吠陀的文献,即《梵书》《森林书》《奥义书》。

在吠陀时代,随着奴隶制的发展和社会分化,印度社会形成了两种日后成为其民族特色的社会等级体制,即种姓制度和婆罗门教。

2. 种姓制度(瓦尔那制度)

印度的种姓制度分为四个等级:婆罗门、刹帝利、吠舍、首陀罗。

等级	名称	主要组成	职责
第一等级	婆罗门	僧侣贵族	主要掌管宗教祭祀,充任不同层级的祭司。其中一些人参与政治,享有很大政治权力
第二等级	刹帝利	王族、军事行政贵族集团	掌握军政大权的等级
第三等级	吠舍	平民阶层	从事农业、牧业和商业,没有政治特权,需要供养前两个等级
第四等级	首陀罗	最底层的劳苦大众,大多为非雅利安人	失去政治、法律和宗教上的一切权力。从事农、牧、渔、猎以及当时被认为低贱的各职业,其中有人失去生产资料,沦为雇工,甚至沦为奴隶

(三)佛教

1. 佛教的兴起

佛教是世界三大宗教之一。公元前6世纪,佛教首先在印度恒河流域流行。其创始人为乔达摩·悉达多。释迦牟尼是他成道以后所获的称号,意为"释迦族的隐修者"。佛教是印度古代社会人们反对种姓制度和婆罗门教的产物。

2. 佛教的教义及主张

早期佛教的主要教义是"四谛",即四个真理,包括苦谛、集谛、灭谛和道谛。

主张"众生平等",这是佛教与婆罗门教的最大不同之处。

3. 佛教的影响

佛教在古代印度既有积极的反社会等级制度的一面,又有消极的要人逃避现实斗争的一面。

"众生平等"仅限于宗教领域,在世俗生活中,人实际上还是不平等的。佛教不仅在印度内部广为流传,而且冲出国界,变成世界性的宗教。佛教的教义对东方文明和中国哲学的发展都产生深远的影响。

(四)古代印度文化 重点

1. 文学

古代印度最著名的文学作品是《摩诃婆罗多》和《罗摩衍那》两部史诗。两部史诗的内容都是神话性的,但也反映了印度生活的方方面面。

《佛本生经》名义上是讲佛陀前生前世的经历,实际上是搜罗民间故事加工整理而来,约编于公元前3世纪,反映了列国时期人们的生活。

2.科学知识

在吠陀时代,印度人民就知道金、木、水、火、土五星,将五星与日、月并称为七曜。

古印度人将一年定为12个月,每月定为30日。

古代印度人民在数学上有不少发现。他们创造了从1到9九个数字,又加上一个0,这对数学运算起了很大作用。后来,阿拉伯人从印度人那里学到这种计算方法并传到了欧洲,也就是我们现今所说的阿拉伯数字的由来。

精选真题

[2017上半年]有学者认为,在古代世界三个相隔遥远的地区,大约同一个时候,都开展着高度的哲学活动。这三个地区指的是(　　)

A.埃及、印度、罗马　　　　　　　　B.希腊、中国、印度

C.印度、中国、罗马　　　　　　　　D.埃及、中国、希腊

答案:B。本题考查古代文明,考查考生的理解能力。公元前8世纪到公元前2世纪,是人类文化史上的一个重要时期,这时期人类的文明取得了重大突破。几乎在同一时间段,古中国、古希腊和古印度三个文明中心都进入了思想文化的繁荣时期,哲学思考非常活跃,都开始思考生命、社会的目的和意义等重大的哲学课题。故本题选B。

四、古代希腊文明　重点

(一)爱琴文明

古希腊的历史始于爱琴文明。爱琴文明就是分布于爱琴海诸岛及其周围地区的青铜文明,它包括克里特文明与迈锡尼文明,故也叫克里特—迈锡尼文明(公元前20世纪至公元前12世纪)。

文明	时间	文字	特征
克里特文明	公元前20世纪—公元前15世纪	线形文字A	宏伟华丽的王宫建筑、强大的海上霸权
迈锡尼文明	公元前1600—前1200年	线形文字B	墓地文化,特洛伊战争

(二)荷马时代与《荷马史诗》

1.荷马时代

公元前12世纪,多利亚人侵入希腊半岛,毁灭了迈锡尼文明,使正在解体中的氏族部落制度在爱琴海世界重新占据统治地位,希腊历史进入了暂时的倒退时期。这是一个相对落后的黑暗时代,因留下唯一一部重要文献《荷马史诗》,故称为"荷马时代"(公元前11—前8世纪)。

2.《荷马史诗》

《荷马史诗》包括《伊利亚特》和《奥德赛》两部著作,相传是盲诗人荷马所作,实际上是特洛伊战争以来数百年希腊民间文学的结晶。它取材于公元前13世纪末期希腊人远征小亚细亚特洛伊城的故事。

(三)雅典民主制

大约公元前8世纪开始,希腊半岛和小亚细亚西海岸出现希腊人建立的城邦。这些城邦辖地小,人口

少,具有典型的小国寡民的特点。公元前8—前6世纪,斯巴达和雅典是最大的城邦。在希腊文明史中,雅典最有典型性。雅典发达的商品经济、健全的民主政治使雅典创造了希腊文化中的绝大部分辉煌。按照雅典将军伯利克里的话说:"雅典是全希腊的学校。"

1.雅典民主政治的发展

（1）梭伦改革

亚里士多德认为,雅典贵族统治的改变是从公元前594年梭伦改革开始的。

梭伦改革的主要内容有:

第一,颁布《解负令》,即解除雅典公民的债务及由于负债而遭受的奴役。

第二,按土地收入的财产资格划分公民等级,取消以前的贵族、农民、手工业者三级之分。

第三,设立新的政权机构,贵族会议大受限制。

第四,制定促进工商业的法规。

梭伦改革把雅典引上了建立奴隶制民主政治和发展奴隶制工商业的道路,这符合当时希腊城邦的发展要求。

（2）克利斯提尼改革

克利斯提尼改革在公元前508—前507年,内容包括以地域部落取代血缘部落,设立五百人会议,成立十将军委员会,实行陶片放逐法,等等。

克利斯提尼改革是继梭伦之后把雅典民主政治推向高峰的又一次改革。

（3）伯利克里改革

公元前5世纪后半期,伯利克里开始进行改革。

内容包括:

第一,扩大公民参政范围,全体成年男性公民可以担任几乎一切官职;第二,改革公民大会,所有成年男性公民都可参加商定城邦重大事务;第三,改革五百人议事会,其职能进一步扩大;第四,提高陪审法庭的地位,陪审法庭成为最高司法与监察机关,30岁以上的男性公民可以被选举为法官;第五,扩大十将军委员会的权力,首席将军执掌军政大权;第六,发放工资和津贴,鼓励公民参与政治活动和接受文化熏陶。

伯利克里改革使得雅典民主政治发展到顶峰,被称为雅典民主的"黄金时代"。

2.雅典民主政治的特点

雅典民主政治的特点:人民主权、轮番而治、法律至上。

3.对雅典民主政治的评价

雅典民主政治的实施使雅典成为希腊众多城邦中的佼佼者,但是雅典的民主政治本身带有很大的局限性:雅典民主只是少数成年男性公民的民主,妇女和外邦人毫无民主可言,其实质是维护奴隶主阶级的利益。

精选真题

1.[2019下半年]法国学者费奈隆认为"民众支配雅典,演说支配民众"。这句话表明他对古代雅典民主政治的看法是(　　)

A.民众缺乏民主意识　　　　　　　　B.公民大会形同虚设

C.民主制度有局限性　　　　　　　　D.雅典缺乏民主传统

答案:C。本题考查考生的理解能力。"民众支配雅典,演说支配民众"的含义是,有公民权的民众参与雅典国家事务的决策,但是雅典公民又容易受到有影响力的人的演讲的煽动和误导,从而影响决策的正确性。这句话表明费奈隆认为古代雅典民主制度有局限性,C项正确。A、B、D三项在材料中没有体现。

2.[2018上半年]简述伯利克里时期雅典公民民主权利扩大的主要表现。

参考答案:第一,扩大公民参政范围,全体成年男性公民可以担任几乎一切官职。

第二,改革公民大会,所有成年男性公民都可参加商定城邦重大事务。

第三,改革五百人议事会,其职能进一步扩大。

第四,提高陪审法庭的地位,陪审法庭成为最高司法与监察机关。30岁以上的男性公民可以被选举为法官。

第五,扩大十将军委员会的权力,首席将军执掌军政大权。

第六,发放工资和津贴,鼓励公民参与政治活动和接受文化熏陶。

伯利克里改革使得雅典民主政治发展到顶峰,被称为雅典民主的"黄金时代"。

3.[2017下半年]梭伦写道:"黑色的土地,将是最好的证人,因为正是我,为她拔掉了众多的债权标,以前她备受奴役,而今已重获自由。许多被出卖的人们……我都使他们获得解放!"梭伦为"使他们获得解放"而采取的措施是( )

A.废除债务奴隶制 　　　　B.实行土地私有制

C.按财产多少划分等级 　　D.实行陶片放逐法

答案:A。本题考查梭伦改革,考查考生的理解能力。根据题干中"拔掉了众多的债权标""许多被出卖的人们……我都使他们获得解放",结合梭伦改革中的主要内容可知,通过废除债务奴隶制,雅典城邦中因债务沦为奴隶的平民重新获得自由。其他选项在题干中没有相应体现。故答案选A。

(四)古代希腊文化

1.古代希腊文化的代表人物

(1)苏格拉底

苏格拉底研究的主题是认识人、重视人的伦理道德,追求人生真谛。他认为,有思想力的人是万物的尺度;提倡知德合一,认为善是人的内在灵魂,美德即知识,教育与美德同样重要。

苏格拉底使哲学真正成为一门研究"人"的学问。

(2)柏拉图和亚里士多德

柏拉图提出了"理想国"的学说。他鼓励人们独立思考,为理性主义的发展奠定了基础。

亚里士多德强调在整个自然界中,人类是最高级的。他还创建了逻辑学。其名言有:"吾爱吾师,吾更爱真理。"

精选真题

[2016下半年]苏格拉底提出"认识你自己"这一哲学命题的背景是( )

A.欧洲启蒙运动倡导理性 　　B.罗马教皇出售"赎罪券"

C.文艺复兴运动提倡人文主义 　D.古代雅典社会出现道德危机

答案:D。本题考查苏格拉底哲学主张的社会背景,考查考生的理解能力。战争使得希腊的政治、社会出现了极大的混乱和危机,人性普遍堕落,传统道德处于崩溃的边缘。因此,苏格拉底认为,拯救社会的根本出路在于改善灵魂和人的本性,故提出"认识你自己"这一哲学命题。结合题干,本题选D。

2.古希腊的史学及艺术成就

（1）史学

希罗多德：《历史》（亦称《希波战争史》）是西方史学的第一部历史著作，希罗多德被西塞罗称为"史学之父"。

（2）科学

阿基米德：发现杠杆定律和浮力定律，还发明了螺旋式水车用于排水或灌溉。阿基米德有一句名言："给我一个支点，我将撬动整个地球"。

（3）艺术

古希腊的大型建筑主要是神庙。

雕刻艺术以表现生动的人体为主要形式，代表作有：米隆《掷铁饼者》，菲狄亚斯《雅典娜神像》。

精 选 真 题

[2018下半年]英国诗人雪莱说："我们全都是希腊人；我们的法律、我们的文学、我们的宗教，根源皆在希腊。"这句话强调的是（　　）

A.英国人和希腊人同宗同源　　　　B.英国全盘继承古希腊遗产

C.希腊文明对西方文明影响深远　　D.西方法律、文学与宗教联系紧密

答案：C。本题考查古希腊文明对西方文明的影响，考查考生的理解能力。英国诗人雪莱的意思是西方文明受希腊文明影响，西方的法律、文学和宗教都可以追溯到古希腊文明。故答案选C项。

五、古代罗马文明　重点

（一）古代罗马历史发展进程

1.王政时代（公元前753—前509年）

王政时代是罗马从原始社会的公社制度向国家过渡的时期。

2.共和国时期（公元前509—前27年）

（1）建立：公元前509年，罗马共和国建立。

（2）平民反对贵族的斗争：罗马共和国早期，贵族垄断着立法和司法大权，当时罗马只有习惯法。公元前5世纪中期，在平民反对贵族的斗争中，罗马制定了《十二铜表法》，罗马成文法诞生。公元前367年，李锡尼—绥克斯图法案通过，规定全体公民都可以使用公有地。公元前326年，波提利阿法案通过，规定废除债务奴隶制。公元前287年，霍腾西阿法案通过，规定平民会议的决议不必经元老院批准。

（3）奴隶起义：公元前73—前71年爆发的斯巴达克起义，是罗马共和国爆发的一次最大的奴隶起义。这次起义虽然失败了，但沉重打击了罗马元老政治。

（4）结束：公元前1世纪，罗马发生严重的社会危机，共和制再也无力统治。公元前49年，凯撒夺取政权，成为罗马第一位皇帝，随后他被刺杀身亡。公元前27年，屋大维确立个人独裁统治，被称为元首制，罗马帝国建立，罗马结束共和国时期。

3.罗马帝国

（1）建立和扩张：公元前27年，罗马帝国建立。至1世纪后期，成为地跨欧、亚、非三大洲的大帝国。

（2）分裂：公元3世纪危机之后，罗马帝国开始走向瓦解。公元395年，罗马帝国正式分裂为以君士坦丁堡为都城的东罗马帝国和以罗马为都城的西罗马帝国。

（3）灭亡:476年西罗马帝国灭亡。东罗马帝国即后来的拜占庭帝国,于1453年被奥斯曼土耳其所灭。

精选真题

[2015下半年]经过长期斗争,最终以元首制代替罗马共和制的政治家是(　　)

A.屋大维　　　　　　　　　　　B.凯撒

C.安东尼　　　　　　　　　　　D.庞培

答案:A。 本题考查古罗马元首制的建立,考查考生的识记能力。屋大维采用元首称号,罗马建立元首制的统治形式。公元前27年,元老院授予屋大维"奥古斯都"的称号,标志着罗马帝制的全面建立。

（二）罗马法

1.罗马法发展历程

时期	法律	形成原因	影响
王政时代 （起源）	习惯法 （不成文法）	平民与贵族的斗争	贵族随意解释法律,损害平民利益
共和国时期 （发展）	《十二铜表法》 （成文法）		审判、量刑皆有法可依,贵族对法律的随意解释受到限制,平民利益得到保护
帝国时期 （完成）	《查士丁尼民法大全》	罗马征服地区的扩大	6世纪,东罗马帝国皇帝查士丁尼编成《民法大全》,标志着罗马法体系的最终完成

在罗马共和国时期,罗马法被用来调整罗马公民之间的关系,适用范围主要限于罗马公民,所以被称为公民法。在公民法下,罗马公民受到法律保护,并享受法律赋予的权利。在罗马对外扩张的过程中,仅适用于罗马内部的公民法逐渐演变成适用于罗马统治范围内一切自由民的法律,即由公民法发展到万民法。

精选真题

[2019上半年]继公民法之后,罗马逐渐形成了万民法。其主要原因是(　　)

A.领土的不断扩张　　　　　　　B.帝制取代共和制

C.公民矛盾逐渐激化　　　　　　D.社会经济的繁荣

答案:A。 本题考查古罗马万民法形成的主要原因,考查考生的理解能力。随着罗马对外征服地区的扩大,罗马的社会政治和经济都发生了巨大变化,公民法不足以解决帝国疆域内出现的各种复杂的问题。在罗马逐渐出现了普遍适用于罗马统治范围内一切自由民的万民法。A项是万民法形成的主要原因。B、D两项与万民法的形成没有直接联系。按照史实是先有领土扩张,然后导致罗马公民与非罗马公民矛盾激化,进而推动万民法形成,C项不符合题目要求。

2.罗马法的实质

罗马法实质上是维护奴隶主贵族利益的工具。罗马法的制定是平民与贵族斗争的结果,但制定者是贵族阶级,其最主要的目的是维护贵族利益。

3.罗马法的影响

罗马法的制定和实施进一步稳定了帝国的政治和经济基础。以《十二铜表法》为开端,《查士丁尼民法大全》为总结的罗马法,是世界上内容最丰富,体系最完备,对后世影响最广泛的古代法律。

考法揭秘

"古代希腊罗马文明"6年10考。其中"雅典民主制"5年3考,题型为选择题和简答题,考查内容主要是雅典民主的内容、特点及作用,题型较难;"罗马法"5年4考,题型主要是选择题,考查内容主要是罗马法的形成过程、特点及其作用,有一定难度。建议:一是熟练掌握雅典民主制的基础知识和罗马法的相关内容;二是正确理解雅典民主政治运作的特点及其局限性;三是注重与同时期其他文明的政治、法律制度的比较,认识雅典民主制和罗马法所特有的历史意义与社会价值。

精选真题

1.[2017下半年]恩格斯以为,罗马法"包含着资本主义时期的大多数法律关系",是"商品生产者社会第一个世界性法律"。下列表述符合恩格斯的论断的是(   )

A.罗马法是第一部资产阶级成文法典　　B.罗马法是罗马帝国统治的有力支柱

C.罗马法提倡法律面前公民人人平等　　D.罗马法是近代欧美国家的立法基础

答案:D。本题考查罗马法,考查考生的理解能力。罗马法是维护古罗马奴隶主阶级利益的法律,不是资产阶级的法典,美国《1787年宪法》是第一部资产阶级成文法典,A项错误。罗马法是罗马帝国统治的有力支柱,提倡法律面前公民人人平等,但与材料的含义不符合,排除B、C两项。根据题干中"包含着资本主义时期的大多数法律关系",可以判断近代欧美资本主义国家的立法均受到罗马法的影响。

2.[2016下半年]公元前5世纪,罗马的《十二铜表法》规定:"期满,债务人不还债的,债权人得拘捕之,押其到长官前,申请执行。"这一条款体现的是(   )

A.维护平民利益　　　　　　　B.限制贵族权力

C.维护私有财产　　　　　　　D.扩大统治基础

答案:C。本题考查《十二铜表法》,考查考生的理解能力。《十二铜表法》明确维护私有财产和贵族的既得利益,没有给平民带来多少好处,但它在一定程度上限制了贵族特权,使其不能像过去那样随意解释习惯法,这对于平民来说仍然是一大胜利。题干体现了《十二铜表法》保护私有财产的规定。故本题选C。

(三)古罗马的文化

时代	领域	代表
罗马共和时期	文学	西塞罗因其作品的文学成就,为拉丁语的发展作出了不小的贡献
	法学	习惯法和成文法《十二铜表法》
	史学	老加图被称为罗马史学的真正奠基者;代表作:《创始记》
罗马帝国时期	法学	《查士丁尼民法大全》集罗马法之大成
	建筑	万神庙、大圆形竞技场、凯旋门、纪功柱

六、中古亚欧文明

(一)中古时期的日本

1.大化改新

(1)背景

七世纪时,日本奴隶社会的部民制发生危机,日本社会阶级矛盾尖锐,统治集团内部矛盾重重。7世纪中期,孝德天皇颁布改新诏书,仿照中国隋唐的制度进行了大化革新。

646年(大化二年),孝德天皇颁布《改新之诏》,正式开始改革,史称"大化改新"。

(2)内容

改新派以唐朝律令制度为蓝本,从经济、政治方面进行了改革。改革后日本形成了以天皇为首的中央集权国家。

大化改新的主要内容有以下几个方面:

①政治制度上,建立中央集权的天皇制封建国家,废除贵族世袭制,以才学选官。

②经济上,把贵族土地收归国有,部民转为国家公民;国家定期把土地分给农民耕种,向他们收取赋税。

③实行班田收授法。

④改革税收制度,施行租庸调新税法。

(3)意义

大化改新促进了封建生产关系的发展,标志着日本开始由奴隶社会向封建社会过渡。为日本历史开创了不流血的社会改革先例,使日本迅速成为东亚强国。

2.幕府时代

幕府政治是日本封建武士通过幕府实行的政治统治,又名武家政治。始于1185年终于1867年,共682年。

幕府是古时日本一种权力曾一度凌驾于天皇之上的中央政府机构。常以"挟天子以令诸侯"的方式来进行对国家统治,其最高权力者为征夷大将军,亦称幕府将军。

日本历史上共经历了镰仓幕府、室町幕府、德川幕府三个幕府统治时期。

1867年12月9日倒幕派发动"王政复古"政变,宣布废除幕府制度。新成立的明治天皇政府经1868—1869年的戊辰战争,彻底打倒幕府势力。至此,日本的封建幕府政治宣告结束。

(二)伊斯兰教文明 　重点

1.阿拉伯帝国

(1)阿拉伯半岛的统一

六世纪末七世纪初,阿拉伯半岛大部分地区尚未形成统一的国家,存在着各种尖锐的矛盾,这些矛盾集中于麦加。各部落之间纷争不断,阿拉伯人民渴望建立统一的国家,穆罕默德创立的伊斯兰教应运而生。622年,穆罕默德在麦地那建立起政教合一的国家,穆罕默德是国家政治、军事和宗教领袖,掌握一切大权。伊斯兰教把622年定为伊斯兰教历元年。

632年,阿拉伯基本统一于伊斯兰教的旗帜下,统一的阿拉伯国家建立起来。

（2）阿拉伯人的扩张

阿拉伯人在统一国家形成后，为了扩大统治范围，在"圣战"的旗帜下，展开了强行吞并西亚、北非和西南欧大片领土的扩张行动。扩张的过程实际上就是阿拉伯帝国形成的过程。

（3）帝国的形成

661年，叙利亚总督穆阿维叶建立倭马亚王朝，以大马士革为都，建立了哈里发政权。史称其为倭马亚王朝（661—750年），因其崇尚白色，故中国史籍称之为"白衣大食"。阿拉伯社会进入帝国时代。

公元750年，阿拔斯王朝取代倭马亚王朝，迁都巴格达，标志着阿拉伯帝国进入了一个新时代。因阿拔斯王朝旗帜尚黑，我国史书称之为"黑衣大食"。阿拔斯王朝所实行的一系列措施进一步促进了帝国社会经济的繁荣。

（4）帝国的衰亡

阿拔斯王朝延续了500多年，其统治后期，阶级矛盾尖锐，人民起义不断，沉重打击了阿拔斯王朝的统治。到11世纪时，阿拉伯帝国已经是内忧外患，衰落不堪。1258年，第三次西征的蒙古大军荡平巴格达，阿拉伯帝国灭亡。

（5）阿拉伯帝国封建制度的特点

政治上：确立起政教合一的封建神权君主制，宗教化是其政权和法律体系最突出的特征。

经济上：在征战中占领的土地属国家所有；土地占有形式基本分为王室土地、授予阿拉伯穆斯林的份地、清真寺土地。

精选真题

[2015上半年]6—7世纪之交，阿拉伯半岛存在各种尖锐的矛盾，这些矛盾的集中地是（　　　）

A.麦加　　　　　　　　　　　　B.麦地那

C.也门　　　　　　　　　　　　D.巴格达

答案：A。本题考查6—7世纪之交的阿拉伯半岛，考查考生的识记能力。6—7世纪之交，阿拉伯半岛正处于社会剧烈动荡和重大变革时期。当时阿拉伯社会的各种矛盾，特别是阶级矛盾、各氏族部落的矛盾和民族矛盾，错综交织，十分尖锐，麦加则是这些矛盾的中心。

2.奥斯曼土耳其帝国

奥斯曼土耳其帝国，建于1299年，为土耳其人建立的帝国，创立者为奥斯曼一世。土耳其人初居中亚，后迁至小亚细亚，日渐兴盛。极盛时势力达亚欧非三大洲。

奥斯曼土耳其帝国自消灭东罗马帝国后，定都君士坦丁堡，且以东罗马帝国的继承人自居。故奥斯曼土耳其帝国的君主苏丹继承了东罗马帝国的文化及伊斯兰文化，因而东西文明在其得以统合。奥斯曼土耳其帝国位处东西文明交汇处，掌握东西文明的陆上交通线达6个世纪之久，并在13世纪末到15世纪控制了东西方航道，灭亡于1922年。

3.伊斯兰教

伊斯兰教于公元7世纪初兴起于阿拉伯半岛，它是由伊斯兰教的先知穆罕默德所创。"伊斯兰"一词原意为顺从，指顺从安拉的意志。

信仰伊斯兰教者称为"穆斯林"，意为独尊安拉、服从先知的人。伊斯兰教以《古兰经》为经典。

4.阿拉伯文化及其传播

（1）阿拉伯文化的特点

①多元性

阿拉伯文化是公元7—13世纪阿拉伯帝国境内各族人民共同创造、发展起来的文化。阿拉伯帝国集合了当时世界上最先进的文明：印度文明、波斯文明、埃及文明，在此基础上，阿拉伯人经过消化、吸收、发展和创新，创造了新的阿拉伯文明。

②宗教性

阿拉伯文化是由信仰伊斯兰教的诸民族共同创造的，深受伊斯兰教影响，所以又被称为阿拉伯—伊斯兰文化。

（2）主要成就

领域	代表
文学和艺术	阿拉伯民间故事集《一千零一夜》（《天方夜谭》）
建筑	清真寺的结构和装饰
数学	传播印度创造的"阿拉伯数字"
历史	马苏迪被称为"阿拉伯的希罗多德"；代表作：《黄金草原》
医学	阿维森那被称为"医中之王"；代表作：《医典》

（3）历史地位

①阿拉伯人把东西方文化融为一体，创造了辉煌的阿拉伯文化。他们在众多学科方面都取得了巨大成就。阿拉伯文化是人类文化的重要组成部分。

②阿拉伯人保存并传播了古典文化，可以说上承欧洲古典文明，下启欧洲文艺复兴运动。阿拉伯人对欧洲古典文明成果的翻译对以后兴起的欧洲文艺复兴运动起了巨大的推动作用。

③阿拉伯人足迹遍及亚、欧、非三大洲，促进了东西方文化的交流。

（三）基督教文明 重点

1.西欧封建国家的建立

公元5世纪之后，西欧文明进入了一个新的历史阶段——中世纪时代。在罗马和日耳曼两种历史传统以及各种时代因素的相互作用下，西欧的社会结构和面貌都发生了重大改变。

（1）中世纪的开端——法兰克王国

公元481年，克洛维在教会、法兰克及罗马人的支持下建立法兰克王国。后来，法兰克王国不断扩张，统治了欧洲中西部的大片领土。法兰克国家的封建制度不断发展起来。

（2）法兰克王国的封建化

8世纪前期，查理·马特任宫相时实行采邑改革，改变以前无条件赏赐贵族土地的做法，实行有条件的土地分封。得到封地的人必须为封主服兵役。9世纪后期，这种封地逐渐变成世袭领地。

这次改革，在封建贵族内部形成了严格的等级制度。在各级封建主之下，农奴等劳动者生活在社会的底层。

总之，自由农的进一步农奴化、封建特权的兴起和世袭领地制的出现，标志着法兰克封建制的确立和封建化的最后完成。

（3）法兰克王国的衰亡

741年,查理·马特病逝,其子矮子丕平继任,建立加洛林王朝。加洛林王朝第二代君主查理开创了法兰克国家最辉煌的时代——查理曼帝国,对后世欧洲历史产生了深远的影响。

814年,查理大帝去世。843年,他的三个孙子协议三分帝国,基本上奠定了现在意大利、德意志和法兰西3个国家疆域的基础。

2.西欧封建制度的演变

（1）农奴制度

农奴制度是西欧封建社会中一种依附于农民的经济地位和法律身份的制度。农奴是人身属于主人的农业劳动者,社会地位极为低下,受到封建主多方面的剥削和奴役。

（2）庄园制度

自9世纪起,西欧社会开始流行一种新型农业经济组织形式——封建庄园。庄园结构的基本特征是:封建领主派管家监督农奴耕作,并在庄园建有仓库、马厩,备有耕畜和一些农具,自营地的收益全都归封建主所有,而农奴则靠耕种自己的份地维生。农奴对份地只有使用权,而无所有权,其所有权仍归封建主。因此,封建庄园在相当大的程度上是一个经济自给自足、政治宗教自成体系的独立社会组织。

中世纪后期,随着城市的兴起,庄园制逐渐衰落下去。

（3）等级制度

封建等级制度是指各地封建主之间依附土地占有和人身依附关系而形成的一种等级关系。

中世纪西欧封建等级制度与当时的土地封受制有关。包括国王在内的大封建主把土地留下一块自己直接经营,其余的转封给若干中等封建主;中等的封建主把受封的土地留一块自己经营,其余的再转封给小封建主。这种土地的封受使封建主之间形成了一种上下级关系,叫作封君封臣关系。

封君与封臣之间,彼此都有应当遵守的义务。

封臣最主要的义务是要奉封君召唤,为封君服兵役,或者为封君提供财政上的支持。

封君对封臣的义务,主要是负责保护他,即在他受到其他封建主的攻击时出来救助。

（4）骑士制度

骑士狭义上是指西欧封建社会统治阶级的最下层,最初和采邑发生联系,以土地封受为条件为国家服兵役,后成为职业军人。广义上凡能以马匹装备为封主参战并接受册封者都可称为骑士,包括了参战的所有等级的贵族,甚至国王都以自己的骑士称号而感到荣耀。

3.中世纪基督教文化

基督教是当今世界三大宗教之一。它是一种崇拜、信仰上帝和上帝之子救世主的宗教。因"救世主"在古希腊文中称"基督"而得名。其基本经典是《圣经》,包括《旧约》和《新约》两部分。

（1）兴起

约公元1世纪中叶,基督教产生于巴勒斯坦和小亚西部的犹太下层人民中间。它不仅仅是犹太人的宗教,而且是广大的罗马下层劳动人民在精神上绝望的产物。

（2）演变与传播

公元313年,米兰赦令的颁布使得基督教取得合法席位,并开始成为统治阶级对付人民的工具。

11世纪基督教会分裂为天主教和东正教,分别以罗马和君士坦丁堡为中心。

4.商业经济和城市的兴起

（1）商业经济

13世纪前后,西欧形成了专门从事大型定期集市和国际性转运贸易的区域。中古西欧的国际贸易在相当程度上具有转运贸易的性质。

（2）城市的兴起

①根本原因:西欧社会经济复苏,生产力发展。

②城市兴起的途径:A.逃亡的农奴集聚而形成;B.由庄园主联合创建;C.旧城市复苏。

③影响:城市的产生标志着西欧封建社会由早期走向发展时期;促进了商品经济的发展及货币的流通,产生了欧洲最早的银行家;引起社会阶级结构的变化,有利于欧洲地区间和国际间贸易的繁荣发展。

5.城市自治

（1）方式

中世纪西欧城市获取自治权的方式主要有两种:

①金钱赎买,即城市向封建主交付一定数量的货币,让封建主放弃控制权,允许城市独立自治。这是一些比较富裕的城市获取自治权的主要方式。

②武装斗争,依靠武装斗争获得不同程度的独立与自主,并最终发展成为独立的城市共和国。

最典型的是1378年佛罗伦萨梳毛工人起义,这是世界历史上第一次无产阶级起义。

（2）表现

在反对封建领主的斗争中,王权与城市结成同盟,城市利用王权与地方之间的矛盾,从国王那里获得特许状,获得一定的自由和自治权利,这些权利包括:个人自由、司法自由、财产私有制等。王权为了统一大业,支持城市的自治运动。而城市的进一步发展,势必要求突破封建壁垒,统一国内市场,要求国内的政治统一。因此,城市也在财力物力方面支持王权,不少城市也因为王权的支持而获得自治。

（3）历史作用

①中世纪西欧城市的兴起是封建制度在西欧确立后,社会经济恢复发展到一定程度的必然结果。它对西欧封建经济的发展产生了重大影响,极大地促进了社会生产力的发展。

②城市的自治运动,使得城市获得了不同程度的独立地位,这也给农村中的封建关系造成极大地冲击。而城市工商业经济的发展,使商品货币关系渗入农村,这就导致了封建制度赖以建立的基础自然经济开始解体,并最后导致了封建制度在西欧的解体。中世纪西欧城市自治,也是资本主义首先在欧洲产生并取代封建制度的一个关键因素。

③市民与王权结盟对抗封建割据,使得西欧各国逐渐由分裂走向统一。

④在西欧城市重新兴起和工商业迅速发展的过程中,市民阶层形成了。它进一步分化出手工业者和商人、银行家等等。富裕商人和银行家发展成早期资产阶级,他们的出现,为资本主义的兴起准备了条件。

⑤城市的自治权,不仅保护了新兴市民阶级进行反封建领主的斗争,也保护了各种自由进步思想和科学技术的发展不受封建势力的摧残。

精选真题

[2017上半年]阅读材料,并回答问题。

材料一　在国王授予城市的特许状中规定:任何人来到这个市镇,只需要住满一年零一天,就可免受其先前主人的追捕;新来者虽然必须经全体市民一致同意才能留住城市,但只要无人对那一年零一天提出非议,就可算是一致同意了。此后除了国王以外的任何人对他都不再有领主权,即他成为了自由人。

——摘编自[美]泰格《法律与资本主义的兴起》

材料二　特许状授予城市居民各种特权是为了使市民们更好地从事商业交易,这些权利包括:市民可以在城市里自由流动,这是市民享有的个人自由;市民可以随时向城市法庭提出诉讼请求和控告,这是司法自由;市民可以控制自己的财产,并随意处置它们,这是承认城市市民财产私有制。

——摘编自冯正好《中世纪西欧的城市特许状》

材料三　城市自治运动比任何后来的革命更为重要,甚至也比文艺复兴运动、印刷术的发明和罗盘针的发现,或比十九世纪的革命和由此而产生的所有产业上的革命,更为重要……城市运动比任何其他中世纪运动更明显地标志着中世纪时代的消逝和近代的开端。

——摘编自[美]汤普逊《中世纪经济社会史》

问题:

(1)根据材料一、二并结合所学知识,说明中世纪西欧城市获取自治权的方式及其表现。

(2)据材料三并结合所学知识,概括中世纪城市自治的历史作用。

参考答案:(1)方式:中世纪西欧城市获取自治权的方式主要有两种,一是金钱赎买,即城市向封建主交付一定数量的货币,让封建主放弃控制权,允许城市独立自治。这是一些比较富裕的城市获取自治权的主要方式。二是武装斗争,依靠武装斗争获得不同程度的独立与自主,并最终发展成为独立的城市共和国。材料中的"任何人要住满一年零一天才能免受前主人的追捕"证明有部分居民通过武力对抗的方式获得自由,如法国的琅城,意大利的威尼斯、佛罗伦萨、米兰等,另外,还有一些城市是这两种方法交替使用。

表现:在反对封建领主的斗争中,王权与城市结成同盟。

(2)材料三的内容表明城市自治运动在社会生产力、政治、经济以及社会制度等方面产生了深刻影响,具体内容参见内文。

第五节　世界近代史

一、资本主义兴起阶段　重点

(一)新航路开辟

1.新航路开辟的原因

(1)经济根源:商品经济的发展和资本主义萌芽的出现对货币需求增加,同时要求扩大对外市场。

(2)社会根源:欧洲人对黄金和货币的狂热追求,《马可·波罗行纪》的流传刺激了欧洲人到东方去实现黄金梦。

（3）直接原因：奥斯曼土耳其的崛起阻隔了东西方商路，造成商业危机，迫使欧洲人探索通往东方的新航路。

（4）精神动力：人文主义思想的促进和传播基督教的热情。

2.新航路开辟的经过

国别	方向	时间	率领船队的航海家	开辟的新航路
葡萄牙	向东	1487—1488年	葡萄牙人迪亚士	抵达非洲西南的好望角
		1497—1498年	葡萄牙人达·伽马	绕过好望角到达印度
西班牙	向西	1492年	意大利人哥伦布	开辟通往美洲的新航路
		1519—1522年	葡萄牙人麦哲伦及其船队	完成穿越大西洋、太平洋、印度洋，再返回欧洲的环球航行

3.新航路开辟的影响

（1）改变了世界形势和历史发展的进程，使各大洲之间相对孤立的状态被打破，全球逐渐形成以欧洲为中心的世界经济体系，初步形成了一个广阔的世界市场。人类也由此从各民族分散独立走向整体。

（2）引起了欧洲的"商业革命"，使欧洲的主要商路和国际贸易中心从地中海沿岸转移到大西洋沿岸。

（3）金银等贵重金属的大量流入导致物价的上涨，引起了欧洲的"价格革命"，打乱了传统的经济关系。新兴资产阶级的经济力量愈益增长。价格革命加速了西欧各国资本原始积累的进程和封建制度的解体，使西欧从此超越了其他国家和地区。

（4）证明了地圆学说，也为欧洲的殖民扩张创造了条件，给亚非拉广大地区的人民带来了灾难。

精选真题

[2016上半年]有史书写道："人口和动物的迁移导致了传染病大流行。据统计，近代早期300年间，美洲有记载的传染病大爆发就有17次，数百万人失去了生命。"这一记载相关联的是（　　）

A.新航路开辟　　　　　　　　B.基督教传播

C.工业污染扩散　　　　　　　D.印第安人口增长

答案：A。本题考查新航路开辟，考查考生的理解能力。由于历史上印第安人对天花等疾病没有免疫力，因为新航路的开辟，欧洲人将天花等疾病带入美洲，导致数百万人的死亡。故本题选A。

（二）文艺复兴

文艺复兴是14—17世纪欧洲兴起的一场资产阶级反封建的思想文化运动。它以资本主义萌芽为经济基础，以反封建反教会为内容，以打破教会神学世界观，改变维护封建制度的各种传统观念，维护资产阶级的政治、经济利益为目的。

文艺复兴时期，人文主义思潮强调的是"重视人的价值，崇尚人性，要求把人从宗教的束缚中解放出来"。因此，文艺复兴时期又被称为"人"被发现的时代。

文艺复兴开始于意大利，诗人但丁是文艺复兴的先驱。

1.文艺复兴首先发源于意大利的原因

经济基础:意大利最早出现了资本主义萌芽。

阶级基础:资产阶级在形成和发展中,为了维护自己的经济和政治利益,迫切要求摧毁教会的神学世界观,铲除维护封建制度的各种传统观念。

文化基础:意大利较多保留了希腊、罗马的古典文化。

精 选 真 题

[2015上半年]简述文艺复兴运动兴起的历史背景。

参考答案:(1)经济前提:(根本原因)14世纪以来,意大利工商业城市兴起,最早出现了资本主义萌芽,新生的资产阶级希望创造财富,追求现世的享乐,胜过关心虚幻的神学说教。

(2)思想:中世纪,基督教会垄断文化教育,人们生活在缺少理性思维和人文精神的蒙昧之中。

(3)文化底蕴:意大利保留了古代希腊、罗马文化的大量遗存。不满宗教文化钳制思想的先进知识分子从中找到了共鸣。

(4)天灾:(直接原因)14世纪中叶,黑死病蔓延,促使人们反省,宗教束缚下的生活形同死亡。

[**方法总结**]本题的设问方式为历史背景,属于宽泛性设问。思想文化领域历史事件的历史背景可以从政治、经济、思想文化等方面作答。

2.意大利的文艺复兴

时期	领域	代表人物	代表作品	内容	地位
早期	文学	但丁	《神曲》	保留着灵魂不灭和来世的观念,揭露教会的贪污腐化和封建统治的黑暗残暴,带有鲜明的人文主义色彩	文艺复兴的先驱
		彼特拉克	《歌集》	提倡用人学对抗神学,最早用人文主义的观点诠释和阐述古典著作	人文主义之父
		薄伽丘	《十日谈》	揭露教会腐化,提倡个性解放	为欧洲近代短篇小说开了先河
	绘画	乔托	《犹大之吻》	改变中世纪绘画简单和呆板的传统,反映世俗世界	欧洲绘画之父近代绘画的奠基者
鼎盛	绘画	达·芬奇	《蒙娜丽莎》《最后的晚餐》	把艺术创作和科学探索结合起来,创作出完美生动的人物形象,充分体现了人文主义精神	美术三杰
		拉斐尔	《西斯廷圣母》	展现圣母温柔、典雅、母性的一面	
	雕塑	米开朗琪罗	《大卫》	展现人体的健美和力量	
	政治学	马基雅维利	《君主论》	"强权政治",以人的眼光研究政治学说,反映意大利四分五裂的现实和资产阶级要求统一的主张	"政治学之父",奠定西方近代资产阶级政治哲学基础

3.西欧诸国的文艺复兴

国家	人物	代表作品	内容
英国	莎士比亚	《哈姆雷特》《罗密欧与朱丽叶》	反映英国的社会现实,发掘人类复杂的精神世界和思想情感
法国	拉伯雷	《巨人传》	提倡个性解放
德意志	伊拉斯谟	《愚人颂》	揭露教士的愚昧和教皇贵族的贪婪
西班牙	塞万提斯	《堂吉诃德》	讽刺了骑士制度,揭示教会的专横、社会的黑暗

4.文艺复兴时期的科学

领域	国别	人物	学说
天文学	波兰	哥白尼	创立"太阳中心说"
	德意志	开普勒	发现行星沿椭圆形轨道绕太阳运行的规律,即椭圆定律
	意大利	伽利略	用自制望远镜发现星体,证实哥白尼学说的正确
哲学	意大利	布鲁诺	提出宇宙无限论
	英国	培根	提出"知识就是力量"

5.文艺复兴运动的历史意义

文艺复兴推动了欧洲文化思想领域的繁荣,为欧洲资本主义社会的产生奠定了思想文化基础。

文艺复兴运动最重要的贡献在于解放了人们的思想。从以神为中心过渡到以人为中心,从来世转移到现世,促进人的意识的觉醒;文艺复兴运动促进文化教育的发展,产生了许多文化巨人和不朽名著,成为人类文化宝库中的瑰丽珍宝;文艺复兴运动推动了自然科学的发展;文艺复兴运动为新航路的开辟提供了强大的精神动力。

不过,对人文主义的过分推崇,造成了文艺复兴运动后期个人私欲的膨胀、泛滥和社会混乱。

精选真题

1.[2019上半年]房龙在《人类的故事》中指出:人们的人生观已经改变,他们开始穿与以前不同的服装,不再把全部思想与精力集中于在天堂等待幸福的永生,他们试图在今生、在地球上建立他们的天堂。下列与上述"改变"相关的史事是(　　)

A.新航路的开辟　　　　　　　　B.文艺复兴运动的开展

C.法国启蒙思想的传播　　　　　D.工业革命的扩展

答案:B。本题考查文艺复兴,考查考生的理解能力。题目中房龙的观点是人们的人生观发生了改变,不再追求来世的幸福,而是谋求现世的幸福,体现了人文主义的观点。人文主义是文艺复兴运动的主要思想,所以,与"改变"相关的史事是文艺复兴运动的开展。故答案选B。

2.[2018下半年]有学者评价某一史事时指出:"在14世纪严峻的考验中……新思想渗透到激流涌动的城市国家里。学者和政治家一同复苏了人类尊严的骄傲、人类实践主义的自信及古典思想的魅力。"该史事指的是(　　)

A.文艺复兴　　　　　　　　　　B.新航路开辟

C.宗教改革　　　　　　　　　　D.启蒙运动

(三)宗教改革

1.宗教改革首先在德国爆发

15世纪末到16世纪初,德国经济有了显著的发展。封建经济仍占统治地位,但个别工业部门已经出现资本主义生产关系的因素;随着资本主义的发展,天主教会对德意志的神权统治与经济上的压榨剥削激起人们的反抗。宗教改革首先在德国爆发。

导火索:1517年,教皇派人到德国兜售赎罪券。

2.马丁·路德和宗教改革的开始

在德国宗教改革中,首先发难的是马丁·路德(1483—1546年)。1517年万圣节前夕,他在威登堡的卡斯尔教堂大门上张贴了《九十五条论纲》。在《论纲》中痛斥出卖"赎罪券"的做法,并且提出了"信仰耶稣即可得救"的原则,反对用金钱赎罪的办法。

3.路德教的确立

路德进行宗教改革后,一部分诸侯国成为路德派新教国家;另一些诸侯国仍坚持旧的信仰。

16世纪首先在德国爆发,随后迅速席卷西欧的宗教改革是一次大规模的、意义深刻的社会政治运动。它由新兴资产阶级发动,得到广大农民和城市平民强有力的响应,个别国家的君主大力支持,部分下级贵族也积极投入,对封建的天主教会展开了猛烈的冲击,促使天主教会发生分裂,涌现出反映资产阶级要求的基督教新教派。

16世纪的宗教改革实质上是早期资产阶级的反封建斗争,它为西欧资本主义的进一步发展开辟了道路。

精选真题

[2016上半年]马丁·路德认为,只要有虔诚的信仰,每个俗人都有资格出现在上帝面前,为他人作祈祷,相互传播有关上帝的道理。这说法实质是(　　)

A.宣扬人人平等观念　　　　　　　B.主张世俗权力高于教会权力

C.主张限制教皇的权力　　　　　　D.反对教会垄断教义的解释权

答案:D。本题考查马丁·路德的宗教改革主张,考查考生的理解能力。马丁·路德反对教会繁琐的仪式,反对教会垄断教义的解释权,主张每个教徒都可以对《圣经》有自己的解读。故本题选D。

(四)欧洲早期的殖民扩张

1.早期的殖民活动

(1)时间:工业革命之前

(2)国家:西班牙、葡萄牙、荷兰、英国、法国

(3)目的:掠夺财富,积累原始资本

(4)方式:海外贸易、海盗式掠夺、欺诈性贸易、贩卖黑奴

时间	国家	原因	概况	特点	结果
16世纪	葡萄牙、西班牙	①地理位置优越 ②航海技术发达	葡萄牙扩张的主要方向是在非洲和亚洲(美洲的巴西),以侵占军事据点为主 西班牙扩张的主要方向是在美洲和亚洲的菲律宾	葡、西两国的海外扩张受到王室直接控制并以贵族为主体	掠夺的财富只是为了满足统治者的个人享受,没有转化为资本,最终走向衰落
17世纪	荷兰	①最早进行资产阶级革命,建立世界上第一个资产阶级共和国 ②地理位置造就了造船业、商业和对外贸易的发达	17世纪荷兰的商船几乎垄断了海上的贸易,被称为"海上马车夫"	成立垄断性的商业公司,发展银行信贷业以满足商业扩张的需要	成为继葡萄牙后的贸易霸主,首都阿姆斯特丹成为世界金银市场和国际金融中心
18世纪下半叶	英国	①原始资本积累程度最高,手工业实力最为雄厚 ②地处大西洋航运中心,注重发展海军实力 ③较早确立了资本主义制度,资本主义经济得以发展	①1588年打败西班牙的"无敌舰队",开始确立海上霸权 ②17世纪中期以后,打败荷兰、法国,最终确立世界殖民霸权	建立垄断性的贸易公司——东印度公司和伦敦公司,发展海外贸易	建立了庞大的日不落帝国

01

精选真题

1.[2018下半年]有学者认为:"16世纪前后,它的生产、传播、消费,连接起美洲、欧洲、中亚、东亚等地,成为流淌在全球贸易机体中的血液。"文中的"它"指的是( )

A.白银　　　　　　　　　　B.香料

C.瓷器　　　　　　　　　　D.呢绒

答案:A。本题考查16世纪前后的全球贸易,考查考生的理解能力。题干中的观点强调"它"对于沟通美洲、欧洲、亚洲等地的重要作用,只有白银符合题意。欧洲殖民者用美洲开采的白银购买中国的瓷器和东南亚的香料并运回欧洲销售。香料和瓷器同美洲无关,呢绒和东亚没有关联。故答案选A项。

2.[2015下半年]17世纪中叶,成为欧洲主要金银市场、国际金融中心的城市是( )

A.里斯本　　　　　　　　　　B.伦敦

C.马德里　　　　　　　　　　D.阿姆斯特丹

答案:D。本题考查17世纪荷兰首都阿姆斯特丹的经济地位,考查考生的识记能力。解答此题的关键是17世纪中叶。在17世纪中叶,世界上最发达的国家是荷兰,自然,最繁荣的商业中心、国际金融中心城市就是其首都阿姆斯特丹。

2.早期殖民活动的影响

(1)欧洲国家早期殖民扩张并没有给殖民地带去先进的生产方式,相反,给亚、非、拉人民带来的只有贫穷和严重灾难(种族屠杀、黑奴贸易),是亚、非、拉美人民贫困与落后的重要原因。

(2)早期殖民扩张促进了欧洲资本的原始积累,加速了资本主义的发展。

(3)早期殖民扩张打破了各大洲之间孤立的状态,世界日益成为一个相互影响、联系紧密的整体。

3.黑奴贸易

16世纪,欧洲殖民者在美洲创建种植园,开发金银矿,由于需要大量的廉价劳动力,在利润的驱使下,殖民者将贪婪的目光投向未开化的非洲大陆,开始了罪恶的奴隶贸易。奴隶贩子从欧洲出发,乘船到达非洲,在非洲通过各种卑鄙的方式俘获黑人之后,再运往美洲,卖给美洲的种植园主,然后,再把美洲的黄金和工业原料运回欧洲。这些金银和原料对资本主义的发展起了极大的推动作用,这也是奴隶贸易得以顺利进行的重要原因。

由于交易航线在欧洲西部、非洲的几内亚湾附近、美洲西印度群岛之间,大致构成三角形状,加上被贩运的是黑色人种,故又称"黑三角贸易"。

最先进行奴隶贸易的是葡萄牙人,但英国人后来居上,成为"三角贸易"的主要经营者。

1890年布鲁塞尔国际会议通过反奴隶贸易的总决议书,标志着黑奴贸易的终结。

精选真题

[2016下半年]关于新航路开辟后出现的"三角贸易",下列说法中正确的是(   )

①给非洲带来巨大的人口损失　②给美洲带去廉价自由劳动力
③推动欧洲资本原始积累　④美国是奴隶贸易最大的赢家

A.①②③　　　　　　　　　　　　B.①②④
C.①③④　　　　　　　　　　　　D.②③④

答案:A。 本题考查"三角贸易",考查考生的理解能力。"三角贸易"主要指17—19世纪(新航路开辟以后)欧美商人把廉价工业品(枪支等)运到非洲换取奴隶,把黑奴运到美洲卖掉,从美洲购回生产原料(金银、工业原料等),制成商品再运到非洲以换取奴隶的循环贸易活动。它推动了欧洲的资本原始积累,给美洲带去廉价自由劳动力,但给非洲带来了巨大的人口损失。最先开始经营三角贸易的国家是葡萄牙和西班牙,英国和法国后来居上。结合题干,故本题选A。

二、资本主义政治制度的确立　重点

(一)启蒙运动

1.启蒙运动简介

十七、十八世纪,西欧资本主义迅速发展,资产阶级力量开始壮大。但是封建专制制度成为资本主义发展的严重障碍,资产阶级要求结束旧的制度,建立资产阶级政权。随着文艺复兴的深入和自然科学突飞猛进的发展,人们的思想开始解放,产生了启蒙运动。

(1)主要内容:倡导理性,主张用理性的阳光驱散现实的黑暗,批判专制主义、教权主义,号召消灭专制王权、贵族特权和等级制度,追求政治民主、权利平等、个人自由。

(2)主要学说:三权分立学说、天赋人权学说、社会契约论、人民主权说。

启蒙运动是17、18世纪欧洲资产阶级反封建的思想文化运动,是欧洲历史上的第二次思想解放运动。它不仅对法国而且对欧美资产阶级革命时代的到来作了充分的思想准备。

2.英国的启蒙运动

代表人物	思想主张	不同点	共同点
霍布斯	提出通过社会契约创立国家,否定君权神授 承认专制政权有干涉臣民财产的权力 宗教有助于维护社会秩序	不反对君主专制,提出一些基本的启蒙思想主张,但又有封建落后意识	都主张社会契约
洛克	按社会契约成立国家,保护私有财产 赞成君主立宪制,提出三权分立学说	提倡君主立宪制,适合当时英国资产阶级的需要,为资产阶级政权的确立奠定了理论基础	

3.法国的启蒙运动

代表人物	思想主张	评价	共同点
伏尔泰	抨击天主教会和罗马教皇,反对君主专制	伏尔泰是十八世纪法国资产阶级启蒙运动的泰斗,被誉为"法兰西思想之王""法兰西最优秀的诗人""欧洲的良心"。主张开明的君主政治,强调自由和平等	用理性主义反对黑暗的现实,集中力量批判专制主义、教权主义,号召消灭专制王权、贵族特权和等级制度,追求政治民主、权利平等和个人自由
孟德斯鸠	三权分立学说	提出了资产阶级民主政体的基本原则,就反对封建专制制度而言具有重大进步意义	
卢梭	重视公共意志,提出社会契约论、人民主权说	代表中小资产阶级的利益,对法国社会尤其是雅各宾派专制影响巨大	
狄德罗	宣扬科学和理性,反对迷信和专制	百科全书派成为法国启蒙运动的中心	

4.启蒙运动的影响

(1)为欧美资产阶级革命做了思想上和理论上的准备。

(2)为法国大革命爆发,推翻专制王朝,做了充分的思想准备。

(3)启迪了人们的思想,动摇了专制统治。

(4)促进近代科技进步。

(5)对外传播至亚非拉地区,极大地鼓舞了殖民地和半殖民地人民争取民族独立的斗争。

精选真题

[2018上半年]卢梭认为:"在国家里没有什么基本上不能废除,社会契约本身也不例外,因为假如所有公民一致同意破坏契约,无疑地这将是合法的破坏。"这句话所反映的政治理念是(　　)

A.自由平等　　　　　　　　B.三权分立

C.民主共和　　　　　　　　D.人民主权

答案:D。本题考查卢梭的政治理念,考查考生的理解能力。题干中卢梭认为"假如所有公民一致同意破坏契约,无疑地这将是合法的破坏"体现出公民掌握最高权力,反映的是人民主权的思想,故答案选D项。

（二）英国君主立宪制的确立

1.英国资产阶级革命

（1）背景

①经济：资产阶级和新贵族出现。

②政治：君主专制制度遭到了资产阶级的激烈反对。

③思想：文艺复兴和启蒙运动的兴起和传播为英国资产阶级革命提供了思想基础。

（2）导火线：1638年，苏格兰人民为了反抗查理一世的宗教迫害，举行起义。

（3）经过

①议会斗争阶段（1640—1642年）

1640年议会的召开，揭开了英国资产阶级革命的序幕。

②内战时期（1642—1648年）

北部和西北部的旧贵族组成王党军。东南部的资产阶级、新贵族、自耕农、城市平民组成议会军。经过几年的反复斗争，克伦威尔率领的议会军队打败王党军队。1649年，查理一世被推上断头台。随后，英国宣布为共和国，议会尊克伦威尔为"护国主"。

③斯图亚特王朝复辟时期（1660—1688年）

1660年，查理一世的儿子查理二世接受议会有条件的邀请，做了英国国王。英国恢复了君主制，但国王的权力受到了很大限制。查理二世的弟弟詹姆士二世继任为国王后，恢复天主教和专制制度，激起了人民的反抗。

1688年，英国发生政变，议会作出决定：废黜詹姆士二世，迎请他的女儿玛丽和女婿——荷兰执政威廉入主英国，这次不流血的政变史称"光荣革命"。

（4）结果：君主立宪制确立。1689年10月，议会通过《权利法案》，以明确的法律条文，限制了国王的权力，保证了议会的权力，国王逐渐处于"统而不治"的地位，标志着英国君主立宪制的确立。

（5）影响：英国资产阶级革命推翻了君主专制，确立了资产阶级的统治地位，为发展资本主义扫清了道路，推动了世界历史进程。

精选真题

1.[2019下半年]17世纪早期，一位英国的国王说："我不允许议论我的政权，君主制是地上最高制度，君主是上帝派来统治人民的总督。"这位国王是（　　）

A.詹姆士一世　　　　　　　　B.詹姆士二世

C.查理一世　　　　　　　　　D.查理二世

答案：A。本题考查英国资产阶级革命，考查考生的理解能力。由题干材料可得到关键信息，这位英国国王在17世纪早期执政，坚持君主专制，认为王权是上帝所赐。结合所学知识可知，17世纪初，苏格兰国王詹姆士一世继承英国王位，推崇"君权神授"理论，渴望王权专断，A项正确。继詹姆士一世之后，查理一世继续推行君主专断政策，一度解散议会，挑起内战，于1649年被推上断头台。1660年，查理一世的儿子查理二世接受议会有条件的邀请，做了英国国王，英国恢复了君主制，但国王的权力受到很大限制。查理二世的继任者是他的弟弟詹姆士二世，詹姆士二世是个天主教徒，他在位期间发生"光荣革命"，他本人遭到废黜。

2.[2018上半年]1688年,英国的六位政党领袖和一名主教联名向玛丽和威廉发出邀请,声称英国人民极不满意目前的政府,盼望他们来保护英国的"宗教、自由和财产"。这一邀请直接导致了(　　)

A.斯图亚特王朝复辟　　　　　　　B."光荣革命"发生

C.《权利法案》颁布　　　　　　　D.责任内阁制确立

答案:B。本题考查英国的"光荣革命",考查考生的理解能力。根据时间点"1688年"以及人物"玛丽和威廉"可知该事件与英国的"光荣革命"有关,故答案选B项。

3.[2016上半年]英国《权利法案》规定:"未经议会同意,以国王权威停止法律或停止法律实施之僭越权力,为非法权力。"该法律条文保证了议会的什么权利(　　)

A.立法权　　　　　　　　　　　　B.司法权

C.监督权　　　　　　　　　　　　D.选举权

答案:A。本题考查英国的《权利法案》,考查考生的理解能力。《权利法案》的颁布限制了国王的权力,保证了议会的立法权、财政权、司法权和军权等。题干中描述的显然是保证了议会的立法权。

2.1832年议会改革

(1)背景:工业革命后,工业资产阶级兴起,要求获得更多的政治权利。

(2)时间:1832年,英国议会进行选举改革。

(3)内容:重新规定选民的财产限制,重新划分选区。

(4)影响:工业资产阶级获得了更多的议席,大大加强了在议会中的作用,为工业资本主义的进一步发展提供了保障。

3.责任制内阁

(1)形成:1721年,下院多数党领袖沃波尔实际上成为英国的第一任首相,责任制内阁开始逐渐形成。

(2)产生方式:下议院议员由选民普遍直接选举产生,由国王任命在下议院大选中获胜的多数党领袖为首相,由首相提出内阁成员和政府成员名单,递交国王批准,组成责任制内阁。

(3)权力职责

①内阁成员集体负责,必须在大政方针上保持一致,要与首相共进退。内阁名义上对国王负责,实际上对议会负责。

②首相掌握国家的行政大权,又通过议会掌握立法权。如果首相及内阁得不到议会信任,其阁员必须集体辞职,或由首相提请国家元首解散议会,重新举行议会大选。

(4)影响

为获取议会多数席位,英国资产阶级政党间展开了激烈竞争,资产阶级议会政党制度逐渐形成和发展起来。

(三)美国独立战争

1.历史背景

(1)政治状况:1607年,英国开始在北美殖民,到18世纪30年代,共建立了13个殖民地。统治模式依照英国政体建立,每一个殖民地都有自己的总督和议会。

(2)经济状况:北美资本主义经济发展迅速,各地经济往来日益密切,初步形成了统一的国内市场。

(3)民族形成:美利坚民族开始形成,民族意识逐渐觉醒。

(4)思想基础:启蒙思想传播,民族民主意识日趋增强。

(5)阶级基础:资产阶级、种植园主阶级形成和壮大。

(6)导火线:1773年的波士顿倾茶事件。

2.经过

(1)爆发:1775年4月,来克星顿的枪声标志着北美独立战争开始。

(2)建军:1775年5月,第二届大陆会议召开,决定整编大陆军,委任华盛顿为总司令。

(3)建国:1776年7月4日,大陆会议通过《独立宣言》,英属北美13个殖民地正式宣布独立。

(4)转折:1777年,萨拉托加大捷,提高了美国的国际地位,得到了法国、荷兰、西班牙等国的支持。

(5)胜利:1781年10月,英军主力在约克镇投降,战争结束。

(6)独立:1783年,英国承认美国独立。

3.《独立宣言》

《独立宣言》出自杰斐逊的手笔,宣言痛斥了英国国王对殖民地的暴政,宣布一切人生而平等,人们有生存、自由和追求幸福等不可转让的权利。宣言同时宣告北美13个殖民地脱离英国独立。美利坚合众国——美国诞生了。

《独立宣言》在人类历史上,第一次以国家的名义宣布:人民的权利是神圣不可侵犯的。它比法国的《人权宣言》早13年,所以马克思称它是"第一个人权宣言"。《独立宣言》的发表,大大地鼓舞了北美人民的革命斗志,成为北美人民争取独立的旗帜。

4.美国共和政体的确立

法律性文件	制定机构	内容	意义
《邦联条例》（1781年）	大陆会议	又称《邦联公约》,主要规定13个州组成同盟,但"各州保留其主权、自由和独立"。国会负责对外事务和印第安人事务,解决州与州之间的争端	邦联制下,美国俨然成为由13个独立国家组成的松懈的国际同盟不利于国家发展
《1787年宪法》	制宪会议	《1787年宪法》又称《联邦宪法》,宪法确立美国是一个联邦制国家,规定总统既是国家元首,又是政府首脑;实行三权分立,立法、司法、行政三个部门分别由国会、最高法院和总统执掌	《1787年宪法》是世界上第一部比较完整的成文宪法。它奠定了美国政治制度的法律基础,对当今世界其他国家的民主与法制建设都有借鉴意义

精选真题

1.[2019上半年]史学家评论某一文件"是一份对既定权威造反有理的声明",是美国"创造了一个新的、不同类型的国家"的标志。这一文件是(　　)

A.《常识》　　　　　　　　　　　　　B.《独立宣言》

C.《邦联条例》　　　　　　　　　　　D.《联邦宪法》

答案:D。本题考查美国的《联邦宪法》,考查考生的理解能力。结合题干"创造了一个新的、不同类型的国家"可知美国创立了新的政体,结合所学知识可知这指的是美国通过《联邦宪法》创立了总统共和政体,这是人类文明史上全新的政体模式,故答案选D。

2.[2018上半年]1787年,华盛顿在致麦迪逊的信中说:"凡是有判断能力的人,都不会否认对现行制度进行彻底变革是必需的。"这里所说的"彻底变革"指的是(　　)

　　A.建立开明君主制　　　　　　　　B.改革联邦政体

　　C.实行君主立宪制　　　　　　　　D.改变邦联体制

答案:D。本题考查美国建国初期的国家结构形式变革,考查考生的理解能力。1787年,美国已经独立,独立后美国建立的是邦联制的政府,不利于国家的发展,所以华盛顿才说"进行彻底变革是必需的",其目的就是改变邦联制的政府状态,答案选D项。

3.[2017上半年]1776年初,潘恩的《常识》在北美大地流行,其中写道"现在是分手的时候了",此处"分手"的含义是指(　　)

　　A.印第安人要求自治　　　　　　　B.南部种植园主要分裂

　　C.殖民地人民要独立　　　　　　　D.黑人要消除种族歧视

答案:C。本题考查美国独立,考查考生的理解能力。《常识》是潘恩在独立战争期间撰写的广为流传的小册子,极大地鼓舞了北美民众的独立情绪,成为了美国独立革命的教科书。潘恩也被视为美国开国元勋之一。因此"现在是分手的时候了"指的便是殖民地人民的独立。故本题选C。

5.北美独立战争的意义

美国独立战争是近代早期的民族独立运动,是北美人民为挣脱英国的殖民统治、求得民族独立与解放进行的战争。战争的对象是英国殖民统治者,战争的目的是推翻英国的殖民统治。因此,这场战争具有民族解放的性质。

美国独立战争又是一场资产阶级革命,因为:

第一,北方的工业资产阶级和南方的种植园主阶级充当了革命的领导阶级;

第二,导致这场战争的根本原因是北方的资本主义经济发展与英国殖民统治之间的矛盾激化;

第三,战争结局打破了殖民统治的桎梏,为北美资本主义的发展奠定了基础。

(四)法国大革命与拿破仑帝国

1.法国大革命

(1)历史背景

经济:资本主义经济有了一定程度的发展,但受到封建制度的严重阻碍。

政治:典型的封建国家,等级森严;阶级矛盾尖锐,第三等级强烈要求改变现状。

思想:启蒙思想广泛传播,作了思想和理论的准备。

财政:法国政府面临严重的财政危机。

国际:北美独立战争的推动,英国工业革命的影响。

导火线:1789年5月三级会议的召开。

(2)革命经过

1789年7月14日,巴黎人民起义,攻占被视为封建专制统治象征的巴士底狱,标志着法国大革命爆发。

时期	代表阶层	权力机构	措施	结束标志
君主立宪派统治时期 （1789.7—1792.8）	大资产阶级和 自由派贵族	制宪议会—— 立法议会	颁布《人权宣言》，认为人们生来是自由的，权利是平等的；私有财产是神圣不可侵犯的。选出立法议会；废除封建制度；取消贵族和教会的封建特权	1792年8月，巴黎人民起义攻占王宫，推翻法国的君主制度
吉伦特派统治时期 （1792.8—1793.6）	工商业大资产 阶级	立法议会—— 国民公会	召开国民公会，通过废除君主制，成立共和国的决议，历史上称为法兰西第一共和国；颁布新的土地法，改造封建土地制度	1793年巴黎人民再次发动起义，罗伯斯庇尔等人掌握政权，把法国大革命推向高潮
雅各宾派统治时期 （1793.6—1794.7）	中小资产阶级	国民公会	解决农民的土地问题；发布总动员令	1794年7月热月政变，罗伯斯庇尔被送上断头台，法国大革命高潮结束

（3）历史意义

法国大革命是世界近代史上规模最大的资产阶级革命。不仅结束了法国一千多年的封建制度，而且震撼了整个欧洲大陆的封建秩序，为以后各国的革命树立了榜样，具有世界意义。

国内意义：法国大革命摧毁了法国的封建统治，传播了资产阶级自由民主的进步思想，初步建立了资产阶级共和国的政治体制，确立了资本主义制度。

世界意义：沉重打击了欧洲的封建制度，传播了资产阶级自由民主的进步思想；为以后各国树立了榜样，对世界历史的发展有很大影响。

精选真题

[2019上半年]简述《人权宣言》的主要内容。

参考答案：1789年，法国制宪议会通过《人权宣言》。其主要内容如下：

（1）宣布自由、财产、安全和反抗压迫是天赋不可剥夺的人权。

（2）肯定了言论、信仰、著作和出版自由。

（3）阐明了权力分立、法律面前人人平等、私有财产神圣而不可侵犯等原则。

2.拿破仑帝国

法国大革命高潮结束后，资产阶级期望稳定统治秩序。但对外战争仍在进行，人民生活没有摆脱困境，政局依然动荡。在这种形势下，军人出身的拿破仑登上了法国历史舞台。

关联知识

雾月政变

1799年11月9日，拿破仑以解除雅各宾派过激主义对法兰西第一共和国的威胁为借口，开始行动。他派军队控制了督政府，接管了革命政府的一切事务，开始了为期15年的独裁统治。这一天是法国共和历雾月18日，所以，历史上称拿破仑在这天发动的政变为"雾月政变"。

（1）拿破仑帝国建立

1799年，拿破仑发动雾月政变，夺取政权。1804年，拿破仑称帝，建立了帝国，即历史上的法兰西第一帝国。

①对内措施

政治：建立中央集权的政治体制。

经济：进行财政改革，创办法兰西银行，鼓励工商业发展。

法律：颁布了《民法典》等法典，从法律上保障新建立的小农土地所有制。

文化教育：建立公立中学和法兰西大学，鼓励科学研究和技术教育。

这些措施有利于政治稳定和资本主义发展，有利于巩固大革命的成果，进一步摧毁了封建旧制度，奠定了资产阶级国家机器的基础，《民法典》是法国最为著名的一部法典，对维护资产阶级革命成果，打击封建残余势力，保证法国资本主义的发展起了积极的作用，后来成为资本主义社会的法律规范。

②对外战争

多次打败反法同盟；乘胜扩大法国的疆域，控制了欧洲很多地区。1813年10月，莱比锡决战失败，帝国开始瓦解。

早期战争捍卫了法国大革命的成果，进一步摧毁了封建旧制度，巩固了资本主义社会的秩序，传播了法国革命的思想，在客观上有利于欧洲封建制度的瓦解和农民的解放。

后期进行的战争，侵犯了欧洲许多国家的主权，掠夺各国人民，激起各国人民的反抗，导致最后的失败。

1814年，拿破仑被欧洲反法联军赶下台，法国的封建王朝在外国军队的保护下复辟。

（2）拿破仑的历史作用

拿破仑是法国大革命事业的继承者，通过同欧洲各封建国家的战争，捍卫了法国大革命的胜利果实，将革命思想传播到欧洲各地，促进了欧洲封建制度的解体。颁布《民法典》等一系列法典，确立了资本主义社会的政治、经济、法律等制度模式。重视教育，培养了大批人才。拿破仑后期进行的战争，侵犯了欧洲各国的主权，奴役各国人民，最终激起各地人民的反抗，导致了帝国的灭亡。

精选真题

[2016上半年]有学者认为："长期以来，军政和绝大部分公民把意大利战争和埃及战争的英雄人物，即第一执政当作偶像来崇拜。"这里说的"第一执政"指的是（　　　）

A.路易·菲利普　　　　　　　　B.拿破仑·波拿巴

C.路易·波拿巴　　　　　　　　D.奥古斯都·凯撒

答案：B。本题考查拿破仑，考查考生的理解能力。这是康斯坦的《回忆拿破仑》中的一段话，拿破仑的对外战争为他赢得了崇高威望，法国大部分人对拿破仑给予了支持。拿破仑是法兰西第一帝国的缔造者，是法兰西第一共和国第一执政。故本题选B。

三、资本主义经济制度的确立和发展 重点

（一）第一次工业革命

英国工业革命开工业文明之先河，后来众多国家纷纷效仿。

1.英国工业革命

(1)时间:18世纪60年代—19世纪中期。

(2)前提条件

①政治前提:资产阶级统治的确立。

②经济基础:奴隶贸易和殖民掠夺以及圈地运动积累了大量资本。

③劳动力:圈地运动造就了大量的自由劳动力。

④技术:工场手工业时期积累了丰富的经验和技术。

⑤市场:国内丰富的资源和海外殖民地提供了廉价的原料和广阔的海外市场。

(3)开始标志:1765年,哈格里夫斯发明珍妮纺纱机。

(4)成就

①棉纺织业:第一次工业革命首先发生在棉纺织业。首先是珍妮纺纱机的发明应用,此后棉纺织业出现了骡机、水力织布机等机器。

②蒸汽机的发明和使用:1769年,瓦特制成了改良蒸汽机,推动了机器的普及和推广。

③交通:1814年,史蒂芬孙发明蒸汽机车。1825年,由他设计的蒸汽机车正式试车,标志着铁路时代的开始。史蒂芬孙被誉为"铁路机车之父"。

(5)结束标志:19世纪40年代,机器制造业出现,标志着英国工业革命的完成。

精选真题

1.[2019上半年]下图是英国发行的一组邮票,其中的人物被誉为"铁路机车之父"。这位人物是(　　)

A.凯伊　　　　　　　　　　　　　B.瓦特

C.史蒂芬孙　　　　　　　　　　　D.哈格里夫斯

答案:C。本题考查铁路机车的发明者,主要考查考生的读图能力和对知识的掌握能力。由史实可知史蒂芬孙是铁路机车的发明者。

2.[2018上半年]英国是进行奴隶贸易的主要国家,从中获利最大,但1807年英国国会通过了废除奴隶贩卖法令。下列各项中与之相关的因素有(　　)

①拉美独立运动的高涨　②废奴运动的开展　③工业革命的推动　④"日不落帝国"的形成

A.①②　　　　　　　　　　　　　B.①④

C.②③　　　　　　　　　　　　　D.③④

答案:C。本题考查英国废除奴隶贩卖法令的原因,考查考生的理解能力。拉美独立运动的高潮是在1810年以后,排除①;"日不落帝国"形成于18世纪中期,排除④。故答案选C项。

3.[2017上半年]下图显示1751—1851年英国城市人口占总人口比例不断增加,导致这种变化的相关因素是(　　　)

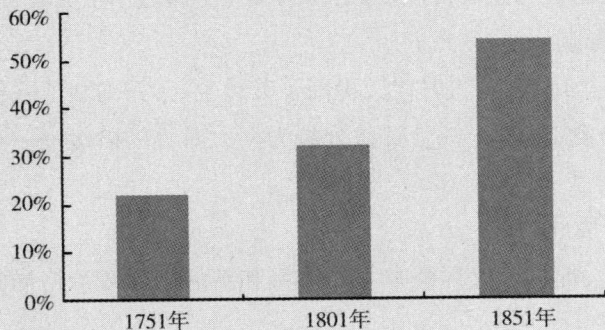

①工业革命为城市人口增加提供了物质基础
②农村自然灾害频发迫使大量农民涌入城市
③工业发展促进了城市数量增加和规模扩大
④圈地运动使部分农民流入城市成为雇佣工人

A.①②③　　　　　　　　　　　　B.①②④

C.①③④　　　　　　　　　　　　D.②③④

答案:C。本题考查近代英国的城市化,主要考查考生的读图能力和对知识的掌握能力。从时间上来看,1751—1851年是英国工业革命时期。18世纪中期,随着工业革命的开展,新兴的工业城市得到了迅速发展,大量劳动力涌向城市,城乡人口的比例发生了重大的变化,英国成为了世界上第一个城镇人口超过乡村人口的国家。因此,①③说法都是正确的。工业革命后,城市人口剧增,对农产品的需求越来越多,贵族地主于是加速进行圈地,失地农民没有了生存保障,被迫成为劳动力市场上的无产者,靠出卖自身劳动力才能生存,一部分失地农民进入城市,成为雇佣工人,这也是这一时期城市人口剧增的原因。因此,④说法也正确。故本题选C。

2.英、法、美、德四国工业革命的特点

(1)英国工业革命的特点:英国发生最早。18世纪60年代,首先从棉纺织业开始,此后扩展到其他行业,使英国成为第一个工业国家。

(2)法国工业革命的特点:

①从原始积累的方式看,主要通过租税盘剥的方式进行。

②从工业革命的进程看,小企业的长期和大量存在及大企业的发展迟缓是法国工业革命的主要特点。

③高利贷资本特别活跃也是法国工业革命的一个特点。

(3)美国工业革命的特点:

①工业革命的地域分布极不平衡。

②外国移民是美国工业革命的重要动力。

③与西进运动密切联系、互相促进、同步发展是美国工业革命所独具的特点。

（4）德国工业革命的特点：

①国家政权的积极干预是德国工业革命的一个显著特点。

②与英、法两国不同，德国工业革命中，以铁路建设为中心的交通运输业处于领先地位，并带动了其他工业部门的发展。

③较早实现了由轻工业向重工业的转移，这是德国工业革命的一个显著特点。

3.第一次工业革命的影响

①第一次工业革命使人类进入"蒸汽时代"，提高了劳动生产力，确立了欧美资产阶级对世界的统治。

②引起了社会阶级的分化，使整个社会日益分裂为两大对立的阶级——工业资产阶级和无产阶级，工人运动兴起。

③促使世界市场初步形成。

④引起国际关系的变化，促进了世界资本主义体系和新的国际政治格局的形成，英国很快成为世界霸主，东方开始从属于西方。

（二）第二次工业革命

1.第二次工业革命兴起的历史条件

（1）资本主义制度在世界范围内确立

19世纪中期的资产阶级革命和改革的新高潮，为第二次工业革命在这些国家的进行，提供了必要的社会政治前提条件。

（2）资本主义世界市场的初步形成

第一次工业革命后，生产力的发展和资本主义世界市场的初步形成，为第二次工业革命提供了比第一次工业革命更为广阔的市场。第一次工业革命时的生产体系已不能满足新的市场需求，人们追求更高的生产效率，渴望更好的机器和更强大的动力，正是市场的需求呼唤了第二次工业革命的到来。

（3）第一次工业革命为第二次工业革命提供了物质的、技术的准备

资本主义发展中资本的积累和对殖民地的掠夺积累了大量的资本；自由劳动力增长（美国废除黑奴制、俄国废除农奴制、日本废除身份等级制），工人素质提高；19世纪，自然科学研究工作取得重大进展，特别是电磁学理论的产生与发展为第二次工业革命作了理论准备；各种新技术和新发明迅速应用于生产，促进了经济的进一步发展。

2.第二次工业革命的成就、特点和影响

（1）成就

第二次工业革命是以电磁学为理论指导，以电力和内燃机的广泛运用为主要标志的。

主要成就	理论基础	技术发明	工业生产	影响
电力广泛应用	法拉第发现电磁感应现象	西门子制成发电机；格拉姆发明电动机；电灯、电车、电影放映机的发明	电力工业、电器制造业	电力成为新能源，人类历史跨入电气时代；电力也被广泛地应用于生活领域
电讯事业发展	赫兹发现电磁波	贝尔发明电话；马可尼试验无线电报	通讯产业	传递信息快速便捷，联系进一步加强

续表

理论基础	技术发明	工业生产	影响
学家完善了通过烧煤气、汽油和油等产生的热转机械动力的理论	狄塞尔发明内燃机;本茨制成内燃机汽车;莱特兄弟制造飞机;内燃机车、远洋轮船的发明	汽车工业、石油工业	交通运输革命性变革,石油成为新能源
子—原子结构学;元素周期律	诺贝尔发明炸药;美国人发明塑料;法国人发明人造纤维	化学工业	促进军事工业发展,极大地改变了生活

基础,科学和技术紧密结合,以电力的广泛应用为显著特点,以重工业部门为重点,多一次工业革命相交叉;

应用于工业,在三个方面产生了巨大的影响,即新能源的发展利用、新机器新产品的创

生产力发展,人类从"蒸汽时代"进入"电气时代",交通运输新纪元到来。

了经济的发展,出现了许多新兴的工业部门,如电力工业、化学工业、汽车工业、电子石油开采业和石油化工业,以及新兴的通讯产业。

一步调整,随着生产的发展和资本的高度集中,产生垄断,资本主义进入帝国主义阶段。

系的变化,加剧了列强对世界的瓜分,由于经济发展的不平衡,引起了列强之间新的主义国家瓜分、侵略以及争夺加剧,形成世界资本主义殖民体系。

各国工人人数猛增,无产阶级队伍壮大,工人运动逐步走向高潮;同时,殖民地半殖民地民族民主运动高涨。

题

年]概述第二次工业革命的主要成就。

二次工业革命的成就如下:

明和广泛应用:西门子制成发电机;格拉姆发明电动机;电灯、电车、电影放映机等得到

的发展:贝尔发明电话;马可尼试验无线电报成功。

创制和使用:狄塞尔发明内燃机;本茨制成内燃机汽车;莱特兄弟制造飞机;内燃机明。

的建立:诺贝尔发明炸药;美国人发明塑料;法国人发明人造纤维。

年]史学家帕尔默在《现代世界史》中写道:"1870年以后,那些欧洲的大民族国家如今倚新力量为它们自己夺得了遍及全球的帝国。"这里所说的"新力量"指的是(   )

与技术创新的结合   B.科学与技术的紧密结合

C.工业生产与市场需求的结合 D."大棒"与"金元"结合

答案:B。本题考查第二次工业革命的特点,考查考生的理解能力。根据题干的引文可知,1870年以后欧洲主要资本主义国家瓜分世界,建立殖民帝国。这得益于第二次工业革命后欧洲国家社会生产力的发展和资产阶级代议政治的确立。A、C两项是第一次工业革命的特点,D项是19世纪末美国的外交政策特点。

四、资产阶级统治的巩固与扩大

(一)美国内战

1.历史背景

(1)领土扩张和西进运动

美国通过赎买、武装颠覆或入侵,进行领土扩张。19世纪中期,美国的领土从大西洋沿岸扩展到太平洋沿岸。许多人移居西部,形成了"西进运动"。领土扩张和西进运动给印第安人带来了灾难,同时,西部广大地区得到开发,客观上促进了美国经济的发展,激化了两种经济形式的矛盾。

(2)南北两种经济形式的矛盾

北方:资本主义工业;

南方:奴隶制种植园经济。

双方矛盾的焦点集中在奴隶制的存废问题上。

(3)导火线

1860年,代表北方工商业资产阶级利益并主张限制奴隶制的共和党人林肯当选为总统。

2.内战经过

(1)内战初期

1861年,南方一些州宣布建立南部联盟,公开分裂国家并挑起战争。由于南方蓄谋已久,准备充分,北方幻想妥协,战备松懈,导致北方节节失利。

(2)内战转折

为了扭转战局,林肯政府颁布了一些措施。经济上,通过了《宅地法》;政治上,颁布了《解放黑人奴隶宣言》;军事上,扩充兵力,调整军事部署。这些措施调动了革命积极性,促进了西部开发,扫除了经济发展的障碍。结果,在1863年的葛底斯堡战役中,北方掌握了战争主动权。

(3)内战结束

1865年,南方军队投降,内战结束。4月14日,林肯遇刺,翌晨身亡。

3.内战意义

美国内战实质上是美国的第二次资产阶级革命。

这场革命由两个阶段组成:第一阶段是内战,通过战争打败南方军队;第二阶段是南方重建,对南方社会进行资本主义改造。

美国内战的重大意义在于,它粉碎了奴隶主的政治势力,使工业资产阶级掌握了全部国家政权,从而可以迅速而全面地发展资本主义。内战消灭了严重阻碍社会生产力发展的奴隶制度,无论是在广度上还是深度上都为美国资本主义的发展开辟了广阔的道路。内战也有力地推动了美国工人运动的发展。但是经过内战和重建,黑人并没有得到真正的解放,他们争取真正解放的斗争还要继续下去。

(二)俄国农奴制改革　重点

1.历史背景

19世纪上半期,资本主义在俄国有了一定的发展,但是落后的农奴制造成国内市场狭小,自由劳动力缺乏,阻碍了俄国资本主义的发展。19世纪50年代,俄国在克里米亚战争中遭到惨败,加剧了国内的社会经济危机。

为了挽救统治危机,维护贵族和地主利益,沙皇亚历山大二世进行了俄国农奴制改革。

2.主要内容

政治上,农奴在法律上有人身自由,地主不能买卖和干涉他们的婚姻和家庭生活。经济上,农奴可以得到一块份地,但必须以高出当时实际地价许多的价格出钱赎买;农奴有占有动产和不动产、从事工商业活动等权利。

3.影响

1861年改革,是沙皇自上而下实行的资产阶级性质的改革,有利于资本主义发展。这次改革虽然留下了大量封建残余,但加快了俄国资本主义的发展,是俄国近代历史上的重大转折点。

精选真题

[2017下半年]下图是1801—1860年俄国农民暴动统计图,导致这种状况的主要原因是(　　)

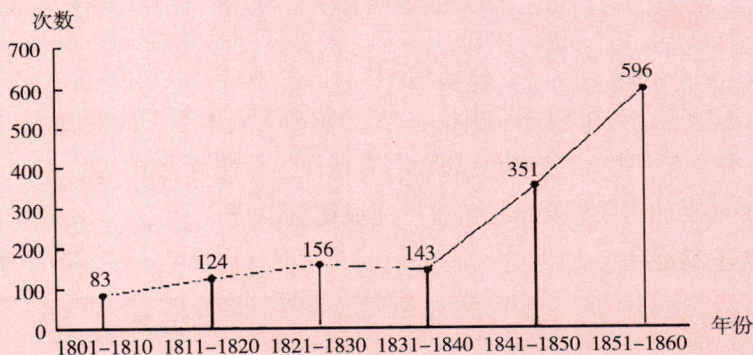

A.沙皇专制统治的残暴　　　　　　B.资本主义的迅速发展

C.无产阶级力量的壮大　　　　　　D.马克思主义理论的传播

答案:B。本题考查近代俄国农民暴动的主要原因,主要考查考生的读图能力和对知识的掌握能力。近代以来,沙皇专制统治日益腐朽和残暴,农民暴动的次数按照这一规律应呈现直线上升趋势,然而图中直线在1831—1840年间呈下降趋势,A项不选。俄国资本主义的发展,在城市创造大量就业机会和较好的劳动环境,束缚在土地上的农民处境日益困顿,为争取更好的生活,俄国农民举行暴动,B项符合题意。俄国无产阶级力量的壮大是在1861年农奴制改革后,农奴获得解放,进入城市和工厂后出现的,C项不选。19世纪末,马克思主义经普列汉诺夫等革命者宣传才在俄国得到广泛传播,D项不选。

（三）日本明治维新

1.历史背景

德川幕府统治末期,封建领主经济开始瓦解,资本主义生产关系逐渐形成并得到发展,但是幕府实行"闭关锁国"政策,因而造成了社会矛盾尖锐,人民频繁反抗。

1853年,美国舰队入侵日本。随后,迫使日本签订不平等条约,日本关闭的国门被打开,面临沦为半殖民地社会的危险。

在内忧外患的情况下,以天皇为代表的改革派提出了"富国强兵,殖产兴业,文明开化"的口号,开始进行改革。

2.改革内容

政治方面:"废藩置县",加强中央集权;

经济方面:允许土地买卖,引进西方技术,鼓励发展近代工业;

社会生活方面:提倡"文明开化",即向欧美学习,努力发展教育。

3.影响

明治维新是一次自上而下的资产阶级改革。它是日本近代史上的一次重大转折,使日本走上了资本主义道路,逐渐强大起来,并逐步废除了不平等条约,摆脱了沦为殖民地和半殖民地的危机。

不过,改革也有其局限性。改革很不彻底,保留了大量的封建残余,"天皇制"被保留下来。随着其经济军事实力的增长,竭力推行军国主义,开始对亚洲邻国进行侵略扩张,成为新兴的帝国主义国家。

（四）德意志统一　重点

1.历史条件

(1)19世纪中期,德意志还处于四分五裂状态,严重阻碍了资本主义的发展,统一呼声日益强烈。

(2)普鲁士经济、军事实力强大,专制色彩浓厚,有条件领导德意志走向统一。

(3)"铁血宰相"俾斯麦的内政外交推动普鲁士完成德意志统一。

2.经过——三次王朝战争

时间	战争双方	结果
1864年	普奥对丹麦战争	击败丹麦,取得丹麦控制下的部分德意志地区
1866年	普奥战争	萨多瓦战役击溃奥军,奥地利从此被排挤出德意志。1867年,普鲁士成立北德意志联邦,统一了德意志北方诸邦
1870年	普法战争	在色当战役中大败法军,南方诸邦并入北德意志同盟。1871年,普鲁士国王威廉继位为德意志帝国皇帝,德国统一完成

3.影响

德意志统一结束了德意志长期的分裂状态,为德国资本主义经济的迅速发展铺平了道路;改变了欧洲的国际格局,法国和奥地利受到遏制,德国成为新兴的强国;统一后的德国继承了普鲁士的旧制度,特别是军国主义传统,侵略扩张的欲望强烈。

精选真题

[2017下半年]

材料：

1870年的普法战争结束后，统一的德意志帝国成立。此后，德国的资本主义迅速发展。从1870年至1913年，德国工业生产增长4.6倍，同期英国只增长1.3倍。1870年至1900年，酸和碱等基本化学原料的产量增加了7倍，染料的产量增加了3倍，均已跃居世界首位。1900年，世界所用染料的4/5是德国生产。1913年，德国贸易已占世界贸易总额的13%，而英国是15%。1857年，德国第一个卡特尔出现，1905年达385个，并迅速向更高的形式辛迪加和康采恩发展。

——摘编自王珏《世界经济通史》

问题：

(1)根据材料概述这一时期德国经济发展的突出表现。

(2)根据材料并结合所学知识，指出这一时期德国经济迅速发展的原因。

参考答案：(1)经济发展的表现：①工业发展速度快，超过同时期的英国。②相关化学行业产量增长迅速，并跃居世界首位。③德国的海外贸易在世界贸易总额中占据重要地位。④垄断资本主义发展，垄断组织出现并向更高级的形式发展。

(2)经济发展的原因：①1871年统一的德意志帝国成立，逐渐形成了统一的国内市场，为商品交换以及经济的进一步发展提供了条件。②德国拥有大量的矿产资源，比如阿尔萨斯和洛林，为工业发展提供了大量的自然资源。③德国是后起的工业大国，能够吸收英美等国的发展经验，逐步建立起完善的工业发展体系。④两次工业革命当中经验的积累，并且重视科学技术对生产的推动作用，采用了新型的生产设备，提高了生产效率。⑤国内的统治阶级容克贵族拥有大量资金和土地，其经济利益与资产阶级利益趋于相近，进行了大量的投资，促进了经济的发展。

(五)主要资本主义国家政治制度比较

国家	政体	法案	特点
英国	君主立宪制	1689年《权利法案》	以责任内阁制为核心；国王处于"统而不治"的地位；首相是最高行政首脑；议会掌握国家权力
美国	总统共和制	《1787年宪法》	按三权分立学说，推行分权与制衡原则
法国	民主共和制	1875年《法兰西第三共和国宪法》	议会是立法机关；总统和内阁掌握行政权；总统和议会共有创议法律之权；总统和内阁共同向议会负责
德意志	君主立宪制	《德意志帝国宪法》	德意志皇帝和首相掌握国家的最高权力，实质上带有浓厚的专制主义色彩
日本	近代天皇制	1889年明治宪法	近代亚洲的第一部资产阶级宪法，按三权分立原则确立了资产阶级君主立宪制，缺乏比较健全的民主宪政精神

01

五、国际工人运动与马克思主义的诞生

(一)英国的宪章运动

随着工业革命的发展,资产阶级越来越富有,工人的待遇却很差。19世纪三四十年代,广大工人为改善劳动和生活条件、提高政治地位积极进行斗争,工人运动在欧洲蓬勃兴起。

1836—1848年间,英国工人掀起了一场规模宏大、持续时间长久的运动。这次运动有一个政治纲领《人民宪章》,因此得名为宪章运动。宪章运动是世界上第一次群众性的、政治性的无产阶级革命运动。

但是,由于缺乏科学理论的指导,工人运动的进一步发展受到影响。

(二)马克思主义的诞生

1.诞生的历史条件

(1)经济前提:随着工业革命的发展,资本主义得到迅速发展,资本主义制度的弊端和基本矛盾日益暴露。

(2)阶级基础:随着资产阶级和无产阶级矛盾的日益激化,工人运动日益兴起。

19世纪三四十年代,欧洲爆发了三次大规模的工人运动。工人阶级登上历史舞台,迫切需要科学理论的指导,同时也为科学理论的创立提供了必要的条件。

(3)理论来源:德意志古典哲学、英国古典政治经济学、英法空想社会主义。

2.诞生的标志

1848年2月,《共产党宣言》发表,标志着马克思主义诞生。

《共产党宣言》分析了阶级斗争在阶级社会历史发展中的作用,揭示了资本主义必然要被社会主义代替的客观规律,号召全世界无产者联合起来,为获得自己的解放而斗争。从此,在科学理论的指导下,国际工人运动进入一个新的历史时期。

(三)第一国际(1864—1876年)

随着19世纪五六十年代工人阶级队伍的壮大,加上1857年世界性经济危机使社会矛盾更加激化,工人运动开始重新高涨并走上国际化道路。

马克思、恩格斯为建立第一国际作理论准备,也开始着手从事革命活动。1864年,在伦敦成立"国际工人协会",史称"第一国际"。

第一国际是马克思主义与工人运动相结合的产物,是国际无产阶级的联合组织。它推动了马克思主义的传播,使国际社会主义运动进入一个新阶段。

(四)巴黎公社

1.历史背景

1870年,普法战争爆发。法国战败,普军兵临巴黎城下。资产阶级政府对外屈膝投降,对内准备镇压人民。

1871年3月18日,政府军队同巴黎市民武装——国民自卫军发生冲突,导致巴黎工人起义。起义工人很快占领了全城,赶走了资产阶级政府。3月28日,巴黎公社成立,资产阶级政府不甘心失败,对巴黎公社发动了进攻。5月21—28日,出现了著名的"五月流血周",巴黎公社革命失败。

2.措施

政权建设:打碎资产阶级国家机器,并建立无产阶级的专政。

社会经济:触及资本主义的私有制,具有明显的无产阶级性质。

精选真题

[2019下半年]某法令规定:"一切公职人员,都只应领取相当于工人工资的薪金,并且毫无例外地可以随时撤换。"这一法令出自(　　)

A.国民公会　　　　　B.巴黎公社　　　　　C.共产国际　　　　　D.工兵代表苏维埃

答案:B。本题考查巴黎公社运动,考查考生的识记能力。结合所学知识可知,巴黎公社是世界上第一个无产阶级政权的雏形,规定一切公职人员按照工人工资标准领取薪金,并且可以随时撤换,B项正确。国民公会是法国大革命时期建立的一个最高立法机构,代表资产阶级的利益,A项不符合题意。共产国际又称第三国际,是在列宁领导下成立的世界各国共产党和共产主义团体的国际联合组织,C项不符合题意。工兵代表苏维埃是俄国二月革命后建立的革命政权,它既是领导起义的机关,又是工农新政权的萌芽,为十月革命后建立苏维埃政权奠定了基础,D项不符合题意。

3.失败原因

根本原因是资本主义还处在上升时期,还不具备推翻资本主义制度的条件。

4.影响

巴黎公社是无产阶级推翻资产阶级统治,建立无产阶级专政的第一次伟大尝试。它丰富了马克思主义的学说,为全世界无产阶级和进步人士树立了光辉典范,战斗精神永垂史册。

(五)第二国际

1.组织形式

第一国际和第二国际都是国际性工人组织,都由马克思、恩格斯领导和指导。它们的区别如下:

机构	组成	性质	范围
第一国际	各国工人团体组成	统一领导机构,各国工人团体上级组织	仅限于欧洲范围
第二国际	欧美各国工人政党和组织组成	松散的形式,不是各国政党上级组织	扩大到欧美国家

2.影响

第二国际在国际工人运动历史上起了重大作用,促进了马克思主义的传播,促进了国际社会主义运动的发展,使社会主义运动由西欧、北美扩展到东欧(20世纪80年代末至20世纪90年代初更名为中东欧)、拉美和东亚。

六、被压迫民族的民族解放运动

(一)拉美独立运动

1.拉美独立运动的对象

自哥伦布发现美洲,尤其是新航路开辟之后,葡萄牙和西班牙在拉丁美洲大肆进行殖民活动,所以拉美独立运动的革命对象主要是西班牙和葡萄牙。

2.独立运动的起因

(1)西班牙、葡萄牙在拉美殖民地进行残酷的殖民活动,引起殖民地社会各阶层的普遍不满。

(2)美国独立战争和法国资产阶级革命对拉美独立运动起到了推动作用,启蒙运动及《人权宣言》等的传播为拉美革命运动提供了思想基础。

3.进程

委内瑞拉在玻利瓦尔的有力领导下,于1822年摆脱了西班牙的殖民统治。

拉普拉塔地区在圣马丁和玻利瓦尔的共同努力下,于1826年取得胜利,拉美独立战争胜利结束。

圣马丁和玻利瓦尔被称为南美的"解放者"。

4.意义

拉美独立运动是世界资产阶级革命的一部分,沉重打击了西班牙和葡萄牙的封建势力。拉美国家独立后,废除了奴隶制,建立了议会制共和制的国家政体,为资本主义的发展创造了条件。

但是,由于资产阶级的软弱性,革命后,拉美国家仍保留有大土地所有制和封建剥削,严重阻碍了拉美经济的发展。

(二)亚洲革命风暴

1.历史背景

(1)19世纪上半期,亚洲大部分国家沦为列强的殖民地或半殖民地,传统手工业遭到摧毁,社会经济遭到严重破坏,国家经济成为资本主义世界经济的附庸。

(2)亚洲国家的下层劳动人民除遭受本国统治阶级的剥削外,还遭到外国资本主义的压榨,生活困苦不堪;一些有骨气的上层人士痛恨国家主权的丧失,希望赶走外国侵略者。

(3)亚洲许多国家的封建统治阶级日益腐朽,同殖民势力相勾结,并甘愿为他们所用,遭到人民的反对。

2.性质

具有反对殖民主义和反对封建主义的双重性质。

3.主要事件

爪哇人民反对荷兰统治者的起义、阿富汗人民反对英国侵略军的起义、伊朗巴布教徒起义、中国的太平天国运动和印度民族大起义。后三次起义把亚洲革命风暴推向了顶点。

4.意义

沉重打击了西方殖民者和当地封建势力,表现了亚洲人民不畏强暴,要求改变现状的决心和勇气。

七、第一次世界大战　重点

1.第一次世界大战的背景

20世纪初,资本主义世界殖民体系形成,资本主义政治经济发展的不平衡导致帝国主义国家之间的矛盾不断激化,尤其是法德、俄奥、英德之间的矛盾最为突出,在这三对基本矛盾中,最主要的矛盾是英德矛盾。在这三对矛盾基础上形成了两大军事集团。

(1)两大军事集团

集团	组成	时间	核心
三国同盟	德、意、奥	1882年	德国
三国协约	英、法、俄	1907年	英国

(2)导火线——"萨拉热窝"事件

1914年6月28日,奥匈帝国王储在萨拉热窝被塞尔维亚民族主义者刺杀身亡,这一事件成为第一次世界大战的导火线。

2.第一次世界大战的进程

第一阶段:1914年。德军首先在西线发动进攻,由于马恩河等战役中法、英、比军队的抵抗和俄军在东线的进攻,德军速战速决的计划破产。西线交战双方修筑战壕、长期对峙,转入阵地战。

第二阶段:1915—1916年。交战双方都把1916年看作决定性的一年,所以在这一年出现了三次大型陆上战役,即西线的凡尔登战役、索姆河战役和东线俄军的夏季攻势。海上,日德兰海战后英国仍牢牢控制制海权。其中凡尔登战役因其战况的激烈程度被称为"凡尔登绞肉机",是一战中破坏性最大、持续时间最长的战役。索姆河战役是一战中规模最大、消耗最大的战役。这一阶段,大战的战略主动权转移到协约国一方。

第三阶段:1917年。德国1917年2月开始实行无限制潜艇战,给英国和其他协约国的海上运输造成严重损失。1917年4月,美国正式对德宣战;中国等国也相继投入战争,协约国的阵营增加到27个国家;俄国爆发"二月革命"和"十月社会主义革命",之后俄国退出一战。

第四阶段:1918年。1918年3月,德、俄签订《布列斯特和约》,俄国退出战争。1918年11月,德国国内发生革命,威廉二世被迫退位,德国宣布投降,第一次世界大战以同盟国的失败而告终。

精选真题

1.[2019上半年]在第一次世界大战中,规模最大、消耗最大的战役是(　　)

A.凡尔登战役　　　　　　　　B.索姆河战役

C.马恩河战役　　　　　　　　D.坦能堡战役

答案:B。本题考查索姆河战役,考查考生的识记能力。一战中,规模最大、消耗最大的战役是索姆河战役。凡尔登战役是一战中破坏性最大、持续时间最长的战役。马恩河战役是一战初期英法联军击败德军的一次战役。坦能堡战役是一战期间东线战场上德军与俄军进行的一次战役。

2.[2018下半年]1917年4月,美国总统威尔逊说:"这是一种与全世界各国为敌的战争,美国船已被击沉,美国人的生命被夺去,其手段令我们听到大为激怒。"威尔逊所说的"手段"指的是(　　)

A.闪电战　　　　　　　　　　B.海空一体战

C.大规模消耗战　　　　　　　D.无限制潜艇战

答案:D。本题考查第一次世界大战中德国实行的无限制潜艇战,考查考生的理解能力。由"1917年4月""美国总统威尔逊"和"美国船已被击沉"可知美国向欧洲运输物资的船只被击沉。德国于1917年2月开始实行无限制潜艇战,目的是要对英国进行封锁,迫使英国退出战争。闪电战是第二次世界大战纳粹德国使用的一种战术。海空一体战是2009年美国提出的海空联合作战理论。大规模消耗战是一种逐渐消耗敌人战斗力的作战模式。故答案选D项。

3.第一次世界大战的影响

(1)性质:第一次世界大战是一场帝国主义性质的战争。虽然塞尔维亚的抗击具有民族解放战争的性质,但不能改变整个战争的非正义性质。

（2）对国际格局的影响：欧洲国际地位下降，美日迅速崛起。大战摧毁了德意志帝国、奥匈帝国、俄罗斯帝国和奥斯曼帝国，促成了一个新型社会主义国家——苏联的出现，促进了殖民地半殖民地国家和地区民族解放运动的发展。

（3）对人类社会的影响：第一次世界大战成为新技术发展的催化剂，促使政府机构改变了职能，改变了人们的思想观念。

精选真题

[2019下半年]第一次世界大战后期，美国总统威尔逊对战后问题提出方案。这一方案是（　　）

A.《和平法令》　　　　B.《十四点原则》　　　　C.《大西洋宪章》　　　　D.《联合国宪章》

答案：B。 本题考查《十四点原则》，考查考生的识记能力。结合所学知识可知，1918年1月，美国总统威尔逊在国会讲演中提出《十四点原则》，作为战后建立世界和平的纲领，B项正确。《和平法令》是俄国十月革命胜利后苏维埃政权公布的第一个重要的对外政策法令，A项不符合题意。《大西洋宪章》是1941年美国总统罗斯福与英国首相丘吉尔签署的联合宣言，C项不符合题意。《联合国宪章》是1945年6月来自50个国家的代表在美国旧金山签署的联合国基本大法，D项不符合题意。

八、近代科学技术与文化 重点

（一）近代自然科学体系的形成

1.近代自然科学兴起的历史条件

（1）经济条件：资本主义经济的发展以及资本主义世界体系的建立提供了物质基础。

（2）政治条件：资产阶级革命胜利以及资本主义制度的确立提供了制度保障。

（3）文化条件：文艺复兴和宗教改革提供了精神动力。

2.概况

类别	时间	代表人物	成就	意义
物理学	17世纪	牛顿(英)	建立经典力学体系	标志着近代科学形成
	19世纪	麦克斯韦(英)	建立电磁学理论	建立起电磁学，为人类打开电力时代的大门准备了条件
生物学	19世纪中期	达尔文(英)	创立生物进化论	对生物学的一次伟大综合

精选真题

1.[2018下半年]有学者在评论一位西方科学家时说，他用一把利剑"斩断了无知、迷信和傲慢这些束缚人类对亿万年来生命了解的镣铐"。他评论的这位科学家是（　　）

A.达尔文　　　　　　　　　　　　B.牛顿

C.哥白尼　　　　　　　　　　　　D.爱因斯坦

答案：A。 本题考查达尔文，考查考生的理解能力。根据题干这位西方科学家"斩断了无知、迷信和傲慢这些束缚人类对亿万年来生命了解的镣铐"，可知这位西方科学家的研究是关于生命起源的。达尔文1859年出版《物种起源》，提出进化论思想，第一次把生物学建立在完整的科学的基础上，推翻了神创论和物种不变论,沉重地打击了神权统治的根基。牛顿是近代自然科学的奠基人,发现万有引力,创立微积分,建立了完整的力学理论体系,与题意不符。哥白尼提出"日心说",有力地打破了长期以来占据统治地位的"地心说",与题意不符。爱因斯坦创立了相对论,为原子能的发明和应用提供了理论基础,与题意不符。故答案选A项。

2.[2018上半年]20世纪初,中国出版的一本译著中写道:"其动物之不合宜者,渐渐渐灭,其合宜者,得以永存,此谓天道自然之理。"文中所说的"天道自然之理"的创立者是(　　)

　　A.伽利略　　　　　　　　　　　B.哥白尼

　　C.达尔文　　　　　　　　　　　D.爱因斯坦

　　答案:C。本题考查达尔文,考查考生的理解能力。由题干可知,题干描述的是"物竞天择,适者生存"的道理,这与达尔文进化论的观点相符合,故答案选C项。

(二)近代思想文化的主要成就

领域	人物	国家	代表作/代表思想
作家	列夫·托尔斯泰	俄国	《战争与和平》《安娜·卡列尼娜》《复活》 被称为"俄国革命的镜子"
	巴尔扎克	法国	《人间喜剧》 被称为"现代法国小说之父"
画家	达·芬奇	意大利	《最后的晚餐》摆脱了神学的禁锢,对人和人性作了生动细致的描绘
	梵高	荷兰	后印象主义的先驱,代表作《向日葵》
	德拉克洛瓦	法国	法国浪漫主义画家,代表作《自由引导人民》
	列宾	俄国	俄国现实主义画家,代表作《伏尔加河上的纤夫》
	米勒	法国	法国现实主义画家,代表作《拾穗者》
音乐家	贝多芬	德国	《英雄交响曲》(以法国大革命为背景)

精选真题

1.[2016下半年]托尔斯泰被誉为"俄国革命的镜子"。下列作品由他创作的是(　　)

　　A.《双城记》　　　　　　　　　　B.《人间喜剧》

　　C.《巴黎圣母院》　　　　　　　　D.《战争与和平》

　　答案:D。本题考查托尔斯泰的代表作,考查考生的识记能力。托尔斯泰的主要作品有长篇小说《战争与和平》《安娜·卡列尼娜》《复活》。他的作品描写了俄国革命时人民的顽强抗争,因此被称为"俄国革命的镜子",列宁曾称赞他创作了世界文学中"第一流"的作品。结合题干,本题选D。

2.[2016上半年]下图所示的绘画作品属于哪一艺术流派(　　)

A. 新古典主义
B. 浪漫主义
C. 现实主义
D. 现代主义

答案:C。本题考查现实主义画派,主要考查考生的读图能力和对知识的掌握能力。现实主义画派兴起于19世纪中期,注重表现社会现实。图中作品是俄国画家列宾的《伏尔加河上的纤夫》,充分表现了在封建势力和资本家的剥削下,俄罗斯劳动人民的悲惨生活,记录了当时社会的真实面貌,是现实主义绘画的杰出代表作品。

第六节　世界现代史

一、苏联社会主义道路的探索　**重点**

(一)俄国十月革命

1. 二月革命

时间:1917年3月。

结果:推翻了沙皇专制统治,结束了封建专制的统治,二月革命后出现了两个政权并立的局面,资产阶级临时政府和苏维埃政权。

意义:二月革命为俄国无产阶级反对资产阶级、争取社会主义的斗争创造了有利的条件,它发生在第一次世界大战期间。这次革命的胜利,促进了欧洲各国被压迫人民和被压迫民族反对帝国主义战争、反对本国反动政府、争取民主权利和民族解放的革命运动的高涨。

2. 十月革命

时间:1917年11月。

地点:彼得格勒。

领导人:列宁。

性质:无产阶级革命。

任务:推翻资产阶级临时政府。

结果:彼得格勒武装起义取得胜利,推翻了以克伦斯基为首的资产阶级临时政府,成立了以列宁为首的世界上第一个工人士兵苏维埃政府。标志着世界上第一个社会主义国家的诞生。

历史意义:

对俄国来说,十月革命建立了世界上第一个无产阶级领导的、以工农联盟为基础的社会主义国家,为把

六、教学过程的设计

（一）导入新课　重点

导入新课又称为教学导入,是教师在一个新的教学内容或教学活动开始时,引导学生进入学习的教学行为。在导入过程中要注意导入所创设的情景必须与本节课内容密切相关,不能牵强附会。导入时间不宜过长,切忌喧宾夺主。教学导入形式各异,有时互为重叠、交叉,也没有固定模式。教师设计导入时,应以学生的情况和教学的需要出发,创造性地加以运用。

1. 导入的功能及原则

导入的功能	①引起学生注意;②激发兴趣与动机;③引导学习与思考;④建立新旧知识的联系
导入的原则	①趣味性原则;②衔接性原则;③启发性原则;④有效性原则;⑤简短性原则

2. 导入的类型

（1）直接导入

直接导入是指教师在上课伊始就开宗明义,直接点明本课的课题,概述要学习的是什么内容,提出学习的目标和要求,引起学生的重视,做好参与学习的准备。直接导入法最主要的特征就是开门见山,可以很好地节省教学时间,但是在课堂氛围和调动学生情绪上都要大打折扣。

（2）复习导入

复习导入是一种通过复习旧课或原有知识导入新课的方法。教师要善于从学生学过的知识中寻找与新知识之间有紧密联系的知识点,让学生在回顾原有知识的同时,为接受新知识做好铺垫。复习导入的方法一般先由教师提出问题,在学生回答的基础上,教师加以总结,再引导到新课上来。此法能使学生很快从已知领域进入未知领域,开启新知识的学习通道。

（3）演示导入

演示导入是一种结合多媒体课件的演示或出示直观教具导入新课的方法。上课开始,教师运用多媒体演示图片、动漫、视频,或者出示图片、文物、历史模型等直观教具,引导学生观察,引起学习兴趣,提出相关问题,切入本课教学。此法形象直观,能迅速引起学生的注意,进而引发其思考。演示材料应贴切,切勿牵强附会、拐弯抹角。

（4）经验导入

经验导入是一种利用学生已有生活经验,激发其产生探究历史问题的兴趣来导入新课的方法。此法从学生已有的生活经验入手,能使学生感到亲切、自然,缩短历史与现实的距离感。此法使学生由此及彼、因旧启新,提高学习的兴趣,但是哪些课题能够联系生活经验则需要认真思索,如联系不当,反而弄巧成拙、事与愿违。

（5）设疑导入

设疑导入是一种围绕教学中的重点、难点、衔接点设计悬念的导入方式。上课伊始,教师有意识地设置疑问,使学生产生悬念,激发其求知欲,引起积极的思考。

（6）故事导入法

故事对于学生而言总是具有很强的吸引力,各种和课文有关的奇闻异事往往能够迅速引起学生的兴趣。在课堂教学中,教师要抓住有利时机,用故事把学生的无意注意及时地转换为有意注意,于妙趣横生时

02

点题新授;于已入佳境时破题而入。这样,就一定能起到事半功倍的效果,从而集中学生的注意力,促进学生思维的发展,培养学生探索的精神,提高学生的学习兴趣和能力。

(7)时政热点导入法

时政热点本身就同某些历史有着密切的联系,它具有及时性、真实性。在讲解新课时,如果我们善于抓住时政热点素材,就容易调动学生的兴趣,使遥远的历史场面拉近距离。

(8)文献、诗歌、名人名言导入法

运用反映历史情况的诗词、歌曲、歌谣、名人名言等文学作品导入新课,能够激起学生的兴趣,调动学生的想象力,激活学生的思维,具有烘云托月之效。

精选真题

[2014下半年]阅读下面材料,并回答问题。

下面是某教师对"光耀千古的诗坛"一课所设计的导入:

教学环节	教学过程
步骤一(3分钟)	回顾所学,前后联系:回顾唐朝建立、贞观之治、贞观遗风、开元盛世的相关史实
步骤二(3分钟)	互动猜图、画中有诗、展示图片,猜图中所反映的诗歌主题:王维《相思》、李白《静夜思》、杜甫《兵车行》、张继《枫桥夜泊》
步骤三(4分钟)	观看视频:唐诗的发展,代表诗人及其诗歌的特点 提出问题:"为什么说唐朝是诗歌发展的鼎盛时期?"导入新课

问题:

(1)上述课堂导入的设计存在哪些问题?

(2)教师在设计课堂导入时要考虑哪些因素?

参考答案:(1)好的导入能够起到凝神、点睛的作用。该老师在导入环节注意到知识的前后联系,也考虑到采用图片等教学资源来引发学生兴趣,这是值得肯定的。但导入环节也存在问题。

首先,导入环节只是对新课的导入,课堂教学的重点仍在于新课内容的教学。所以导语不宜过长,一般三分钟以内必须转入正题,该老师导入时间用了10分钟,占到整个课堂时间的1/4,导入时间过长会喧宾夺主,不利于教学活动的开展和教学任务的顺利完成。

其次,步骤二没有体现有效性原则,导入的事例必须和主题或重点相联系,不能只和课文沾边。导入应该为教学服务,并有利于教学,与教学相隔甚远甚至无关的导入,是无效的导入。该老师在猜图游戏结束后并没有适时地提问,导致和本节课的教学相脱离。

(2)为了更好地发挥教学导入的功能,历史教师要考虑导入设置和使用的原则。

①趣味性原则。教师应掌握学生的心理特点,提高教学艺术,善于点燃他们学习历史知识的热情,发挥他们在学习中的主体作用。对一堂历史教学课来说,导语的趣味性直接影响着学生在教学活动中的参与程度,影响着教学目标的实现。②衔接性原则。首先,导语应使学生在已知和新知之间建立起实质性的联系。其次,导语要解决学生在学习历史新知前所出现的认知结构上的不协调以及由新旧知识之间的差异造成的心理上的不协调。③启发性原则。富于启发性的导语不仅能引导学生积极思考,主动发现问题,激发学生解决问题的强烈愿望,调动学生思维活动的积极性,促进他们更好地理解教

材,还能启发学生的想象思维,培养他们分析问题、解决问题的能力,扩大知识面,丰富知识结构。④有效性原则。导入必须根据教学目标、教学重难点以及结合学生情况来设计。导入的事例必须和主题或重点相联系,不能只和课文沾边。导入应该为教学服务,并有利于教学,与教学相隔甚远甚至无关的导入,是无效的导入。⑤简短性原则。导语不宜过长,一般三分钟内必须转入正题,导入时间长会喧宾夺主,不利于教学活动的开展和教学任务的顺利完成。

(二)讲授新课 重点

新课的讲授在历史课堂中所占的比例最大,也是最重要的一部分。

1.在新课的讲授过程中应注意:

第一,选择合适的讲授内容。

第二,讲授的内容要富于启发性。

第三,在讲授时要注意趣味性。

2.课堂提问

课堂提问是促进师生互动的基本形式,是启发学生思维的重要手段,它具有教学信息双向和多维流动的特点。课堂提问是教师常用的一种教学行为,具有调动学习兴趣、培养思维能力和及时了解课堂教学效果的作用。

(1)历史课堂提问的原则

历史课堂提问的原则	1.问题应紧扣教学内容
	2.问题应有明确的指向
	3.问题应有启发性
	4.问题应有探究性
	5.问题要难易适中
	6.问题要与学生的历史学习有直接的关系
历史课堂提问需要注意的事项	1.要在学生的认知基础上提问
	2.要面向全体学生提问
	3.要把握提问的节奏和频率
	4.要给学生必要的思考时间
	5.提问要与讲授相结合
	6.及时引导学生回答
	7.要认真倾听、正确对待学生的回答

(2)历史课堂提问的类型

①诱导性提问

诱导性提问是教学过程中师生之间常用的一种相互交流的教学技能,具体分为以下几方面:

第一,从学生生活体验入手诱导提问。

第二,用形象的语言创设新情境,诱导对问题的理解。

第三,以富有趣味的知识性提问,诱导学生去积极思维。

02

第四,教师善于抓住学生疑问的闪光点,诱导出新的疑难问题,启发学生思维。

②疏导式提问

疏导式提问就是把一个比较复杂而困难的历史问题分解为一系列比较容易理解的小问题,逐一引导学生作答。这是一种化难为易的提问技巧。

③对比式提问

比较是历史思维的一种重要方式,它又分为求同和求异两种形式,求同是找出历史发展的普遍性,求异是找出历史发展的特殊性。培养比较能力是为了达到深化认识和把握历史发展规律的目的。

④迂回式提问

有些历史问题较复杂,让学生正面回答,效果不佳。若采用迂回设问的办法,则可达到退中求进的目的。

⑤阶梯式的提问

教师将所要展示的内容设计为环环相扣,前后连贯,形同"阶梯"的问题组,让学生登上"阶梯"去寻根究底,直至问题完全解决。

山香指导 历史课堂提问可以分为识记、理解、应用、分析、综合、评价六个层次。识记层次要求能回忆、描述、再认、再现历史知识。理解层次要求对所学的知识具有初步的解释、概括和说明的能力。应用层次要求能把所学知识应用于新的问题、情境中,具有一定的知识迁移的能力。分析层次要求能理清历史的来龙去脉,揭示问题的本质,或者分析不同的历史观点,提出自己的认识。综合层次要求能将各部分知识整合起来,对问题做出综合的解答或设计较完整的解决思路。评价层次要求能运用一定的标准对历史人物、事件、现象、制度等进行价值判断。从识记到分析,提问从封闭性不断趋向开放性,其发挥的作用也从侧重使学生掌握史实到侧重培养创新思维能力。不同层次的提问,在教学中应配合使用,才能使课堂提问的成效最大化。

精选真题

[2016下半年]阅读下面材料,回答问题。

材料:

某青年教师在进行有关北伐战争的教学时,用课件展示出《北伐誓师词》:国民痛苦,水深火热;土匪军阀,为虎作伥;帝国主义,以枭以张。本军兴师。救国救民;总理遗命,炳若晨星……实行主义,牺牲个人,有进无退,革命精神,嗟我将士,同心同德。

然后,教师带领学生诵读《北伐誓师词》,接着讲述北伐战争的具体经过。

问题:

(1)请评述该教师的教学行为。

(2)根据上述《北伐誓师词》设计两个课堂提问,并写出预设答案。

参考答案:(1)首先,该教师以誓师词的形式导入新课,设计新颖,能充分调动学生学习历史的兴趣;其次,该教师带领同学诵读誓师词,可以让学生充分体会到当时爱国将士的激昂情绪,从而感染学生,激发学生的爱国意识和对革命烈士的敬仰;最后,通过诵读整个誓师词,可以大致了解北伐战争发生的时代背景和经过,有助于学生对北伐战争这一历史事件的学习和掌握。

(2)①北伐战争的目的是什么?

答:推翻北洋军阀的统治,统一全国。

②北伐战争取得胜利的原因有哪些?

答:北伐军作战方针的正确;国共两党的齐心协力;广大北伐官兵的浴血奋战和共产党员的先锋模范作用;共产党领导下的工农群众的密切配合和积极支援;苏联的军事援助以及北洋军阀统治的不得人心。

3.概念阐释

(1)概念阐释的含义

概念阐释也称概念讲解,是一项教学常用技能。它以语言为主要媒介,向学生说明重要历史概念的基本含义、阐明历史概念的系列结构,解释概念之间的相互关系。历史概念是对历史事件、历史人物、历史现象的本质属性的反映。历史概念的产生,是历史认识过程中的质变,表明人的认识从感性阶段上升到了理性阶段。学生通过对历史概念的准确理解、深刻分析及系统综合,来把握历史知识体系,认识历史本质,揭示历史发展的基本规律。

(2)历史概念的类别

历史教学涉及众多的概念,大量的历史概念以一定的系列结构存在于历史知识体系中。历史概念可以分为史实概念和理论概念两大类。

史实概念是对具体的历史事件、历史现象、历史人物的概括和评价。如"西安事变"这一概念,包括对该事件基本史实的概括——历史背景、时间、地点、基本过程;以及对这一史实的评价——西安事变的和平解决,促成了国共两党第二次合作和抗日民族统一战线的初步形成。

理论概念是经高度抽象和概括而形成的体现一定历史观的历史概念,如原始社会、封建社会、半殖民地半封建社会、君主专制、农民革命、资产阶级革命等。这种理论概念大多属于唯物史观理论范畴,是人们认识历史的基本观点。在历史教材中,涉及很多理论概念,但又不可能对这些理论概念有专门阐述,所以主要靠教师在讲授有关历史问题时,进行正确的阐释,借以对学生进行唯物史观的教育,培养学生运用唯物史观观察和分析历史问题的能力。

(3)历史概念阐释存在的问题

一般来说,教师阐释历史概念,容易产生以下几个问题:

①对史实概念缺乏理论分析。教师在讲课中一般都注意讲解史实概念,并能向学生提出掌握史实概念的要求,如要求学生在概括中注意时间、地点、背景、过程、结果、影响等几大要素,但对几大要素之间的内在联系,则缺乏理论层面的分析。

②对理论概念的教学比较薄弱。教师在向学生提出掌握历史概念要求时,一般都只落实到史实概念,很少提出掌握理论概念的要求,很少对学生掌握理论概念的情况进行摸底与分析,很少要求学生运用理论概念来分析历史材料。

③对唯物史观的基本原理缺乏深入的理解。不少教师缺乏唯物史观的理论素养,在教学中难以对基本史实做出较深刻的理论分析,也不能指导学生形成科学的观点。

(4)历史概念阐释的基本方法

①准确表述历史概念。每一历史概念都有其特定的内涵和外延,教师应指导学生用高度概括、准确的语言对历史概念进行表述。教师指导学生表述历史概念,需要注意几个方面:第一,定义应简明,不能过宽或过窄。如将"帝国主义"表述为"由自由竞争进入垄断阶段的资本主义",这个定义就比较适中。第二,定义不能与概念同语重复。如将"帝国主义"表述为"是实行帝国主义的国家",概念的词语与定义的词语重复,等

02

于没有定义。第三，概念的定义不应是否定的。如将"社会主义国家"解释为"社会主义国家不是资本主义国家"，还是没有明确界定。第四，概念的定义不应使用比喻。如将"帝国主义"定义为"帝国主义是纸老虎"，就不是对帝国主义概念的准确定义。

②运用实例阐释历史概念。讲解历史概念，尤其是理论概念，需要教师运用实例进行阐释，因为讲解历史概念不能从概念到概念，用实例使这个概念具体化，以揭示该概念的本质属性，才能讲解清楚。常用的方法有两种：一种是从实际历史问题引入，在讲清史实后加以归纳，揭示其本质属性；另一种是先阐述概念的本质属性，然后举例来说明。总之，在历史教学中阐述历史概念不能脱离历史的实例。例如，"半殖民地半封建社会"这个历史概念，单靠给予概念性的解释显然是不够的，学生也难以真正理解，教师必须结合近代史上西方国家的侵华战争及战争结束后其迫使清政府签订的不平等条约内容来说明中国社会性质的变化，以及由于社会性质的变化而产生的一系列问题。

③运用变式组织感性材料。所谓概念学习就是能够概括出同类事物的共同本质特征。在概念教学中运用变式有助于学生对概念的理解和掌握。在历史概念教学中，教师除了运用文物图片、模型、图表、录像、多媒体等教学手段向学生展示感性材料外，有时还带领学生参观博物馆、实地考察、调查访问，帮助学生积累感性经验。更多的时候教师运用史料来传递感性认识。鉴于学生在学习时，由于注意和选择性知觉的特点，往往容易关注材料外部的特征，而忽略内隐的本质特征，因此教学中就需要运用变式。所谓正例，又称肯定例证，指包含着概念本质特征的例证；反例又称否定例证，指不包含概念本质特征的例证。教师在历史概念教学中运用丰富的正例，有助于学生迅速掌握概念的关键内涵和特征，从而进行概括。不过，在呈现若干正例的同时，必须伴随呈现适当的反例。因为反例虽然不具有概念的关键特征，但是概念的正例和反例在无关特征方面可能有许多相同点，因此同时呈现反例有助于学生辨别，从而使概念的掌握精确化。

④运用比较法讲解历史概念。用比较法讲解历史概念，可以区别不同概念之间的特殊之处，认识它们的共同所在。用比较法讲解历史概念，包括从属关系的概念比较、并列关系的概念比较、矛盾关系的概念比较和不同情境下的同一概念比较。需要注意的是，比较的概念必须是有关联的，是在同一属性、同一种关系上进行的，不同属性的事物不宜比较。

⑤建构系统化的历史概念体系。这要求教师引导学生对学过的概念进行分析、比较，揭示概念的共性和个性、联系与区别，根据因果、包容、并列、递进等关系，组成有一定层次性的概念体系。例如，"革命"这个概念，包含"资产阶级革命"和"无产阶级革命"两个概念。而在"资产阶级革命"之下，又有英国的、美国的、法国的资产阶级革命等多种概念。再往下，各国资产阶级革命过程中又有许多事件和人物，它们都以概念的形式反映出来。如英国的克伦威尔、新模范军、纳西比战役、《权利法案》等。这样，就至少构成四个层次的历史概念体系。教师有意识地帮助学生把各种概念上下左右联系起来，使之形成一个有序的体系，能使学生抓住概念的本质，明确概念间的差异，深入地理解和运用概念。

（三）学生课堂活动　重点

学生活动是一个学生间互相学习、通过合作共同分享学习资源、培养合作能力的过程，也是一个再学习的过程。

1. 学生活动的主要形式

（1）组内活动。教师组织学生在学习小组内互相讨论，发表不同见解，进而得出观点。

（2）组际间活动。教师根据教学目标和教材内容，鼓励学生设计和表演历史情景剧，或历史小组辩论赛以及角色扮演等活动,达到解决问题、梳理知识的目的。

2.学生活动应注意的问题

(1)教师要注意观察和倾听,善于捕捉学生讨论中的问题,起到穿针引线、推波助澜的作用。

(2)另外教师要善于把控时间,注意整体教学的进度。

(3)在进行角色扮演时,教师要提前设计和组织好角色扮演活动。

历史课堂开展角色扮演活动应该注意的问题	①夯实语言知识基础,促成高效表演
	②精心设计情境,激发表演兴趣 合理设置问题情境是角色扮演活动得以顺利进行的首要条件。教师应准确把握学生的实际情况,并使所设置的问题情境符合学生认知和情感发展的水平
	③准确定位角色,保证表演顺利进行 教师是角色扮演活动的促进者,在整个过程中,教师要做好角色扮演活动前和活动中的指导工作,明确教学目标,确保所设计的活动体现本单元或本课要求掌握的知识
	④巧妙开展评价,调动全体学生参与 评价是角色扮演活动结束后的重要环节,不仅会影响学生今后参加角色扮演活动的积极性和主动性,也会影响角色扮演教学的效果。通过评价,学生在历史学习过程中可以不断地体验进步与成功,认识自我,建立自信,调整学习策略,从而提高自身的学习能力
原则	1.形式多样原则;2.内容贴切的原则;3.难度适中原则

精 选 真 题

[2015下半年]历史课堂教学中教师组织学生活动应注意哪些问题?

参考答案:(1)坚持正确的思想导向和价值判断。

(2)充分激发学生的历史学习兴趣。

(3)注重对基本史实进行必要的讲述。

(4)引导学生学会学习,学会思考。

(5)注意历史知识多领域、多层次的联系。

(6)提倡教学方式、方法和手段的多样化。

(7)注重培养学生的创新意识和实践能力。

(四)学生自主学习活动 重点

1.学生自主学习活动设计的步骤

(1)温故启新,导入新课。

(2)设疑导学,引领学生自主学习。

(3)分组讨论,在交流与合作中解决问题。

(4)质疑解惑,拓展思维,升华情感。

(5)总结提升,当堂训练,及时反馈,评价激励。

2.开展学生自主学习应遵循的原则

(1)教师主导与学生主体相结合的原则。教师在自主学习活动中居于主导地位,对学生进行有效引导。学生在教师的指导和帮助下进行自主学习活动,充分发挥学习的主观能动性,调动一切有利因素投入到自主学习活动中。

(2)循序渐进的原则。学生的历史自主学习是一个完整的过程,具体学习环节设置与活动安排应该做到由易到难、由简到繁,体现循序渐进的过程。

(3)目标明确的原则。学生自主学习活动的内容应该按照历史课程标准和教学目标选取,学习环节应该围绕教学主题和重点展开。

(4)实用性原则。确保学生通过自主学习活动能够掌握相关的历史知识和学习方法,培养自主学习能力。通过对学生自主学习的评价,让学生知道他们在自主学习中存在的缺点和不足,明确今后的改进方向。

精选真题

[2019上半年]阅读下面材料并回答问题。

材料:

下面是某教师为"中华人民共和国的成立"一课设计的学生自主学习环节:

(1)个体学习:阅读课文学案中的材料,完成学案的基础知识题。

(2)小组交流:围绕中华人民共和国成立的相关知识分组进行交流。

(3)合作探究:结合学案中的材料,如人民英雄纪念碑的碑文、《共同纲领》的内容、图片《开国大典》、国旗、国歌等,以"中国人民从此站起来了"为主题,进行活动、发表感想。

(4)总结提升。

问题:

(1)你认为这位教师的设计有哪些可取之处?

(2)历史教学中开展学生自主学习应遵循哪些原则?

参考答案:(1)该教师设计的可取之处:

①该教师设计各项活动均围绕本课的学习主题和重点进行。

②该教师设计的活动环节丰富多样,包含个体学习、小组交流、合作探究、总结提升四个环节,有利于激发学生的历史学习兴趣,让学生最大限度地发挥学习的主体作用,培养学生自主学习、合作学习的能力。

③该教师设计的教学活动遵循了循序渐进的原则,实用性强。该教师设计的教学活动从个体学习开始,然后过渡到小组交流和合作探究,最后是总结提升环节,符合学生的心理特征和认知发展规律,具有较强的实用性。

④该教师在设计教学活动时坚持了教师主导与学生主体相结合的原则。教师的主导性体现在教师对学生的有效引导。学生的主体性体现在整个教学活动设计都是围绕学生展开的,学生作为活动的主体参与各个教学环节。

(2)参见内文。

(五)课堂练习与总结

1.课堂练习

课堂练习是指教师针对本节课的重难点内容,设置形式多样的练习题要求学生进行作答。

练习题目要有代表性、指导性、典型性和层次性,能够突出本课学习的重难点。

为达到巩固提高学习效果的目的,教师可在课后布置相应的作业题目。内容要与课堂学习的知识有关,任务量符合学生实际。

2.课堂总结

课堂小结是指教师在一个教学内容结束时,有目的、有计划地通过重复强调、概括总结等方式,对所学新课知识和学科能力进行系统强化,使之稳固纳入学生认知结构的教学行为。

一节完整的历史课,始于导入,终于结课,因此在教学过程中,教师要做到善始善终,使得课堂教学布局合理、结构完美,达到首尾呼应、前后浑然一体的妙境。

(1)课堂小结的基本要求及功能

基本要求	①做到首尾呼应
	②结语要突出重点,结论要简明扼要
	③既要紧扣时代精神,又要避免空洞说教
	④适当留下悬念
	⑤注重评价的作用
功能	①条理化、系统化功能
	②巩固强化功能
	③激趣开智功能
	④教学过渡功能
	⑤及时反馈功能

(2)教学过程中常见的结课方式

在教学过程中,常见的结课方式有以下几种:

①整合图示法

以图示来归纳全课知识的一种结课方法。在复习总结的基础上进一步巩固提高。

②新课铺垫式

好的结课应该是对一堂课知识的梳理和总结,更应该是引导学生继续学习新知识的起点。因此在教学中,教师要善于根据教学内容的前后联系,采取铺垫设疑式的结课,激发学生的学习欲望。

③联系拓展式

这种总结方法既能很好地促进学生对旧知识的巩固,又能使学生提高比较、综合等思维能力,开阔学生的视野,提升学生对历史的认识。

④组织对比——问题讨论式结课

很多历史知识之间都存在一定的相似性,也有的历史知识之间存在很大的差别,教师要善于通过问题讨论式结课组织学生在课后进行对比研究,这样,不仅能够帮助学生厘清相关历史知识之间的联系和区别,而且能够有效地培养学生的研究性学习能力。

⑤歌诀式结课法

对于教学中存在的那些零碎的内容,讲授之后将其编成朗朗上口的歌诀,然后加以记忆巩固。

(六)板书设计

板书是整个教学思路和内容的浓缩,是课堂教学重要的一环。板书设计就是教师在教学过程中,为了帮助学生理解、掌握知识,在黑板上书写简练的文字、符号和图表等,起辅助教师口头讲授的作用。

02

1.板书的作用

（1）**提炼知识内容,突出教学重点**。清晰、适当的板书,有助于学生把握教学内容,使教学内容结构化、要点化,有助于突出教学重点,突破教学难点。

（2）**刺激学生注意,启发学生思维**。板书可以不断刺激学生的视觉注意,使学生了解教学的进程,将学生的思维始终集中在教学上。

（3）**便于记忆理解,感受美的意境**。板书便于学生对知识的记忆与理解,形象、优美的板书,还给学生以美的享受,有助于活跃学生的思维。

精 选 真 题

[2018下半年]简述历史课堂教学中板书的主要作用。

参考答案:参见内文。

2.板书的内容

板书的内容主要有三个方面:一是章节标题及内容提纲,这是板书的主体;二是年代、人名、概念等,这是对主体内容的补充;三是图表,这是对教学内容的形象概括。

传统的板书,一般分正板书和副板书。正板书写在黑板的左侧,书写讲课的提纲、要点;副板书在右侧,内容通常是正板书没有列入的人名、地名、年代、数字、概念等,是对正板书的补充。

如今PPT等多媒体课件辅助教学比较普遍,在许多时候,正板书的内容多由课件的知识要点来代替,黑板上则写一些原属于副板书的内容。PPT展现的知识要点也可称为电子板书。运用多媒体课件,可节约板书的时间,也能解决粉尘影响师生健康的问题,但是由于是课前预设的,难以解决生成性问题,因此多媒体课件还不能取代传统的板书,可采取以多媒体为主、板书为辅的呈现模式。

3.板书的类型

（1）纲要式板书

纲要式板书,又称提纲式板书,是根据教学内容的逻辑体系,概括出教学内容的基本结构、层次、要点,形成层次分明的板书样式。这是历史课堂最常见的板书样式。纲要式板书的特点是逻辑性强,结构完整,层次清晰,要点明确,便于学生记忆和理解。纲要式板书也适合制成电子板书(PPT的教学要点)。

【示例】

"秦的统一"板书

> **秦的统一**
>
> 一、秦灭六国和中央集权制度的建立
>
> 1.秦灭六国
>
> 2.中央集权制度的建立
>
> 二、巩固统一的措施
>
> 1.统一文字、货币、度量衡
>
> 2.焚书坑儒
>
> 三、修筑长城和开发边疆
>
> 1.北击匈奴,筑长城
>
> 2.南征越族,凿灵渠
>
> 四、秦朝疆域

（2）表格式板书

表格式板书是把教学内容通过表格体现出来的一种板书样式。这种板书对于头绪纷繁、不易说明的历史要素，能够化繁为简地展现，而且具有综合、比较、归纳等方面的作用。尤其是关于政治措施、法律条约、思想文化、科学技术等方面的内容，运用表格式板书，能够一目了然，便于学生对知识的把握。但是表格式板书仅适用于重点和难点知识，难以兼顾一般性知识。

【示例】

"十一届三中全会"板书

时间	1978年12月
地点	北京
内容	指导思想——解放思想、实事求是 工作中心——转移到经济建设上来 战略决策——实行改革开放 领导核心——形成以邓小平为核心的党中央第二代领导集体
意义	我国从此走上改革开放、建设中国特色社会主义的正确道路

（3）线索式板书

线索式板书是围绕某一教学主线，抓住教学重点，运用线条、箭头等符号，把教学内容的结构、脉络清晰地展现出来的一种板书形式。设计和使用这种板书的关键在于抓住教学内容的主线，把它提取出来，使其成为教学的主要思路，便于教师的讲授和学生的理解。

【示例】

"红军长征"板书

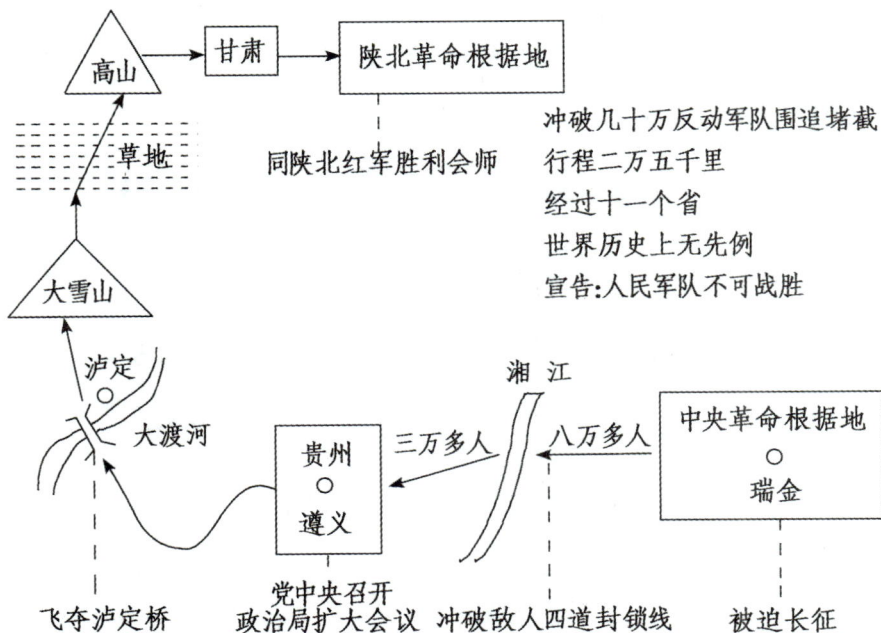

（4）总分式板书

适用于先总体叙述后分述的教学内容。这种板书条理清楚、从属关系分明，便于学生理解和掌握教材的结构，给人清晰完整的印象。

【示例】

"甲午中日战争"板书

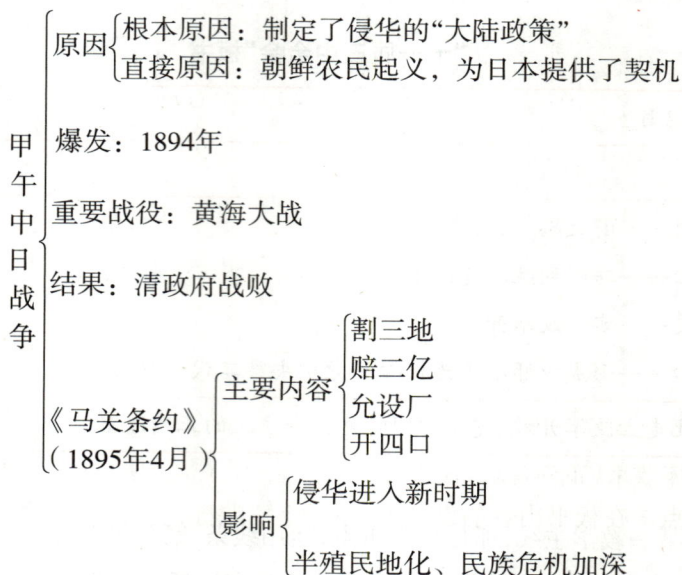

甲午中日战争
- 原因
  - 根本原因：制定了侵华的"大陆政策"
  - 直接原因：朝鲜农民起义，为日本提供了契机
- 爆发：1894年
- 重要战役：黄海大战
- 结果：清政府战败
- 《马关条约》（1895年4月）
  - 主要内容
    - 割三地
    - 赔二亿
    - 允设厂
    - 开四口
  - 影响
    - 侵华进入新时期
    - 半殖民地化、民族危机加深

（5）图示式板书

图示式板书是以图形、箭头等作为符号，将内容要点连接在一起，形成关系框图的一种板书样式。这类板书的特点是简明生动，文字、线条都代表一定的含义，既有逻辑性，又直观形象，便于记忆和联想。对于较复杂和抽象的内容，图示式板书更有助于学生的理解和掌握。但是它难以概括一些生动的、过程性的知识，并非所有知识内容都能运用图示式板书。

【示例】

"唐朝的兴衰"板书

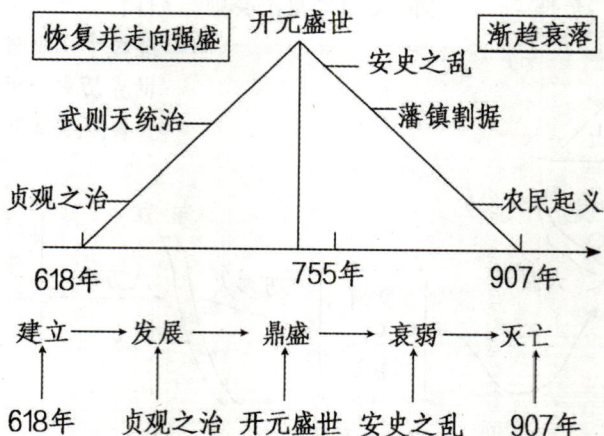

恢复并走向强盛　　开元盛世　　渐趋衰落

安史之乱

武则天统治　　　　藩镇割据

贞观之治　　　　　　　　农民起义

618年　　　　755年　　　907年

建立 → 发展 → 鼎盛 → 衰弱 → 灭亡

618年　　贞观之治　开元盛世　安史之乱　907年

精选真题

[2018上半年]下面是某教师讲授"百家争鸣"一课时的板书,该板书的类型属于( )

百家争鸣

学派	代表	著作	主张
儒家	孟子	《孟子》	民贵君轻,仁政,反对战争
	荀子	《荀子》	人定胜天
墨家	墨子	《墨子》	兼爱,非攻,反对以强凌弱
道家	庄子	《庄子》	无为而治
法家	韩非子	《韩非子》	提倡法治、中央集权

A.图表式板书　　　　　　　B.纲要式板书
C.图示式板书　　　　　　　D.线索式板书

答案:A。本题考查图表式板书,考查考生的理解能力。根据题干要求可知,答案选A项。

4.板书设计的基本要求

(1)板书要注意整体效果,布局合理,在板位的安排上,要主次分明。

(2)突出教学重难点。在板书内容的设计上,教师要考虑将教材重难点内容和疑难点写入板书中,以标题形式凸显其重要性。

(3)板书设计上要构成完整的历史线索。板书的内容要精炼恰当,具有高度的概括性,应该以简驭繁,用简短的文字整理零碎的历史片段,从而形成一条简明的历史线索,使板书起到提纲挈领的作用。

(4)在形式上,板书要有灵活多样性和清晰的条理性。

(5)板书的内容要能调控学生的思维方向,有一定的启发性。

(6)板书要规范、美观,体现艺术性。板书的文字,要准确、规范,既工整,又流畅,井然有序,字体大小适中、行距一致。板书要避免出现随心所欲、杂乱无章、标点符号不统一、错别字等。

精选真题

[2014下半年]简述历史课堂教学中板书设计的基本要求。

参考答案:参见内文。

(七)多媒体课件的设计　重点

多媒体演示教学是新课标下基于现代教育技术进行课堂教学的常见模式。

多媒体演示的目的通常是创设教学情境、演示教学内容、进行标准示范等。

在教学中最常见的多媒体演示教学就是制作PPT课件。

PPT课件作为中学历史教学的主要辅助工具,具有编辑方便、展示性强、易于调整和修改等许多优点。

PPT课件最重要的目的是突破教学难点,因此,使用课件应以能突破教学难点为原则,只有在常规教学手段不能很好地解决教学难点时,才考虑使用课件,以起到辅助教学的作用。

一个好的课件,清晰明了的界面、适度的声响是必要的。这样可以吸引学生的注意力,增强视听效果,减少学生疲劳。教师在制作课件时,应该突出教学重点,对重点内容要用特殊的技术手段加以显示和处理,并可以用多种方法反复强调和表达。

02

此外为了巩固课本知识,检验课件实效,一般有必要在课件中设计一些练习,对学生作出的解答,要及时反馈评价。反馈应具有对回答结果正确与否的判定,应能对作出的判断进行解释与说明,其形式可根据学生的心理特点设计成文字、声音、图像等。以引起学生的注意,提高学生的兴趣。

根据课堂教学的特点,编制多媒体课件时应遵循以下原则:

(1)教学性原则。

(2)控制性原则。

(3)简约性原则。

(4)艺术性原则。

精选真题

[2018下半年]阅读下面材料并回答问题。

材料:

下面是某师范生在模拟教学中讲授"近代中国民族工业的曲折发展"的内容时制作的一幅课件:

民国时期民族工业的曲折发展

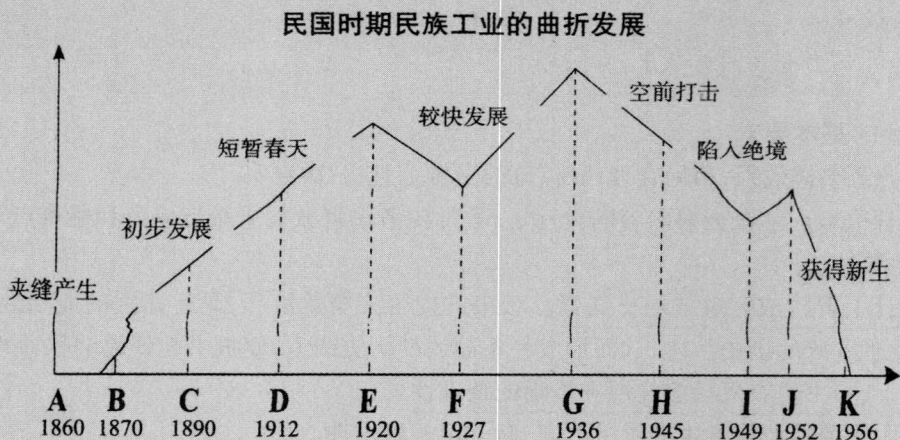

问题:

(1)该课件的内容存在哪些问题?

(2)课件制作中设计示意图应注意哪些问题?

参考答案:(1)该课件内容存在以下问题:

①该课件的制作不够规范正确。例如,课件的名称应为"我国近代民族工业的曲折发展",1920—1927年间民族工业的迅速萧条没有在注解里得到体现。

②课件中对每一个阶段的注解位置不明确,折线图中有断线,使得整个画面显得混乱。教师应在民族工业发展的每个阶段正上方进行标注,以使课件内容更清晰。

③该课件设计缺乏美感,会降低学生观看课件的兴趣。

(2)课件制作中设计示意图应注意以下问题:

①历史示意图的设计应简洁实用,对知识要点能够进行高度概括,突出重要的历史信息,有助于加深学生的认识和理解。

②历史示意图的设计要符合史实,注意历史知识的准确性。

③历史示意图的设计要准确地体现历史信息间的内在联系。

④历史示意图的设计要直观生动,采用生动形象的设计方式。

⑤历史示意图的设计要美观,以引起学生的观看兴趣,提高记忆效果。

七、不同课型的教学设计

(一)绪论课

又叫导言课或引言课。一般作为新学期第一课、大单元教材开讲时或新班级教学第一课时进行讲授。内容包括说明学习历史的目的和意义,介绍本学期、本单元的历史时期时限和教材内容,介绍具体要求和学习方法,作用在于为学生学习历史打下基础。

(二)新授课

学生建立新概念、学习新知识的基本课型。用三五分钟时间导入新课后,绝大部分时间都用来讲授新知识。新授课是教学中传授新知识的一种重要课型,一般有组织教学、检查复习、讲授新知识、概括新内容、总结巩固、课后设计等环节。运用这种课堂结构要注意把握以下主要环节:

(1)让学生明确本次课的教学目标,激发学生的学习动机。

(2)回顾学过的已有相关知识,为新知识找到生长点;基础训练要紧扣新知识,设计的复习题要为学习新知识作铺垫。

(3)自然地引出新教学内容。

(4)新知识探索阶段的教学要根据不同的教学内容,用不同的教学方法,要发挥各种教学方法的优势和长处,揭示新的教学内容的重点、难点,并解决疑问,以期达到最佳效果。

(5)巩固练习的设计,要围绕教学重点组成一个训练整体,并利用有序原理,设计好练习题的坡度;安排新学内容的迁移练习,练习安排时要先易后难,先具体后抽象,先局部后综合。

(6)应给学生及时反馈和评价。对照目标验收,形成性测试题要依据课时目标设计数量和内容,练习后要注意对未达到课时目标的学生进行及时补救。

(三)讨论课

讨论课是教师组织学生就某个中心问题发表自己的看法,进行相互学习的一种课型。此课型的教学组织有课堂讨论准备、课堂讨论过程、课堂讨论总结三个环节。其教学组织应主要把握:

(1)在课堂讨论准备环节上,应针对教学内容的重点、难点或具有不确定性、不一致性的论题,题目一般一到两个即可,题目难度应面向大多数学生。

(2)在课堂讨论环节,教师要发扬民主,鼓励发言,给讨论的展开提供各种必要的支持,要使讨论紧紧围绕讨论中心,避免在枝节问题上纠缠不清,要注意讨论中出现的普遍或典型的看法,善于发现讨论中出现的争论焦点,善于引导讨论以便使问题变得明朗。

(3)在讨论结束时,教师要有明确的结论,要针对学生讨论中存在的问题进行讲解,把学生理解不深刻、不正确的问题给予补充、纠正与深化,起到画龙点睛的作用。

(四)活动课

活动课是打破学科逻辑组织的界限,以学生的兴趣、需要和能力为基础,通过学生自己组织的一系列活动而实施的课型。以通过活动促进学生的发展为目标,以教学实践作为切入点,充分引导学生积极主动学习、主动探究、主动实践,从而使学生产生学习历史的兴趣和热情,并在活动中不断建构历史知识和能力。

历史活动课的类型主要有以下几种:以搜集资料为主的活动课,如寻访丝绸之路;表演历史剧,如文成公主入藏;知识竞赛,如成语故事竞赛;历史辩论会,如秦始皇的功与过;社会调查,如家乡的昨天和今天;综

02

合型,如话说《清明上河图》等。

历史活动课教学的组织过程:

(1)确定活动主题;(2)制订活动目标;(3)学生分组;(4)学生广泛搜集资料、整理资料,并形成研究成果;(5)活动成果展示;(6)活动评价与总结。

(五)复习课

复习课是巩固知识的一种重要课型。教师通过复习要达到既查漏补缺又加深学生对所教内容的理解,为后继学习打下良好基础的作用。其课堂结构包括:①目标导入阶段;②知识复习阶段;③对照目标验收阶段。

由于教材类型多,复习内容不同,复习课的课堂结构也不完全一致,教师可根据实际情况灵活设计。复习课遵循的基本原则是:新中有旧,旧中有新。此处的"新"不是引入新知识,而是有新意,在原有知识基础上深化、引申,使学生产生一种新的认识与理解。

组织复习课应主要把握:

(1)同一材料以不同形式呈现,用不同例子讲解。

(2)复习时应提高针对性,着重在重点、难点及学生易出错处下功夫。

(3)复习时应对知识进行系统梳理,形成网络,加深学生对知识的认识与理解,注意引申迁移。

(六)练习课

检查课、测验课是以检查学生掌握知识和技能程度为目的的课。这是学生掌握新概念以后,引导学生深化理解,把知识转化为技能的一种常用课型。一般在一单元内容教学完毕,或期中、期末复习期间组织进行。任务在于检查学生学习效果,由此也间接地评估了教学效果。对于考查结果必须进行客观、公正、科学的分析和评价。其课堂结构如下:

(1)公布目标阶段:公布目标,使学生明白练习内容与要点。

(2)深化练习阶段。

(3)对照目标验收阶段:对照目标检查验收,突出主要问题。

(七)综合课

综合课是历史课堂教学中比较常用的课型,它的特点是在一节课之内要完成两个及其以上的教学任务,将讲授、复习巩固、检查提问、作业练习等活动交叉进行。其课程结构一般有组织教学、复习提问、新课导入、讲授新知识、巩固新知识、布置课外作业或设计第二课堂活动。

八、历史课外活动设计

(一)历史课外活动的内容

作为一项教学活动,历史课外活动具有不同于课堂教学的一些特点。它是对课堂教学的重要配合和补充,同时,又是课堂教学的继续和扩大。历史课外活动能够以大量生动的新材料巩固和充实学生在课堂上的学习,使他们对所学内容,感知得更为具体形象,理解得更加深刻、透彻,记忆得也更加牢固。同时,还能以更新的方式和生动丰富的内容,扩展学生眼界,把他们带进广阔的历史知识领域,激发他们无限的创造力。

要充分发挥历史课外活动对于中学生的历史教育作用,就要加强对它的研究和总结,不但要研究其本身的一些特点,还要深入探讨历史课外活动与课堂教学的关系,以及与开辟第二课堂的关系等。在深入研究、探讨和总结的基础上,更广泛地开展历史课外活动,必将对提高中学历史教学质量产生巨大的影响和作用。

(二)历史课外活动的主要形式和组织方法 重点

历史课外活动的内容丰富多彩,形式生动活泼、多种多样,基本上可以分为以下几种:

1.参观

历史课外活动的参观对象主要有博物馆、历史文化遗址或专门的考古发掘等。

教师在组织学生开展历史课外活动时,要善于利用本地区的有利条件,组织并指导学生进行参观。历史参观活动能够激发学生学习历史的兴趣,促使学生参与到教学过程中,提高学生的观察力和鉴赏力,加深学生对历史知识的理解。

组织一次学生的历史参观活动,具体步骤如下:

(1)参观的准备

参观要有明确的目的和要求,应当尽量与教学结合起来,做到参观活动配合课堂教学。明确了参观目的、要求,教师就可以选择参观地点,并制定具体的参观计划。参观前,教师应该熟悉、掌握参观现场及预定参观内容;对学生也应该先行说明参观的目的、重点及注意事项,避免将参观变成一般性的游览,失去历史课外活动的应有之意。

(2)参观的过程

进行参观时,教师要对参观内容给以必要的讲解和说明,提出一些问题让学生思考。时间充裕的情况下,还要临场回答学生提出的各种问题。在参观过程中,教师要随时注意对学生的组织指导工作,及时回答学生提出的问题。

(3)参观后的总结

参观结束后,教师要及时给学生做出总结,有时也可以组织学生进行总结座谈,引导他们把参观内容和课堂教学联系起来,巩固、扩大参观成果;有的教师还组织、鼓励学生把参观时所记录的资料和心得体会加以整理,举行展览陈列,互相交流,其效果往往更大。

> **命题点拨**
>
> 历史参观活动是常考点,常以材料分析题和简答题的形式考查。参观考察活动的设计方案评价、参观考察活动对于历史学习的主要作用、参观历史博物馆等需要注意的问题是主要命题点。

精选真题

1.[2018上半年]阅读下面材料,并回答问题。

某青年教师在讲授"两汉的科技与文化"一课后,设计了一个参观考察活动的方案。

参观考察活动方案

时间、地点	活动方式	活动要求
周六上午九点,在汉墓竹简博物馆集合入馆。学生自行前往,路上注意安全	以班级小组为单位进行活动	①认真听讲解员讲解 ②搜集资料,回家整理 ③准备下周一上课交流

该教师将方案交给教研组长审阅,组长建议修改。

问题:

(1)这个参观考察活动方案的设计有何不足?

(2)概述参观考察活动对于历史学习的主要作用。

参考答案:(1)①前期准备工作进行的不充分。学生如果对考察对象不了解,考察活动就很难达到预期效果。

②教师让学生自行前往博物馆,存在安全隐患。

③在参观考察实施阶段,教师要求学生认真听取讲解员的讲解,但没有说明听取讲解的重点内容,学生很容易盲目参观,不利于本次参观活动目标的实现。

④在参观后的搜集和展示资料阶段,教师布置的活动要求不够具体,缺乏实践指导性。

(2)①激发学生学习历史的兴趣。

②能够促使学生参与到教学过程中,提高学生的观察力和鉴赏力。

③加深学生对历史知识的理解。

2.[2016上半年]教师组织学生参观历史博物馆要注意哪些问题?

参考答案:(1)要做好准备工作,有目的地组织学生参观。

(2)参观过程中让学生带着问题去观察、思考,发挥学生的主体作用。

(3)教师要对学生在参观中遇到的问题、发出的疑问进行及时的引导。

(4)参观结束后,教师要对本次参观进行总结,并让学生以小组讨论或写观后感的方式交流与分享自己的所见所感。

2.访问

访谈调研类活动课主要是围绕某一个主题,组织学生进行历史方面的社会调查与访谈。学生走出课堂,深入家庭、社会、工厂,活动空间非常大,通过问卷调查、采访历史见证人、收集有关史料等方式,撰写调查报告。例如:学生可调查自己的祖辈、父辈在与自己同年龄时的衣、食、住、行等情况;可以收集票证、老照片、报刊、实物等加以对比,写出报告,从中体会到改革开放以来人民生活的巨变,以及科技进步对人类生活的巨大影响等。这类活动,可使学生学习自己收集、整理、运用各种历史资料,自己探究、质疑历史过程,体验历史学习过程,培养对社会多样性的认识和理解。

访问之前,教师一方面要走访和了解被访问人,熟悉其经历和特点,告诉被访者这次访问的目的和要求,必要时还可以帮助被访者确定、整理谈话内容;另一方面,要向学生介绍被访问的人,讲明本次访问的内容和意义,提出注意事项及要求。和组织参观一样,在访问中,教师要随时进行组织工作,访问后,还要及时地进行总结。

3.报告会、故事会

历史报告会或故事会的内容很多,如结合教材某一部分内容或历史上的某一重大事件、重要历史人物的纪念日及根据国内、国际形势的需要,都可以举行专题报告会或故事会。

历史报告会、故事会或讲座的主讲人可以是本校历史教师,也可以是史学工作者或者是历史事件的亲身经历者、目睹者。历史报告会、故事会和讲座也应有明确的目的,或是配合课堂教学或是结合纪念日、节日和重大的国内外形势需要。假如邀请校外人员作报告或讲故事,教师则要先向主讲人提出明确的目的、要求,与主讲人共同磋商要讲的内容,务使报告或故事符合学生的年龄特征,内容做到生动具体、通俗易懂。报告和讲故事的时间不宜过长,要符合中学生的心理特点。

4.观看历史电影、历史电视节目和历史戏剧

组织学生观看历史电影、历史电视节目和历史戏剧,可以打破时间的限制,让学生身临其境,不但有益于学生直观地认识历史,而且往往能够对其思想感情起到潜移默化的教育作用。

在观看之前,教师要向学生介绍所观看内容的时代背景、主要内容及其所反映的历史基本史实,还可以根据其内容,给学生提出几个思考问题。观看结束后,教师要进一步总结,帮助学生把从历史影片中获得的感性认识升华为理性认识,抓住其中心思想。

5.历史知识竞赛

历史教师拟定历史知识竞赛试题后,可以组织一个班的学生以抢答的形式进行一场历史知识竞赛。以此来巩固、扩大学生的历史知识,调动学生学习历史的积极性。

用于历史知识竞赛的试题,应该包括历史教科书的内容及适当的课外历史知识。难易度上要把控得当。

6.历史课外书面作业

课外书面作业强调培养学生的逻辑思维而不是形象思维。历史教师设计课外书面作业,要符合教学目标,有明确具体的要求,题量适中,难易适当。

精选真题

[2015下半年]教师设计历史课外书面作业时要考虑的因素是(　　　)

①要符合教学目标　②要有明确具体的要求　③以训练学生的形象思维为主　④题量适中,难易适当

A.①②③　　　　　　　　　　　　　　B.①②④

C.①③④　　　　　　　　　　　　　　D.①②③④

答案:B。本题考查设计历史课外书面作业要考虑的因素,考查考生的识记能力。课外书面作业强调培养学生的逻辑思维而不是形象思维,因此排除③,所以选B。

(三)历史课外活动的注意事项

(1)教师要提前备课,做好相应准备。

(2)历史课外活动要有明确的目的。

(3)在活动课中,要充分调动学生的积极性。

(4)注意因地制宜。

第四节　教学设计真题示例

一、政治文明史

[2019上半年]根据下列材料,按要求完成教学设计任务。

材料一　《义务教育历史课程标准》(2011年版)规定:知道秦始皇和秦统一中国,了解秦代的中央集权制度和统一措施对中国历史发展的影响。

材料二　课文摘录

秦实现统一后,原来各自为政的政治形态已不能适应新的社会发展。为加强对全国的统治,秦朝创立了大一统的中央集权制度。

国家的最高统治者称为皇帝,拥有至高无上的权威,总揽全国的一切军政大权。嬴政自称"始皇帝",史称"秦始皇"。皇帝之下,设有中央政权机构,由丞相、太尉、御史大夫统领,分别掌握行政、军事和监察事务,最后的决断权由皇帝掌控。

在地方上,进一步废除西周以来实行的分封制,建立由中央直接管辖的郡县制。全国分为36郡,后增至40多郡,郡的行政长官称郡守;在郡下设县,县的长官称县令或县长。郡县的长官都由朝廷直接任免。县以下又设乡、亭、里等基层社会组织。这样,皇帝和朝廷就牢牢地控制了全国各地的权力,并把政治、法律、军事、土地及赋役等制度推向全国。郡县制的实行,开创了此后我国历代王朝地方行政的基本模式。

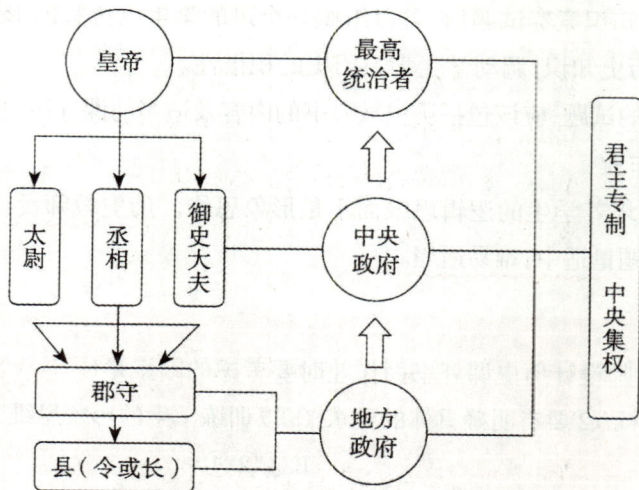

要求:根据课程标准要求和课文内容,设计出相关的教学过程,包括教学环节、教师活动和学生活动,并说明设计意图。

参考设计:

环节一:导入新课

教师在多媒体课件上出示秦始皇的画像和《史记·秦始皇本纪》中描述秦始皇外表的文字材料:"秦王为人,蜂准,长目,挚鸟膺,豺声……",让学生观察比照,并提问:大家都知道秦始皇嬴政,你对他了解有多少,他最为人所知的事情是什么?学生根据所学知识回答是秦始皇灭掉六国,实现国家的大一统,创立了中央集权制度。

教师继续设问:秦朝统一天下标志着封建专制主义中央集权政治的开始。秦王朝建立起来的统一的集权政治制度奠定了其后历代政治制度的基本模式,它对中国社会产生巨大影响。那么,它是如何建立的?它的主要特点是什么?教师顺势进入新课的教学。

【设计意图】教师通过出示图片和文字材料,激发学生的学习兴趣,调动学生学习的积极性和主动性。问题引导围绕本课课程目标和学习重难点,提高了教学的效率。

环节二:新课讲授

教师介绍:为了加强对全国的统治,秦朝创立了大一统的中央集权制度。下面我们一起学习专制主义中央集权制度的主要内容。

(一)皇帝制

教师展示统治者称号变化表,提问:秦始皇为什么要称自己为皇帝?

学生思考回答:为了突出个人功绩,显示个人权势和地位,秦始皇规定国家的最高统治者称为皇帝,意为德高三皇,功过五帝。皇帝拥有至高无上的权威,总揽一切军政大权。

教师补充:嬴政自称"始皇帝",规定自己死后传位给子孙,"后世以计数,二世三世至于万世,传之无穷"。皇帝自称"朕",命令称"制"或"诏",印称"玺",这都体现了皇帝的独尊地位。

(二)三公九卿

教师:为了加强对中央的控制,秦始皇还设立了三公九卿。

教师展示三公九卿的示意图并提问:假如你是秦始皇、三公中的一人,你对自己的地位、职权有何感受?

学生阅读教材和三公九卿示意图,由四个小组分别扮演皇帝、丞相、御史大夫、太尉,派代表发言。

小组代表分别发言。丞相协助皇帝处理全国的政事,为百官之长。御史大夫的地位仅次于丞相,执掌群臣奏章,下达皇帝诏令,兼理国家监察事务。太尉掌管军事事务。最后的决断权由皇帝掌控。

(三)郡县制

教师:秦统一之初,有人向嬴政提出分封子弟、广建诸侯的建议,廷尉李斯则坚决反对。想一想,如果你是秦朝时的一位大臣,你会建议秦始皇采取哪种统治方式治理地方?为什么?教师组织学生分成两组进行讨论,讨论结束后请学生代表发言。

学生讨论后,小组代表进行回答,并阐述自己建议的依据和原因。主张实行分封制的一组认为分封制可以加强刚完成统一的秦朝对地方的统治,加强皇室的力量。主张实行郡县制的一组认为分封制导致春秋战国诸侯争霸、社会动荡,郡县制可以实现中央对地方的有效管辖。

教师:秦统一后,经过两次廷辩,秦始皇确定以郡县制取代分封制。全国分为36郡,后增至40多郡,郡的行政长官称郡守。在郡下设县,县的长官称县令或县长。郡县的长官由朝廷直接任免。县以下设乡、亭、里等基层社会组织。

教师组织学生观看有关郡县制的纪录片,请学生结合课下搜集的资料谈谈对郡县制的认识。

学生各抒己见,教师总结:通过郡县制,皇帝和中央牢牢控制统治国家的权力,并把政治、法律、军事、土地及赋役等制度推向全国。郡县制的实行,开创了我国历代王朝地方行政的基本模式。

【设计意图】小组讨论提高了学生合作探究的能力。教师通过播放纪录片的形式,提高了学生的学习兴趣,加深了对相关知识点的记忆,也可以活跃课堂气氛,调动学生学习的主动性。

环节三:小结作业

1.小结:师生共同总结回顾本课所学知识。

2.作业:学生在课后搜集有关秦始皇的相关资料,写一篇关于秦始皇的小论文。

【设计意图】历史小论文的形式可以考查学生对所学内容的掌握情况,锻炼学生归纳分析材料、系统准确地阐述历史观点的能力。

二、经济发展史

[2016上半年]根据下列材料,按要求完成教学设计任务。

材料一 《义务教育历史课程标准》(2011年版)规定:通过哥伦布发现美洲、麦哲伦全球航行,初步理解新航路开辟的世界影响。

材料二 课文摘录

在葡萄牙人沿非洲海岸向南航行的同时,西班牙人向西进行横渡大西洋的探险。意大利人哥伦布相信地圆学说,深信穿越大西洋的航行可以到达印度。1492年8月3日,率领船队从西班牙的巴洛斯港出发,驶入茫茫的大西洋。10月,到达巴哈马群岛的一个小岛,发现了美洲大陆沿岸的很多地方。对哥伦布航行美洲的看法,印第安人认为:哥伦布把欧洲强盗带到美洲,破坏他们的文化,掠夺他们的财富,是一个恶魔。欧洲人认为:哥伦布发现了新大陆,把欧洲文明传到美洲,把落后的美洲带入文明时代,是一个有功之臣。

要求:根据《义务教育历史课程标准》(2011年版)要求和课文内容,设计出相关的教学过程,包括教学环节、教师活动和学生活动,并说明设计意图。

参考设计：

一、课堂导入

出示两幅地图(一张15世纪欧洲人绘制的世界地图和一张17世纪欧洲人认识的世界地图)，请学生观察比较两幅图的差别并设问：你知道这种情况何时发生转变的吗？

从15世纪末到16世纪，这种情况便发生了转变，一些勇敢的欧洲航海家，克服重重困难，追波踏浪，开辟了由欧洲前往亚洲、美洲等地的航路。(指出新航路开辟以后，世界各地区之间相对隔绝的状态逐渐结束，世界范围的交往开始频繁起来。)

【设计意图】通过图片的直接观察，引起学生的直观感受，并提出问题激起学生的好奇心，提高学生的学习兴趣和探究欲望。

二、讲授新课

1.新航路开辟的背景(原因和条件)

第一步：设疑、提出问题"葡萄牙和西班牙为什么要开辟前往东方的新航路？欧洲人为什么要开辟新航路？"(学生带着问题阅读课本内容及学案，归纳答案)

第二步：教师根据学生回答情况，作适当补充，从而得出结论，归纳要点。

第三步：明确什么是根本原因、直接原因；必要性、可能性。

(1)原因(必要性)：

①经济根源(根本原因)：商品经济的发展和资本主义萌芽的产生对用作货币的金银需求扩大。

②社会根源：欧洲人患"寻金热"。

③商业危机(直接原因)：意大利人和阿拉伯商人居间垄断贸易；奥斯曼土耳其控制传统商路。

④宗教根源：传播天主教。

⑤思想根源：人文主义提倡冒险进取的精神。

过渡：教师先设问"现在陆路受阻，只能寻找海上通道。假如要你组织一次成功的远洋航行，你看还必须具备哪些条件？"

(2)条件(可能性)：

①客观条件：a.物质条件：随着生产力的发展，已能为远洋提供海船、物资和资金等。b.科技进步的推动：航海技术和造船技术都大大提高。如指南针的应用、地图绘制技术很先进、能制造出多桅多帆和快速舱宽的大船、船上还装有火炮等。c.地理知识的进步：欧洲开始流行地圆学说。

②主观条件：葡萄牙和西班牙王室的大力支持。

【设计意图】通过教师设疑引导，培养学生总结归纳的能力，加深学生对知识的理解。

2.新航路开辟的经过

利用多媒体教学技术制作出新航路开辟的动态演示图；让学生知道向东、向西分别有两条航线以及它们的航海家。并制作路线及航海家表格，让学生分小组进行讨论，并填写表格。

【设计意图】通过学生的自主探究，加深学生对新航路路线的认识和理解，突出了学生的主体性。

3.新航路开辟的影响

第一步：提出要探究的问题"新航路开辟对世界产生哪些重要影响？"

第二步：提示学生从对欧洲，对亚、非、美洲，对世界三个方面考虑探讨其影响。

第三步：教师点拨、归纳，用多媒体展示影响的表现(如下)。

①对欧洲

首先，引起了商业领域的巨大变化，即商业革命。其次，引起了价格革命。

商业革命和价格革命促使了欧洲阶级关系发生变化,加速了西欧封建制度的衰落和资本主义的发展。

②对亚、非、美洲

新航路开辟以后,西方殖民者便开始走上殖民扩张和殖民掠夺的道路。

③对世界

新航路的开辟使世界日益成为一个相互影响、联系紧密的整体。从此,世界市场的雏形开始形成。

【设计意图】通过学生的分析和讨论,加深对前面知识的学习,有利于培养学生分析问题和解决问题的能力。

三、课堂小结

针对本次课程的重难点进行概括总结,并请同学提出疑问,对疑问进行点拨指导。对学生的整体课堂表现进行点评。

【设计意图】有效帮助学生梳理本节知识,加深学生对知识的整体掌握。

三、思想文化史

[2018下半年]根据下列材料,按要求完成教学设计任务。

材料一　《义务教育历史课程标准》(2011年版)规定:"通过活字印刷术的发明以及指南针、火药的应用和外传,认识四大发明对世界文明发展的贡献。"

材料二　课文摘录

活字印刷术的发明

我国在隋唐时期发明了雕版印刷术,促进了文化的发展。辽、宋、西夏、金时期,刻书很盛行。雕版印刷术进一步发展。但雕版印刷刻版费工费时,而且刻好的版只能印制一种书籍。在多年探索的基础上,宋代的印刷技术有了新的突破,这就是活字印刷术的问世。

活字印刷术是由北宋时期的匠人毕昇发明的。他用胶泥刻字,然后用火烧制,使字模变硬。制版时,在一块四周有框的铁板上撒上松脂、石蜡和纸灰等,将烧制好的字模在铁板上排成版,用火将铁板中的松脂熔化,将字版压平,这样就可以印书了。印完之后,再将松脂熔化,泥字拆开,然后又可以再次排版。此后,能工巧匠们又发明了木活字。到了元代,著名的科学家王祯在《农书》中对木活字技术做了系统的总结并有所创新,发明了转轮排字法。元朝中期,出现了铜活字印刷。

相关史事

沈括是北宋杰出的科学家,他写了《梦溪笔谈》一书,内容涉及天文、地理、数学、化学、生理学以及科技诸多方面,在我国科技史上占据重要的地位。沈括在这本书中记录了毕昇发明的活字印刷术,并指出用这种技术印书,"若止印三二本,未为简易;若印数十百千本,则极为神速。"

活字印刷术对人类文明的发展产生了重大的影响。13世纪时,活字印刷术传入朝鲜,之后传到日本及东南亚地区,又经丝绸之路传到波斯,后来经过蒙古人的西征等途径传入欧洲。

要求:根据《义务教育历史课程标准》(2011年版)要求和课文内容,设计出相关的教学过程,包括教学环节、教师活动和学生活动,并说明设计意图。

参考设计：

环节一：导入新课

教师用多媒体播放2008年奥运会开幕式表现活字印刷的视频片段,提问学生播放的内容,请学生谈谈自己的感受,顺势导入新课。

【设计意图】教师用视频进行导入,能够引起学生学习兴趣,让学生直观地感受活字印刷的魅力,有助于教学活动的展开。

环节二：新课讲授

(一)背景

教师请学生拿出事先准备好的橡皮、小刀、笔墨、白纸,指导学生按照雕刻字画、上墨拓印的步骤模拟雕版印刷的过程,请学生谈谈对雕版印刷的体验。

学生回答,教师补充：我国在隋唐时期发明了雕版印刷术,促进了文化的发展。但雕版印刷费工费时,而且刻好的版只能印制一种书籍。

(二)活字印刷术的发明

1.活字印刷术的出现

教师提问：人们是如何解决雕版印刷术的弊端的?

学生阅读课本找到答案：北宋时的毕昇发明了活字印刷术。

教师播放介绍活字印刷术的相关视频,引导学生观看视频并进行相关讨论,简单归纳活字印刷术的主要工序,思考毕昇的创新主要体现在哪里,这样的创新有何好处?

学生仔细观看视频,小组讨论后分组回答问题,师生共同总结：

(1)活字印刷术的主要工序:

①用胶泥刻字。

②用火烧制,使字模变硬。

③制版,在一块四周有框的铁板上撒上松脂、石蜡和纸灰等,将烧制好的字模在铁板上排成版,用火将铁板中的松脂熔化,将字版压平。

④印书。

⑤再将松脂熔化,泥字拆开。

⑥再次排版。

(2)毕昇的创新在于,印完书可以再次排版。

(3)好处是使用起来省时省力,节约印刷成本。

2.活字印刷术的发展

教师指导学生阅读教材,提问：活字印刷术经历了怎样的发展历程?

学生回答：北宋发明木活字。元代王祯发明了转轮排字法。元朝中期出现了铜活字印刷。

3.活字印刷术的传播

教师提问：活字印刷术的传播路线是怎样的?

学生回答：13世纪时,活字印刷术传入朝鲜,之后传到日本及东南亚地区,又经丝绸之路传到波斯,后来经过蒙古人的西征等途径传入欧洲。

【设计意图】课堂活动能让学生体验历史,激发学生的学习兴趣,活跃课堂气氛。视频的播放能够增强学生对相关知识的直观认识,加深学生的相关记忆。小组讨论突出学生的主体地位,能够锻炼学生的合作探究能力。

环节三:小结作业

1.小结:师生共同总结回顾本课所学知识。

2.作业:学生在课下搜集资料,调查活字印刷术传到欧洲后的技术发展。

【设计意图】课后作业可以培养学生查阅史料自己解决问题的能力,提高学生的学习兴趣。

教学设计答题模板

环节一:导入新课

教师通过多媒体课件展示图片(播放视频),并提出问题:××××××?

学生观看思考,发言,讨论,教师总结,顺势导入新课。

【设计意图】通过展示历史图片(播放视频),给学生强烈的感官刺激,拉近历史与现实的距离,让学生迅速融入历史情境。同时设置的问题又增加了课程的悬念,有利于激发学生的学习兴趣,从而进入新课的学习。

环节二:新课讲授

(一)×××××的背景

教师通过多媒体展示表格,从多个角度设置问题,请学生自主完成。教师注意引导学生从经济、政治、军事、文化,或者国内、国外等角度分析概括。

学生阅读教材,完成表格。教师出示完整的表格内容。

【设计意图】阅读教材填写表格的形式可以锻炼学生的自主学习和归纳概括能力。

(二)×××××的过程/内容

1.初步感知

教师通过课件,介绍×××××的过程/内容,进行适当的人物介绍,增强课堂的趣味性。

请学生结合教材内容,用最精练的语言总结出×××××的过程/主要内容。

2.深入理解

教师通过课件展示相关史料,精心设问,通过层层设问,带领学生进行史料研读。

(三)×××××的影响和意义

教师用多媒体展示史学界对××××的评价资料,并提出问题:×××××××?

请学生以历史小组为单位,进行5分钟的小组讨论。小组讨论结束后,小组代表发言。教师进行点评,作补充和总结。

【设计意图】史料教学法的使用能够提高学生研读史料的能力,培养史论结合的历史意识。小组讨论能够锻炼学生的合作探究能力。

环节三:小结作业

1.小结:师生共同总结回顾本课所学知识。

2.作业:学生在课下搜集资料,写一篇关于××××的历史小论文。

【设计意图】师生共同总结的形式能够帮助学生巩固本课所学知识。课后作业的设置,能够帮助学生锻炼资料搜集及历史写作的能力。

强化练习

建议用时	实际用时	设定分值	实际得分
70分钟		58分	

一、简答题（本大题共2小题，每小题10分，共20分）

1.教学设计与传统教案有何区别？（10分）

2.教学设计的基本要素主要包括哪些内容？（10分）

二、材料分析题（16分）

在《第一次工业革命》一课的教学设计中，教师为分析第一次工业革命的成就，在展示相关科技发明图片的基础上，设计了一组问题。

> ★ 图片中展示的是什么发明？
>
> ★ 它们有什么作用？
>
> ★ 这些作用产生了哪些影响？
>
> ★ 还有没有其他的发明创造？
>
> ★ 我们现在还能看到这些机器吗？（如果有，请说明在哪些领域仍使用着；如果没有，请说明原因）

问题：结合历史教学中问题设计的基本要求，分析该教师设计的问题的优点与缺点。（16分）

三、教学设计题（22分）

材料一　《义务教育历史课程标准》（2011年版）规定："了解中美关系正常化和中日建交的主要史实，探讨其对国际关系产生的重要影响。"

材料二　课文摘录

中美、中日建交

新中国成立后，美国政府敌视新中国，对新中国实行封锁禁运、包围威胁的政策。双方敌对的状态长达20多年。

随着中国国际地位的提高和国际形势的变化，20世纪70年代初，改善中美关系成为两国共同的要求，中美关系出现了转机。

1971年7月，尼克松总统的国家安全事务助理基辛格秘密访问中国，同周恩来总理举行了会谈。1972年，尼克松访华。毛泽东会见了尼克松，周恩来与尼克松举行了会谈。中美双方正式签署并发表了《联合公报》，两国关系开始走向正常化。1979年，中美正式建立外交关系。美国承认只有一个中国，台湾是中国领土的一部分，承认中华人民共和国是中国的唯一合法政府。

1972年，日本首相田中角荣访华，中日两国正式建立外交关系。接着，许多国家纷纷与中国建立外交关系，出现了与中国建交的热潮。

要求：根据课程标准要求和课文内容，设计出相关的教学过程，包括教学环节、教师活动和学生活动，并说明设计意图。（22分）

参考答案及解析

一、简答题

1.参考答案:①教案是老师教什么,学生学什么,学生根据老师安排的教学内容进行学习、思考、模仿等过程。

教学设计是从学生的学情、智力等水平出发,学生学什么,老师教什么。

②教案一般多半以教材、教参为主。

教学设计把教学本身作为一个整体系统来考虑,运用系统方法来设计、开发、运行、管理,即把课堂教学系统作为一个整体来进行设计、实施和评价,不但使学生学会所要求的知识,而且使学生在学习过程中思维得到锻炼、情感目标得以实现和价值观得以丰富。

③教案是以教师、教材为中心的传统教学思想的体现,它的核心目的就是教师怎样讲好教学内容。

教学设计不仅重视教师的教,更重视学生的学,怎样使学生学得更好,达到更好的教学效果。

2.参考答案:①教学对象:教学系统的服务对象是学习者。

②教学目标:教学所要达到的预期目标是什么。

③教学内容:为达到预期目标,应选择怎样的知识经验。

④教学策略、教学媒体:如何组织有效的教学。

⑤反思与评价:如何获取必要的反馈信息。

二、材料分析题

参考答案:问题是教学设计的重要组成部分。教师在备课过程中,要对课堂问题进行精心的设计。历史教学中问题设计的好坏在很大程度上影响着教学质量的高低。这就要求教师在进行课堂问题设计时,必须提高问题的质量。

优点和缺点归纳起来主要有以下几点:

优点:

(1)问题紧扣教学内容,围绕本课主题进行设计。

(2)问题有明确的指向,有目的性。

(3)问题有探究性,能够培养学生主动思考和自主探究的能力。

(4)问题贴近学生生活,易于学生理解和接受。

缺点:

(1)问题应循序渐进,有层次性。后两个问题之间衔接性较差,过渡不自然,缺乏循序渐进性。

(2)问题设计过于单调,不能引起学生的兴趣。

(3)问题设计较为简单,难易程度上未把握好。

三、教学设计题

参考设计：

环节一：导入新课

教师活动：

(1)展示"2016年中美旅游年公益活动"的几组照片,并提出问题:现在中美关系如何?

(2)展示"文革"时期的几张标语照片,指出毛泽东曾说过的一句话"全世界一切被压迫人民和被压迫民族联合起来"。教师提出问题:联合起来干什么? 为什么要联合? 当时中美关系如何?

学生活动：学生根据对照片的理解,思考后回答:现在中美关系是一种合作共赢的关系;联合起来反对以美国为首的帝国主义;美国对我们政治上孤立、经济上封锁、军事上包围;当时中美关系是一种相互敌视的关系。

【设计意图】通过展示照片,激发学生的学习兴趣,使学生尽快融入学习环境中,培养学生思考问题和解决问题的能力,同时为讲授新课做好铺垫。

环节二：讲授新课

1.中美、中日建交的背景

教师活动:(1)角色扮演。教师在展示美国人民反对越南战争游行示威的标语和中苏边境冲突的纪录片后,将学生分成四组,分别扮演中国、美国、日本、苏联,向学生提问:这一时期你们国家与其他三国的关系如何? 世界局势如何?

(2)播放新中国成立后中国在经济文化科技等方面取得的成就的纪录片,提出问题:这时期中国发生了怎样的变化? 产生了什么影响?

学生活动：学生在小组讨论之后,纷纷发表自己的见解,回答问题。

【设计意图】角色扮演可以使学生深刻理解这一时期的国际格局,将难以理解的内容具体化、生动化,激发学生的学习兴趣。播放纪录片使学生直观地感受新中国成立后中国的巨大变化,培养学生的爱国情怀,加深学生对内容的理解。

2.中美、中日建交的过程

教师活动:(1)展示日本首相访华的照片,让学生阅读教材,归纳出中日建交的过程。

(2)向学生讲述中国运动员与美国运动员之间的小故事,让学生阅读教材,归纳出中美建交的过程。

(3)展示周恩来同尼克松签署《中美联合公报》的照片以及《中美联合公报》的部分史料,让学生结合教材,分析《中美联合公报》的意义。

【设计意图】讲述故事可以吸引学生的注意力;阅读教材可以培养学生归纳、总结的能力;阅读史料可以提高学生阅读史料的能力。

3.中美、中日建交的影响

教师活动:按照之前的分组让学生讨论中美、中日建交对中国以及世界局势的影响。

学生活动:学生在小组讨论后,派代表回答问题。

【设计意图】通过小组讨论,提高学生团结协作、自主探究的能力,掌握知识的同时培养学生分析问题、解决问题的能力。

环节三:小结作业

1.小结:师生共同总结回顾本课所学知识。

2.作业:你认为在当前局势下,我国怎样才能处理好与其他国家的关系?

【设计意图】师生共同总结的形式能够帮助学生巩固本课所学知识。课后作业设置的问题是对教学内容的拓展,可以开阔学生的视野,提升学生的历史认知,将历史与现实有效结合。

第二章　历史教学实施

⏳ 考向分析

本章主要介绍历史教学组织形式，教学资源，教学方法，初中历史课教学模式。其中，考生应掌握的关键点包括：

模块	知识点	关键点	考频	题型	要求
教学资源	课程资源的开发与利用	社区资源、历史课外读物的主要类型及其相应功能	2	简答	识记
教学方法	历史课堂教学中常用的教学方法	讲述法及其特点、时间轴的制作及其作用	8	单选、简答、材料分析	识记、理解、应用
	历史专题内容的讲授方法	历史人物教学要注意的问题、文学史教学应注意的内容	2	简答、材料分析	识记、理解、应用
教学模式	合作学习模式	分组式合作学习及其特征	1	材料分析	理解、应用

本章知识是历史教学实施的基础内容。在考查题型上以单选、简答和材料分析题为主。在备考时，考生应注意：①课程资源的开发与利用；②历史课堂教学中常用的教学方法；③历史专题内容的讲授方法；④历史教学常用的教学模式。预计在以后的考试中以上内容仍是考试重点，但更加突出对考生能力和素养的考查。

🌐 思维导图

📋 核心知识

第一节　教学组织形式

一、教学组织形式的概念

教学组织形式是指为实现教学目标，完成教学任务，教师和学生按一定要求组合起来进行活动的结构。任何一种教学活动都是由教师和学生双方所构成，在一定的时间和空间环境之中进行。要进行教学活动，就必然要涉及教师、学生、时间和空间的组织和安排问题。教学组织形式不是固定不变的东西。随着社会政治经济和科学文化的发展及其对培养人才要求的不断提高,教学组织形式也不断发展和改进。

二、几种主要的教学组织形式

目前历史教学组织形式主要有班级授课制、分组教学制、个别教学制、复式教学、现场教学、协作教学和开放教学等。

1. 班级授课制

在我国目前普遍采用的是全班组织形式,通常称班级授课制,它是指把学生按照年龄或在某科目上的大体程度分成若干个人数较多的教学班,教师同时面对全班学生进行教学,所有学生每次的学习内容、学习进度及采用的教学行为都是一样的。

共同的教学对象、共同的目标设定、直接的共同活动,形成了教师和班级集体之间紧密的、恒定的关系。这种形式可使教师同时为许多学生提供教育,不必将同样的内容和问题重复若干遍,从而提高了效率,而且增加了学生"互相激励,互相帮助"的机会,但它难以适应学生在学习速度、学习方式和个性等方面的个别差异。目前发展的趋势是减少教师花费在集中授课上的时间,更多地安排个别学习和小组相互作用,使学生能积极、主动地参与到教学过程中来。

2. 分组教学

小组学习就是把学生分成若干小组,以小组为单位进行自主性的共同学习。学生彼此间进行信息交换,教师则起指导作用。分组学习是学生共同地、自主地解决问题的教学方式,学生可借此提高解决问题的能力,提高自主学习能力。通过小组学习,学生可以发展集体意识,发展作为集体一员共同地、自主地从事活动的能力。在小组学习中,学生的学习态度是能动的,尤其是成绩居中下水平的学生,可以进行主动的、能动的学习,大幅度减少了同步学习中常见的学习分化现象;能促进学生间在学习上互相帮助、共同提高;能增进同学间的情感沟通,改善人际关系。

当然,小组学习也有一些缺点,如有因组内成员的意见不一致、分歧大而争论不休,造成内耗,浪费了大家的时间和精力;小组进行讨论时,有时一些不愿意承担责任的小组组员推卸责任,或是在活动中不积极配合小组活动,表现消极,降低全组的学习效率;小组内同学间的交流相对小组间的交流要多得多,不利于各组间的交流与合作。而且,各小组在学习过程中不可避免地会出现竞争,也会影响各组的工作效率,甚至伤害成员之间的感情。

要保证小组合作的有效性,应注意:小组合作学习的任务应有一定的难度,问题应有一定的挑战性,有利于激发学生主动性与小组学习活动的激情以及发挥学习共同体的创造性。处理好集体教学、小组合作学习的时间分配。

3. 个别教学

学习主要是一种内部操作,必须由学生自己来完成。所谓"个别化学习",是指学生之间不交换信息,每一个学生自主进行的问题解决学习。在整个学习活动中,教师尽可能加以指导。通过这种方式,学生可以按照自己的进度学习,积极主动完成课题并体验到成功的快乐。这种学习方式常用于巩固知识技能的练习,也可用于掌握并扩展新的知识技能,深化思考。这种组织形式可用在通常的课题教学中,也可用于自习课、家庭学习中。

4. 复式教学

指一个教师在同一教室进行的一堂课上给两个以上不同年级的学生上课的教学组织形式。教师在一节课内巧妙地同时安排几个年级或班级的活动。

复式教学主要适用于学生少、教师少和教学设备条件较差的地区,主要功能是普及农村和山区教育。

不足:教师直接指导学生的时间少;相互干扰多;教师工作量繁重。

第二节 教学资源

一、教学资源的分类

按资源的功能属性可分为素材性资源与条件性资源,包括:媒体素材、量规集、教学工具与模板、课件、案例、文献资源、课程、索引目录。

按资源的媒体属性可分为:文本、动画、音频、视频、图形、图像及其他应用类软件等。

按照资源的实用属性可以分为:知识类(包括基本资源+拓展资源)、工具类(包括学科专用软件+工具模板)、案例类(包括教学案例+学生作品)、评估类(包括小测验工具+量规)、素材类(包括各种可能有用的其他教学媒体材料)等。

教学资源包括教学资料、支持系统、教学环境等组成部分。

不同类型的资源具有不同的教学功能,教师应该合理把握教学资源的作用,考虑到各种不同资源类型之间的关系,并结合教学目标的不同和学生的不同年龄特征,形成特定的学习资源。

二、课程资源的开发与利用 重点

1. 历史课程资源的特点

历史课程资源具有丰富性、生动性和现实性等特点。

①丰富性、多样性。指历史教学可以利用与开发的资源是多种多样、丰富多彩的。主要包括:义务教育历史课程标准和教材、教学过程中动态生成的素材性课程资源、学校图书馆等各类教学设施、历史音像资料、丰富的网络资源和多媒体技术资料等。

②生动性。指历史教学中利用的资源能够创设生动、形象、直观的历史情境,吸引学生的兴趣,提高课堂教学生动性,激发学生的学习积极性,让学生置身于历史事件之中,产生历史体验。

③现实性。不管是人力资源还是物质资源,在历史教学中,这些资源都具有很强的现实性。历史教学资源的现实性既大大提高了学生的学习兴趣,也从不同层面和角度为学生提供了学习和理解历史的素材。

2. 历史教学课程资源开发与利用的途径

课程标准实施的一个关键问题是课程资源的开发和利用。课程能否顺利实施,很大程度上取决于课程资源的开发利用水平。在当前,课程资源被赋予了前所未有的广阔涵义,也被推上前所未有的重要位置,教学质量紧紧地与课程资源的利用和开发的程度挂上了钩。

一般来说,开发和利用历史教学课程资源的途径主要有这样几种:

①挖掘学生喜欢的教学活动方式。

②掌握学生现有发展基础和差异。

③充分挖掘和有效利用校内课程资源。

④重视校外课程资源的作用。

⑤发挥教师在课程资源开发与利用中的主体作用。

⑥总结和反思已获得的教学经验。

3.在具体的历史课程资源开发与利用方面,应重点加强以下几个方面:

第一,学校图书馆的建设

由于历史学科的独特性,文献资料、期刊论文、学术著作以及通识性、通俗性的历史读物,对教师和学生来说是非常重要的课程资源,是教师和学生进行历史教学活动所需要的。学校应当尽量配置构成系列的历史书籍、期刊杂志等,为师生的历史阅读与历史探究提供必要的课程资源。

第二,网络课程资源的开发

现代信息技术的发展,使得互联网越来越成为人们重要的信息来源。利用互联网开发多种多样的课程资源,是必然的趋势。学校应积极开发校园网,建立学校的历史课程主题网站、历史学习网络互动平台等。

第三,校外课程资源的利用

校外的社会资源是校内课程资源的必要补充,既包括物质资源,如历史遗迹、遗址、博物馆、纪念馆、档案馆、爱国主义教育基地等,又包括人力资源,如社会各方面的人员。学校和教师应充分开发各种校外课程资源,逐步建立校内课程资源的转化机制,实现课程资源的广泛交流与共享。

第四,教师资源的建设

在所有课程资源中,教师是起着主导性和决定性作用的因素。因此,在课程资源建设的过程中,应提高教师自身的课程资源意识和开发运用能力,应注意发挥教师群体的合力作用。

第五,有条件的地方,学校可设计和利用历史课程专用教室进行教学。

精选真题

[2016下半年]历史教学中有哪些可以利用和开发的社区资源?

参考答案:新课程强调开放性教育,社区资源成为历史课堂教学中最好的资源。可以利用和开发的社区资源丰富多样。

(1)从资源性质的角度划分,可以开发和利用的社区课程资源有有形资源(包括人力、物力、信息、组织等)和无形资源(包括社区文化、社区认同感及归属感等);从资源存在形态的角度划分,可以开发和利用的社区课程资源有文化资源(包括社区中的良好的道德风气、教育意识、网络信息化整体需求等)、人力资源(包括社区中生活的各个学科的学科专家、教育专家,以及社区负责人、老红军、老革命等)和物质环境资源(包括社区内的山川河流、动植物以及博物馆、图书馆、企业工厂、信息中心、电教馆等)。

(2)另外,家庭是社区的重要组成部分,因此家庭资源(包括家庭成员和书籍、照片、信件、爷爷奶奶的故事等)也可以成为历史课程的社区资源。

4.开发和利用历史课程资源的原则

(1)目标性原则。根据并围绕着教学目标的需要,选择相应的课程资源,以使教师和学生运用这些资源更好地达成教学目标。

(2)思想性原则。课程资源的选择要注重其所呈现的思想导向和价值取向,要选择那些有助于学生全面、客观、辩证地分析历史的资源,并利用这些资源对历史进行正确的认识。

(3)精选性原则:历史课程资源多种多样,要对各种资源进行筛选,选取反映历史真实状况、具有典型性、代表性的资源,使资源的利用有助于学生对学习重点的理解。

(4)可行性原则:课程资源的选择和运用要考虑到学生的实际,考虑到是否具有可操作性。课程资源必须易于在教学实际中应用,并且省时、有效。

三、多媒体教学资源的应用

在历史教学中应想办法充分发挥多媒体优势,灵活运用文字、符号、图形、动画和视频图像等多种媒体教学资源,培养学生获取信息、分析信息的能力。

历史教学涉及大量的地图。为了动态展示战争进程、交通路线,利用多媒体课件进行动态演示,就能将知识形象直观地展现出来。这样,既活跃了课堂气氛,又激发了学生的求知欲,使教与学成为有机整体。

日常生活中有许许多多反映历史题材的影视作品和音像资料,有的同历史教学直接相关,若能把这些剪辑收集过来,用于课堂教学,则会大大增强课堂的生动性、趣味性。

四、历史课外读物 重点

阅读历史课外读物,无论对教师还是对学生都很有必要。历史课外读物的主要类型及其相应的教学功能如下:

1.专业性历史读物,如历史学专业期刊、史学研究论文等。专业性历史读物可以帮助学生了解历史学界的研究方向和相关动态,增强自身的史学理论素养,掌握一定的历史科研能力。教师阅读专业性历史读物,可以帮助教师提升自身的专业素养,不断进步、与时俱进,使教师对于历史教材中的一些知识有更深刻的理解,提高教学水平。

2.通俗性历史读物,如历史常识读本、历史故事丛书等。通俗性历史读物可以增强学生对历史知识的理解,培养自身的分析能力和理解能力,增加学生对历史学习的兴趣,拓宽其知识面。教师在阅读通俗性历史读物的过程中,可以积累丰富的教学素材,更好地完成教学工作。

3.历史辅导资料,如历史教材解读类图书、历史试题集等。历史辅导资料是学生历史课外读物的阅读重点,可以帮助学生对教学内容进行巩固理解,加深对相关历史知识的理解,通过相关练习提高历史学习成绩。教师阅读历史辅导资料可以做好课前准备,方便对历史教学工作的开展,提升教学效率。

4.其他历史读物,如人物传记、回忆录等。学生通过对历史人物的了解,能够加深对知识的理解,帮助他们形成正确的人生观、价值观和世界观,对其以后的发展也起到了推动作用,促进学生健康成长。教师阅读其他历史读物,可以提升自身涵养,实现自我成长。

精选真题

[2019上半年]简述历史课外读物的主要类型及其相应的教学功能。

参考答案:参见内文。

第三节 教学方法

教学方法就是为达到教学目的、实现教学内容、运用教学手段而进行的,由教学原则指导的、一整套方式组成的、师生相互作用的活动。

教学方法的确定,是由教学目的、教学内容、学生的年龄特征、教学设备及教师本身的教学特长等因素决定的。在课堂教学中,恰当地选择和使用教学方法,是教师发挥教学中主导作用的一个重要因素。

一、选择教学方法的基本依据

教师在选择和使用各种历史课堂教学方法时,必须要结合具体的客观条件和自身情况等各种相关因素来加以综合考虑。归纳起来,主要应依据以下几点:

1.基于教学目标

教师在选择历史课堂教学方法时,必须首先考虑各种教学方法与历史课堂教学目标和任务的适切性和契合度,即能否切实有助于教学目标的实现。比如,对于那些要求学生理解和掌握,但对他们来说又比较难以理解、抽象枯燥的历史概念类知识目标,教师可以重点选择使用讲解法来进行深入浅出的阐释;对于那些旨在培养、提高学生的历史思维能力,尤其是批判性思维能力的目标,教师则可以更多地选择采用讨论法或探究法等来引导学生展开全方位、多维度的探讨与认识。总之,教师需要明确的一点是:在历史课堂教学中,各种教学方法本身并没有高下之分,能够最充分、最有效地促成教学目标全面实现的方法,就是最合适的教学方法。

2.基于教学内容

从历史学科本身来看,其教学内容具体分为政治、经济、文化、军事、社会生活等不同的专题史知识,或者分为历史表象、历史概念和历史规律等内容。历史教学内容的性质和特点如此复杂多样,也就特别需要教师精心选择与其性质和特点相契合的教学方法。例如,就一个历史事件的教学来说,教师对于其产生的背景可以采用概述法,对于其具体过程可以采用叙述法,而对于其性质、因果、影响和意义等既可以采用讲解法,也可以根据实际情况综合运用讨论法、探究法等。总之,在历史课堂教学中,教师采用何种教学方法受到教学内容的制约,即方法应为内容服务,教学内容的性质与特点决定选择什么教学方法。

3.基于学生特点

课堂教学的对象和学习主体是学生,教师所有的教学行为都应当是为了促使学生取得更好的学习效果。所以,选择教学方法的一个重要原则,就是必须紧紧围绕着学生的身心特点而为之,必须要体现出明确的教学针对性和有效性。由于学生的年龄、性别、性格、兴趣和爱好等各异,生活经历、知识积累、思维类型和审美情趣等也不相同,所以教师在选择历史课堂教学方法时,必须全面了解学生已有的历史知识水平、能力状况和兴趣特长,准确把握学生的身心发展规律和认知特点,既要面向全体学生,又要关注不同学生的差异,在此基础上才能选出最具有针对性和有效性的教学方法。

4.基于教师素养

如同每一位学生的个性特点都存在着差别一样,每一位教师的个性素养和特点也各不相同、各有长短。教师在选择教学方法时,必须要对自身的素养条件进行实事求是的分析,清晰地认识自己的优势与不足,然后根据自身的实际情况"量体裁衣",扬长避短,选择那些自己可以驾驭自如、得心应手的教学方法,而不是盲目追风、机械照搬别人的所谓"高效"方法,这样才能发挥好教学方法应有的功用,收到良好的教学效果。

5.基于教学条件

在课堂实际教学中,教学环境和设备条件状况对教学方法功能的全面发挥具有一定的制约作用。例如,在历史课堂教学中应用探究法,往往需要借助图书馆、互联网信息技术等设备和手段来搜集、筛选相关史料(包括文献资料、音像资料等),并借助多媒体等多种教学手段创设特定的历史问题情境,演示、展现给学生,从而激起学生的探究兴趣。同时,运用探究法还需要有比较充裕的教学时间。但是,我国各地经济发展程度尚不平衡,东西部地区和城乡之间的办学条件和教学资源在客观上还存在着一定的差距,教师在选择教学方法时,就必须要注意因时、因地、因校制宜,紧密结合本地、本校的实际教学环境和条件情况而定。

二、应用教学方法的基本原则

合理地选择、确定了教学方法,只是保证历史课堂教学有效进行的前提之一,教师想让教学方法的功能在历史课堂上得到最大化的彰显、发挥,还必须要注意对各种教学方法进行优化组合,在课堂教学中正确实施、应用。教师在应用教学方法时,应注意重点把握以下几个基本原则:

1.要坚持以学生为主体的原则

教学实践活动是教师的教和学生的学的统一体。在课堂教学活动中,学生居于学习的主体地位。所以,教师在运用教学方法时,既要有利于教师的"教",更要有利于学生的"学"。在讲究教法的同时,绝不能忽视学法,并且应当努力使两者在教学过程中实现有机的统一。具体来说,教师首先应关注激发、调动学生积极参与教学过程的内驱力和主动性,使他们能够做到"要学";继而要特别重视对学生的学法指导,使他们能够做到"会学"。教师教法的运用应更多地有利于学生的学法。只有当学生真正做到了愿学、要学、会学,教法的实施才能产生预期的效果。

2.要重视培养能力的原则

历史课堂教学的目的不只是使学生掌握历史知识,更重要的是要培养学生独立探究问题、思考问题和解决问题的能力和技能,陶冶其情感与人格。所以,教师在运用各种历史教学方法时,必须充分关注学生的参与性,尤其要重视培养学生的历史思维能力。

3.要坚持启发引导的原则

启发式教学就是受教育者在教育者的启发诱导下,主动获取知识、发展智能、陶冶个性的过程。它强调教师要注意循循善诱、启迪引导学生积极主动地去发现问题、掌握知识、形成技能、发展能力和促进个性健康发展。在教学方法的运用方面,强调教学方法的综合性,重视不同阶段的不同教学方法的优化组合,重视指导学生的学习方法等。教师不论在运用哪种历史教学方法时,都需要自觉坚持启发引导的基本原则,注意将启发式教学指导思想贯穿始终。

4.要坚持综合运用的原则

任何教学方法都具有一定的针对性和局限性,而历史教学目标、教学内容却是多种多样的,各地所拥有的教学手段、教学条件、教学资源等很不平衡,教师自身的素养和学生的学情也千差万别、各不相同,所以,教师在课堂教学中必须要树立整体观念,根据教学的实际需要,灵活地综合运用各种适当的教学方法,形成最优化的教学方法组合,实现教学效果的最优化。

三、历史课堂教学中常用的教学方法 重点

1.讲述法

讲述法是教师运用口头语言生动地、形象地、富有感染力地讲述历史知识的一种方法。这种方法有利于学生了解历史的过程和内容,适用于向学生传授新知识,也适用于复习巩固旧知识,因而在课堂教学上广为运用。

讲述法又可分为:

(1)叙述。叙述是指历史教师按照历史年代的顺序,对历史事件的发展过程和历史人物的主要活动,进行有头有尾的具体讲授。这种方式适用于多种类型的历史教材,如主要历史现象的发生和发展、重大历史

事件的经过、重要历史人物的事迹等,都可以采用这种方法。

历史教师在运用叙述的方式讲述历史时,应当注意以下问题:

第一,史实要确凿、典型。教师所叙述的史实,应来自反映历史真实情况的可靠材料,这样才能使学生形成正确的历史表象。

第二,叙述要有系统性。叙述的历史事件,要尽可能讲清来龙去脉,要注意讲清该事件所发生的具体时间、地点等问题;也要考虑到政治、经济、文化各领域之间的联系。

第三,叙述要具体、形象、生动。所谓把历史讲得有血有肉、有声有色,其中很重要的一个方面就是具体、形象、生动的讲授。只有这样,才能吸引学生,使学生如亲临其境,感受到历史的真实场面。

第四,叙述时的感情要有感染力。教师应把自己鲜明的阶级立场和是非观念,融于自己的叙述当中,以自己强烈的情感来感染和教育学生。

(2)描述。在历史课堂中,为了帮助学生形成历史表象,历史教师还要对某些典型的历史现象、历史人物的特征等具体情况,进行细致的描绘,这就是描述。描述是以生动地再现特定的历史情境和历史人物来吸引学生、感染学生的,具有形象性的显著特点。其作用主要在于丰富和发展学生的想象力,使学生形成具体而鲜明的历史表象。

教师要运用好描述法,首先是选择好描述的具体对象。这些对象在描述的过程中,须是有代表性的,须是能使学生通过教师对这些具体对象的描述,更好地理解历史的过程和掌握历史的主要特征。

(3)概述。概述是以简洁的语言,扼要地概括历史发展的过程。对于教材中较为次要、但又是必须讲到的部分,就可以用概述的方式,以便勾勒出历史的全貌和线索,配合重点问题的具体叙述和描述。

叙述、描述、概述这三种方式,构成了讲述法,它们在历史课堂教学中应密切结合起来,根据具体的历史知识在教材中的地位而恰当地选择使用。

精选真题

[2019上半年]什么是历史讲述法?简述其主要特点。

参考答案:(1)历史讲述法是教师运用口头语言生动地、形象地、富有感染力地讲述历史知识的一种方法。

(2)历史讲述法的主要特点:

①教师运用通俗的语言讲述相关内容,方便学生掌握相关知识。

②历史讲述法包括叙述、描述、概述三种方法,适用于多种类型的教学内容,如历史人物、历史事件、历史现象等。

③历史讲述法应用广泛,有利于学生了解历史的过程和内容,适用于向学生传授新知识,也适用于复习巩固旧知识。

④历史讲述法主要依靠教师的语言表述,对直观教具等教学辅助材料和手段要求较低。

2.讲解法

讲解法是教师运用说明、分析、论证等方式对历史事实、历史概念进行科学阐释的教学方法。其特点是对一些规律性的知识,如概念、规律、原理等,进行严密的逻辑分析和科学论证。

通过教师对史实的具体讲述,学生了解了具体的历史知识,开始形成历史表象。在这一基础上,教师要进行进一步的分析,讲解历史现象、历史事件的本质,引导学生进行抽象思维,使学生形成历史概念,认识历史发展规律。

讲解法常常是用于讲授历史上的政治、经济制度,会议与条约,历史事件的性质及其影响等方面的内容。在具体运用时又有很多方式,其中主要的是分析和综合、比较和对比。

3.讲读法

讲读法是指让学生阅读教科书,并配合教师讲解的教学方法。它是在教师的指导下,由学生阅读教科书,并加以教师的讲授。这种方法是加强历史基本知识教学的一种手段,有利于培养学生的阅读能力、自学能力和理解能力。

历史教科书是学生学习历史知识的基本依据和工具。教师在教学过程中要适当地指导学生阅读教科书,引导学生根据教科书去理解掌握历史知识,使学生把教师讲授的内容与教科书上的内容联系起来,并使学生学会利用教科书来进行预习、复习、练习等活动。在这些方面,运用讲读法可以收到良好的效果。

历史课堂教学中运用讲读法,要根据教材的内容和特点。一般是在以下这些内容上运用讲读法:

①讲读马克思主义经典著作的引文。

②讲读历史上的典章、法令、条约的内容。

③对重大历史事件的评价。

④讲读教科书中难于理解的词句,对于难懂的词句,教师应读给学生听,并作适当的解释,为学生充分使用教科书扫清语言文字上的障碍。

⑤讲读教科书中的插图。教师通过让学生看图,并配以讲解,使书中的插图与课文内容结合起来。

讲述重在"述",即叙述、描述和概述三种教学方式。讲解与讲述的区别在于"解",即重在运用解释、说明、分析、论证、概括等方式进行传授。讲读是有讲有读的传授方式,运用讲读法通常是边读边讲、以讲导读、以读助讲、讲读并用。

以上各种形式可针对教学内容结合运用,不可能一堂课只单纯使用某一种方法。讲述法与讲解法应用较广,就更应该防止千篇一律、毫无特色的现象。

4.探究法

探究法是指在教师的指导下,围绕教学的重点内容,让学生自主地发现问题、分析问题、解决问题的一种教学方法。在历史教学中,要求教师创设适宜的问题情境,引导学生围绕问题收集历史材料(或由教师提供),进行分析、处理、论证等,并由此展开独立自主的研究活动,从而使学生在参与研究活动的过程中,逐步养成独立思考的学习习惯,发展历史思维能力和解决问题的实践能力。

探究法的本质特征在于强调探究过程而不是现成的知识与结论。探究法的主要特点在于:它强调以探究问题为目的,以思维训练为核心,以学生自主为形式,以史料运用为条件,以教师帮助为辅助。探究法的指导思想就是以学生为主体,使之能够独立地去实现认识过程。抑或是学生在教师的指导和启发下,自觉展开对历史问题的探究,尝试着像历史学家那样去观察历史、思考历史和研究历史,科学地认识和掌握解决问题的方法与步骤,学会如何去发现问题的本质、规律与结论,从而培养学生善于从不同的角度发现问题和独立研究问题、解决问题的能力,并进一步增强其问题意识和培养勇于探究的创新精神。

探究法一般由以下四个环节构成:

一是教师创设并呈现问题情境,向学生提出(或引导学生发现)所要探究和解决的问题。所要探究的问题应具有典型性,并且基本上应来自历史教学的重点或难点内容;其难度既要适合学生已有的水平,又必须经过一番努力才有可能得以解决,由此激发学生发现和探索问题的学习欲望。

二是教师指导学生利用有关材料,提出对问题的假设或答案。教师启发学生在学习历史教材及其他相关历史材料的基础上,通过对有关信息的筛选、分析、比较等处理,结合已有的知识与经验,大胆提出自己对问题的各种可能的假设与看法。

三是学生对所提出的各种假设进行检验,完成解决问题的过程。在教师的指导和帮助下,学生进一步搜集或仔细审读有关材料,展开更深入的思考、比较、分析和讨论,不断对假设进行修正和完善,并得出初步的结论。与此同时,学生要分析并记住整个探究问题的思维过程,从中感悟并学到思维的方法。

四是引导学生对问题展开更深入的讨论或重新审视,形成正确的认识结论。即教师启发学生在验证假设并形成初步认识结论的基础上,对问题进行更全面、更深入的审视与讨论,并据此对原有的探究结论进行修正和完善,从而形成正确的结论。之后,教师予以总结和评价。

与传统教学方法相比,探究法为学生提供了可以自主探究历史的空间,更加有利于学生积极、主动地进行历史学习,更加有利于学生历史思维能力和研究问题与解决问题的实践能力的培养。但是,探究法也对教师的教学理念和教学组织、调控与指导能力等提出了更高的要求。其中,需要特别注意以下问题:

(1)注意精心选择所要进行研究的问题和相关材料。问题(或课题)是探究式教学的载体,教师首先要综合考虑教学的目标要求、教学内容的特点和学生的认知水平及特点等,来确定将要探究的课题。课题应当具有一定的挑战性和研究价值,学生需要灵活运用已学过的、多方面的知识并经过多种探究和尝试才能解决。同时,为了确保学生开展探究的兴趣,教师所选的应用于探究的相关材料既需要具有一定的吸引力,又需要具有较大的思考空间;既可以适用于不同层次学生的探究需要,还可以使学生从多个角度出发进行探究。

(2)注意突出学生的主体地位,充分保障学生的自主性和创造性的发挥。采用探究法进行历史教学,对学生的自主性和创造性提出了很高的要求,因此,教师在进行探究式教学过程中,应当注意切实确立学生的主体地位,以及学生在探究活动中的自主性。

(3)注意加强对学生探究过程的指导。虽然探究法特别强调要突出学生的自主活动,但这并不意味着教师可以就此放弃对学生的指导。事实上,学生在探究、发现过程中必然会遇到许多困惑或走入迷途,需要教师适时进行有针对性的启发和点拨。换言之,教师的有效指导是提高学生探究性学习效果的必要保障。

5.讨论法

讨论法是指根据一定的教学要求,学生在教师指导下,围绕某些特定历史问题在课堂上各抒己见,相互启发并进行争论、辩论、磋商,以此辨明是非曲直,弄清问题缘由并提高对历史的认识的一种教学方法。

讨论法的主要特点在于其多维互动性和探究性,即课堂讨论不仅发生在学生之间,也可以发生在教师与学生之间。讨论法可以充分调动学生学习的主动性,促进他们积极参与教学,对于培养学生的批判性思维能力、逻辑思维能力、交流沟通能力,以及增强合作意识和树立积极进取的态度等,都具有非常重要的作用。

讨论法有着不同的分类标准。一般来说,从讨论的组织形式来划分,有全体学生都参与的班级集体讨论,也有将全班学生分成若干小组进行的小组讨论;从讨论的内容特点来划分,有用于扩大有关历史理论知识的学习而组织的综合性课堂讨论、就历史教学内容中的个别问题或疑难问题而组织的专题性课堂讨论,以及就某历史课题进行深入探讨而组织的研究性课堂讨论。分组讨论是历史课堂教学中最常见的一种讨论组织形式。在分组时,应注意尽量把那些相互之间比较喜欢,但性格、观点、经验和学习水平又不相同的学生分在一组,这既可以使小组成员之间具有较强的向心力和凝聚力,又可以取长补短、相互启发,共同受

02

益。另外,每个小组人数不宜太多,否则将会影响成员参与讨论的积极性,并使讨论的质量下降。依据相关研究和实践检验,一般每个小组以4—7人为宜。

教师运用讨论法进行教学,应注意以下问题:

(1)讨论前要做好充分准备。教师要精心设计富有价值的讨论题目,并提前告知全体学生,以便让学生围绕将要讨论的问题先行查阅相关资料,积累一定的背景材料,做好讨论的必要准备。否则学生在讨论时就可能无话可说或不知所云,达不到讨论的目的。另外,所讨论的问题应围绕学习重点来设计,并可以具有一定的争议性,以便更好地激起学生参与讨论的愿望,积极展开观点论辩。同时,教师还要注意将学生进行合理分组,并指导他们做好讨论的其他准备事项,明确在讨论中自己应当怎样做,懂得注意倾听并尊重别人的意见等。

(2)讨论时要做好组织指导。教师要做到专心倾听学生的发言,并适时、适度地介入和调控讨论进程,以启发点拨的方式确保学生的讨论不偏离主题,将讨论逐步引向深入,从而使学生对所讨论的历史问题形成比较深刻的认识。在这个过程中,教师不要向学生暗示问题的结论。同时,教师要不断鼓励每一位学生都大胆发表自己的看法,并注意适当控制学生发言的时间,尽量使每位学生都能有发言的机会,而不要由极少数学生或教师自己垄断发言;对于学生就所讨论的历史问题发表的不同看法,教师既要及时予以鼓励或肯定,也要注意对学生可能存在的模糊、片面甚至错误的认识,适时做出必要的澄清和正确的引导。

(3)讨论后要做好全面总结。当讨论结束后,教师要与学生一起及时认真进行总结。对于学生所发表的各种观点和意见,教师要进行全面的梳理、归纳、综合与分析,并做出某种比较全面、科学的结论。对于学生在讨论中出现的争议性观点,教师可以依据史实做出客观评判。对于讨论过程中学生的良好表现状态,要给予充分肯定;对于所存在的问题和不足,则要明确指出并期望学生今后能加以改善。

在运用讨论法进行教学时,教师应当注意防止出现教师发问—学生回答—教师再发问—学生再作答的现象,这并非真正意义上的课堂讨论。另外,在学生进行讨论时,教师还应当注意尽力营造宽松、自由的教学环境,让学生在心理上有安全感,可以尽情地大胆表达自己的思想观点;在讨论过程中,教师尤其要注意不能越俎代庖,不能急于武断地给出结论,试图以自己的观点来替代学生的思维,这与课堂讨论的本意是相悖的。

6.情境创设法

历史教学情境,是根据情境教学理论、历史学科特点和学生学习历史的认知规律,在历史教学过程中,针对具体教学内容,运用多种教学方法和手段创设特定的教学情境,以激发学生的学习兴趣,促进学生优化认知过程,掌握历史知识,培养学习能力,形成正确观点。

(1)教学情境的类型有:借助新旧知识的关系创设教学情境、借助实物和图像创设教学情境、借助问题创设教学情境、借助背景创设教学情境,借助历史活动创设教学情境。

历史的情境性非常强,只有"身入其境",才能明白历史为什么这样发展而不是那样发展,历史人物为什么要这样做而不是那样做。历史是永远的过去,不可重复。要"身入其境",联系当时的社会现实,科学、全面地认识和评价历史现象和历史人物,"情境模拟"就是比较好的方法。历史情境的良好创设,能调动学生学习的积极性,能活跃课堂气氛,启迪思考,激发学生创新意识的形成。

(2)创设历史情境的方式

利用实物创设情境。实物情境就是以展现实物为主,也可利用投影做一相应历史背景,以表现某一特定情境。

运用数字化教学手段创设情境。数字化教学视听并举,图文并茂,形象逼真,直接刺激学生的视听器官,而且能增强教学过程的娱乐色彩,使教学更加直观,更容易把学生带入历史情境之中。

利用表演创设情境。历史教学中的情境创设虽不可能使逝去的历史真实再现,但借助实物、图片、语言等情境的创设与展现,把历史课本上的角色让学生自己表演,能缩短学生与久远的事物的时空和距离,很自然地加深了内心体会。

利用音乐渲染情境。音乐以特有的旋律、节奏,塑造出音乐形象。利用音乐创设情境,可使学生在欣赏音乐的同时,产生一种身临其境的感觉。

运用语言描述情境。在情境展现时,教师伴以语言描绘,对学生的认知、理解起着导向性的作用。

利用问题创设情境。只有那些带有探索因素与问题性的情境,才具有强大的吸引力,更容易吸引学生的注意,激发他们的学习兴趣和热情。

利用典故、诗词创设情境。初中生正处于由形象思维向抽象思维发展的重要阶段,讲生动有趣的历史故事,增强教学的生动性,是激发学生学习兴趣的有效途径之一。通过创设富于趣味性的教学情境,让学生对历史产生兴趣,从而获得知识。诗词以其内容反映了多彩的社会真情和逼真的社会风貌,文史互通,诗史相融,运用诗词去理解历史事实,更容易贴近生活,贴近历史实际,更容易融意境于现实之中。为此,在历史教学中,教师完全可以借助诗词歌赋,再现历史图像,创设历史情境。

(3)创设历史教学情境应注意的问题:

①注意科学性

科学性要求创设的历史教学情境与史实相符合,不能违背史实,且与教材内容紧密联系,概念准确,没有知识性的错误。教师在运用直观教学手段展现历史教学情境时,应该注意所展示的音像资料的科学性;教师把编演历史小品、短剧引入课堂时,要对学生编演的历史小品、短剧进行指导,以免出现科学性错误。

②注意实效性

实效性要求创设历史教学情境时使用的方法、手段,选择的媒体,必须是教学上实用的、能达到最佳效果的,而不能拼凑,不能把媒体当成装饰物,要注意实效。运用现代教学媒体,有形、有影、有声、入眼、入脑、活泼感人,这有利于创设历史教学情境;而教师站在讲台上,一本书,一根粉笔,一幅图,娓娓道来,使学生如临其境,师生产生情感、意识上的共鸣,也能够创设历史教学情境。

③注意感染力

教学语言具有感染力是创设教学情境的重要条件之一。有些历史教师缺少饱满的激情,语言贫乏,没有亲和力、吸引力,有些教师的教学语言缺乏"历史味儿",没有感染力,这样的情形都不利于历史教学情境的创设。

④注意思考性

当下,有些教师由过去传统的"满堂灌"变为"满堂问",以问代讲。这样的课堂看似热闹,学生发言踊跃,但是许多问题缺乏思考性,为了提问而提问,学生只是在应付性地配合老师的"问题情境"。这种教学情境并不能有助于学生对历史的理解。

⑤注意贴近生活

创设历史教学情境的目的之一,是要拉近历史与学生生活的距离。但是在现实教学中,有的教师所创设的教学情境,缺少与学生生活的有机联系,使学生仍然难以理解历史、感悟历史。

⑥合理运用现代教学媒体

要避免为了演示现代教学媒体而创设历史情境。教师应认识到,在教学过程中,现代教学媒体的作用只是一种"辅助"作用,而不能成为教学目的,否则现代教学媒体成了教学机器,教师成了只会按键盘的"机械手",这样的课堂看起来生动活泼,实质上不利于创设真正的历史教学情境。

7.史料教学法

史料教学法是指教师通过搜集的文本或史料引入教学,让学生能够更清晰、真实地掌握历史知识的教学方法。

(1)史料教学法的作用

①有利于创设情境,激发学生的探究意识,培养学习兴趣。

②有利于还原历史,揭示历史本质,丰富教材内容,加深学生对历史的理解。

③有利于形成正确的价值观,提升思想道德修养。

④论从史出,史论结合,有利于培养学生的探究能力。

(2)在史料教学的过程中要注意以下问题:

①史料的可靠性

在教学过程中不是所有史料都可以拿来作为证据,只有被证实的史料才有价值。在教学中,切忌把野史作为史料来教学。此外,在运用史料教学时,还要考虑记录者的动机。

②问题的渐进性

历史上的史料可谓汗牛充栋,教师在教学过程中对史料的运用一定要有所选择,要与课堂教学紧密结合。

③对象的全面性

在运用史料教学时,教师应顾及学生的认知水平,充分考虑到大多数学生的基础状况,切忌所引史料及提出的问题难度太大。

8.图示法

图示法即图文示意教学法,以图形或图像为主要形式,揭示历史事物的现象或本质属性,以激发学生跳跃式思维,加快教学进程的一种学习方法。

图示法的主要特点为:①采用地图、图表、绘画、信号四种图示作为媒介,使学生接收信息后能够迅速作出反应;②融合图表、图画、绘画于一体,代替了传统的呆板的板书形式,简明扼要,清晰明了。

图示法的优点为:①形象、直观,能够激起学生学习兴趣;②化繁为简,变抽象为形象;③有助于培养学生的想象、联想、推断能力。

图示法的适用范围为:①教科书中难以理解的问题;②教科书中内在联系发展的内容;③同一时期出现了较多的同类现象。最后一种情况可以采用图表的形式。

使用图示法要注意和讲述法等其他教学方法配合使用,图示应该简单明了,图示文字要简练,应依据教学内容和自身特点选择合适的图示形式。

在历史教学中,运用图示法,很常见的教学方式便是时间轴的运用及历史地图的运用。

(1)时间轴的运用

历史教学的基础是时间,时间串起了人类从古到今波澜壮阔的发展历程,学习、考察、研究某一历史人物、历史事件或历史现象时,就一定要把他们放到一定的历史时空环境中去做具体的、动态的分析和把握。所以在讲授历史课程的时候,教师要从初中学生的认知水平和该学段历史课程的基础性、普及性出发,按照时间顺序,精选最基本的史实,采取"点—线"结合的呈现方式。"点"是具体、生动的历史事实;"线"是历史发展的基本线索。以"线"穿"点",以"点"连"线",通过时间轴的联系来理解历史,这样既能突出历史进程的时序性,又可以凸显历史发展的主线,使学习内容依据历史的发展线索循序渐进地展开,使学生在掌握历史事实的基础上理解历史发展的进程;同时也降低了难度,减轻了学生的负担。

在具体的教学过程中,教师应当具有明确的"时间"教学意识,并渗透到教学实践中,在教学活动中体现出来。在具体的课堂教学中,教师可以根据教学需要,用板书的形式来画一条时间轴,这样一来可以帮助学生形成历史时间概念,有助于学生对历史空间、人物和事件的学习和掌握,二来有助于学生整理知识,使历史知识系列化。

但是,在时间轴的制作上教师一定要注意以下两点内容:

①时间轴的历史线索必须一目了然,清晰明了。

②时间轴上时间的标注要准确无误。

（2）历史地图

历史地图是反映历史事件或历史现象空间位置和地理环境的工具。利用历史地图进行教学,把历史史实和地理空间环境紧密结合,是历史课的一个特点。对于初中生来说,历史课程较为复杂、枯燥,为了激发学生学习历史的兴趣,教师要巧妙地运用历史地图,把历史事件、社会经济、文化底蕴、地理环境展示在学生面前,打开学生的思维,让学生积极主动地学习历史知识。

作用	第一,能有效地帮助学生形成历史空间概念
	第二,能有效地帮助教师讲清重点、突破难点
	第三,能有效地帮助学生认识地理环境因素在人类历史发展过程中的作用
运用时需注意的问题	第一,适时出示地图,正确使用教鞭。出示地图时要把握好时机,使用教鞭示图,落点要准确,必须落在要指示的位置上,不可错落
	第二,边讲述边演示,讲述和演示有机结合
	第三,由简到繁,由局部到全面
	第四,讲清重要地名的沿革变迁

（3）纲要图示法

纲要图示是一种由字母、数字或其他符号组成图示以增强讲述的形象性的教学方法,这种方法主要是通过对各种概念解析、概括后,将它们依照系统化原则,用各种信息符号编成概念系列来进行教学的。纲要图示法的主要功能包括:对知识要素进行整合与概括;直观明了地呈现历史信息;展示教学内容的逻辑关系。

纲要图示的设计要求和方法:

①纲要图示应科学地体现历史教材骨架,设计力求简单明了,尽量直观。解释和说明的文字必须尽量精炼。设计的线索符号要具体形象,把历史教材骨架表达出来,并能把知识内在联系和概念之间关系反映出来。

②要准确、科学地表现概念之间的关系。这种关系应包含包容、并列、承接、因果、释义等关系,形成概念体系。可以选用括号式线段表示包容和释义关系,用箭头符号表示概念之间承递和因果关系,用位置并列表明概念并列关系,用方框箭头区别概念不同层次。

③纲要图示要求尽量体现知识的整体性和层次性,反映出历史知识的整体与部分关系。

精选真题

1.[2019上半年]纲要图示法是历史教学的重要方法之一,其主要功能是( )

①对历史资料进行具体解释 ②直观明了地呈现历史信息

③展示教学内容的逻辑关系 ④对知识要素进行整合与概括

A.①②③ B.①②④ C.①③④ D.②③④

答案:D。本题考查考生的识记能力。纲要图示法的主要功能包括直观明了地呈现历史信息、展示教学内容的逻辑关系、对知识要素进行整合与概括。纲要图示法不能对历史资料进行具体解释,①不符合题目要求。故答案选D。

2.[2018下半年]阅读下面材料并回答问题。

材料:

某实习生在对"统一多民族国家的巩固和发展"一课进行教学设计时,直接从网上下载了下面的《清时期全图》,准备用于教学。

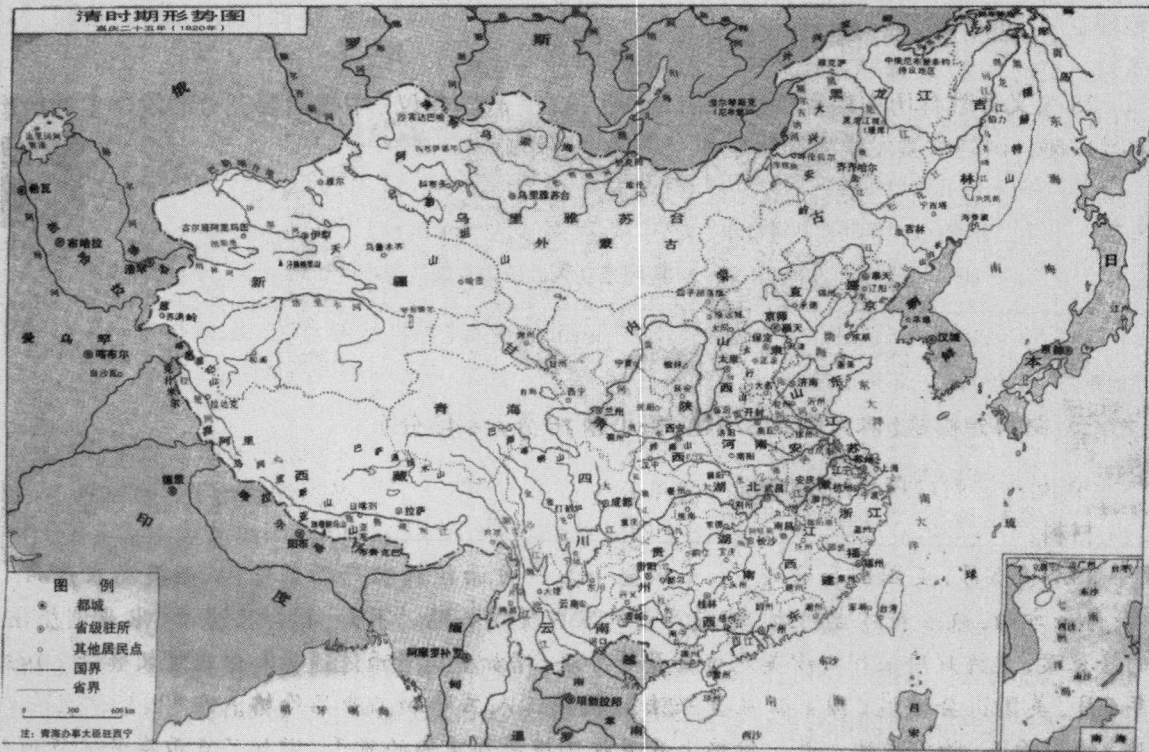

问题:

(1)实习生的指导教师认为用这副地图不合适,其理由是什么?

(2)在历史教学中教师选择历史地图应注意哪些问题?

参考答案:(1)指导教师认为用这副地图不合适的理由:

①地图中采用了许多现代地名,应该使用清朝时的相关地名。

②地图中涉及的地理内容过多,不利于学生观察和使用。

③清朝在不同时期疆域面积变化比较大,地图未能体现清朝统一多民族国家巩固和发展的历程。

(2)在历史教学中教师选择历史地图应注意以下问题:

①历史教师选择的历史地图要符合学生的认知水平,要充分考虑学生的具体情况,选择使用简明地图,方便教师对教学内容的讲授和学生的观察使用。

②历史教师选择的历史地图要能够帮助学生提高阅读、分析、理解历史地图的能力,形成时空观念,帮助学生认识地理环境因素在人类历史发展中的作用。

③历史教师选择的历史地图要符合教学的实际需要,和教学内容一致,充分使用教科书和历史地图册中的地图,确保地图具有权威性。

3.[2018上半年]阅读下面材料,并回答问题。

下面是某实习生为讲解"中日甲午战争与瓜分中国狂潮"一课制作的时间轴:

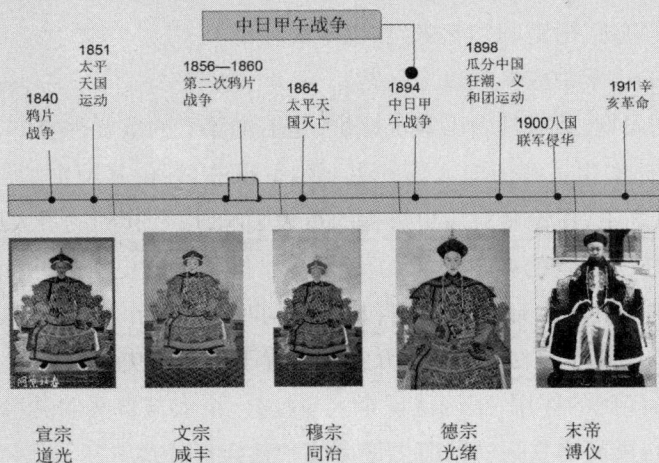

问题:

(1)该时间轴的制作存在哪些问题?

(2)简述历史教学中使用时间轴的主要作用。

参考答案:(1)①时间轴历史线索较为混乱。本课主要讲的是"中日甲午战争与瓜分中国狂潮",时间轴的设置就应该以近代列强侵略中国的历史事件为主。

②时间轴上时间标注不够清晰。该实习生用虚线标注了清朝历代皇帝执政时间的分界线,但未能标出虚线表示的具体时间。

(2)①帮助学生形成时间观念。

②帮助学生掌握历史发展规律和历史现象之间的联系。

四、历史专题内容的讲授方法　重点

1.历史人物的讲授方法

历史人物是人类社会一切经济、政治、文化等方面的活动的主体。离开历史人物,历史也就无从谈起。讲授历史人物一般都用讲述法,讲述历史人物的生活年代、身份地位、主要事迹、简要评价等。

（1）基本方法

讲述的基本方法主要有以人传事和以事带人。

①以人传事。

以人传事，就是以历史人物为中心，讲述其一生的主要事迹和与他有关的史实。比如，讲述"伟大的诗人屈原"时，便可用以人传事的方法。

②以事带人。

以事带人，是以历史事件为主线，把历史人物置于历史事件的过程中去讲述。一般来说，讲述某些爱国将领和民族英雄、政治家和军事家等，都可采用这一方法。如讲述拿破仑，就要以法国大革命之战事带出。

讲授历史人物离不开对历史人物的评价，评价历史人物的基本方法有点评与专评两种。

点评又可分为穿插点评和述后点评。穿插点评是指在讲述历史人物的过程中，就历史人物的某一行为或语言加以评价。述后点评是指在讲述完历史人物的事迹后，加以评价。专评是指在讲述完历史人物一生的主要事迹、活动后，把其事迹、活动归纳起来，加以全面评价。

（2）教师在历史人物的教学中应注意以下问题：

了解不同时期的历史人物，并对其做出客观评价，是历史课堂的重要内容。

①教师在教学时，要让学生了解历史人物的主要生平事迹，评价其历史功过，体会人物的伟大精神，同时还要将其放在时代背景之下，讨论其对历史进程的重大影响，以及起到的重大历史作用。

②教师应当注意，在历史人物的教学中，除了让学生掌握相关的史实之外，还要让学生认识到历史人物所进行的各项重大活动既受到历史环境的影响和制约，同时又与其个人的主观因素密切相关；要让学生掌握一些科学评价历史人物的基本方法，能够把历史人物置于特定历史条件下进行具体分析，尤其是要关注个人在历史发展进程中所起到的作用，正确认识个人与社会、个人与自然的关系；从杰出人物的嘉言懿行中汲取历史智慧和人生经验，进而确立强烈的历史使命感和社会责任感。

精选真题

[2017上半年]教师在历史人物的教学中要注意哪些方面的问题？

参考答案：参见内文。

2.政治史内容的讲授方法

讲授政治史内容一般以讲解法、阐述法为主。

在讲授政治史时要做到：

第一，政治、经济有机结合。

讲授政治史要和经济史有机结合起来。一方面，必须说明经济决定着政治，舍弃经济发展，就不能使学生认识政治发展的根本原因。另一方面，又必须说明政治对经济的反作用。

第二，一分为二，正确评价。

由于每个历史人物、每项政治措施和政治制度等都是一定历史时期的产物，是根据当时的历史条件制定的，因此，对他们的评价也就只能从当时的历史条件出发，用一分为二的辩证方法来分析其利弊，不能绝对地肯定或否定。

第三，讲清线索，揭示联系。

讲清有关内容发展变化的基本线索，揭示教材的前后内在联系。这样可以把有关的政治史内容条理化、系统化;可以帮助学生形成完整的历史知识和历史概念。

3.经济史内容的讲授方法

经济史内容中概念较多,宜用讲解法来揭示经济发展的线索和规律。讲解时要求做到以下几点:

第一,因果相连,即揭示经济现象之间以及经济现象与其他现象之间的因果联系。

第二,点面结合,即将各个部门、各个方面、各个地区的经济发展情况(面)与其中主要部门、主要方面、主要地区的经济发展情况(点)有机地结合起来讲授。

第三,串联理线,把不同时期某一国家的同一方面的经济史知识一个接一个地联结起来,整理出基本线索。

第四,具体形象,就是把空洞的内容具体化,把抽象的概念形象化,进行具体形象的讲述,主要有补充典型材料、运用细致描述、穿插短小故事、引用诗词佳句等方法。

4.文化史内容的讲授方法

文化史的内容,广义地说,包括人类创造的物质财富和精神财富;狭义地说,仅指精神财富。中学历史教科书中的文化史内容,是狭义的文化史。

对每一时期的文化,教科书一般都有专章或专题介绍。这些文化史内容大体包括文学与艺术、哲学与宗教、科学与技术以及其他文化史内容。

讲授文化史内容可采取多种教学方法,要求生动形象,避免平淡。因此,在讲授时就要注意以下几点:

第一,讲清缘由。文化是一种社会现象,本身虽有相对的独立性,但又受到其他因素的制约和影响。因此,要讲清文化产生、发展的历史原因。

第二,前后相承。讲授文化史内容,应讲清有关文化渊源相承的关系。如我国汉字的产生与发展。

第三,联系对照。讲授文化史的内容,应把中外文化史上同类知识加以联系和比较。

第四,重视文化史人物的讲授。

精选真题

[2019下半年]阅读下面材料并回答问题。

材料　某教师在讲授《盛唐气象》一课中的"唐诗"时,首先让学生回忆自己熟悉的唐代诗歌,接着将全班学生分成7个小组进行比赛,背诵诗歌最多的小组获一等奖,最少的一组为末等奖。然后教师将自己准备的礼物作为奖品发给学生,随即教师宣布下课。

观摩该课的大多数教师认为此活动不可取。

问题:

(1)观摩教师认为"此活动不可取"的主要原因是什么?

(2)针对本课中"唐诗"的教学内容,课堂教学应如何体现历史课的特色?

参考答案:(1)①此活动只是简单地让学生分组比赛背唐诗,没有就历史课程的特点设计对应的教学活动,把历史活动课变成了语文活动课,失去了历史课的特色。

②分组比赛背唐诗势必占去整节课过多时间,不利于整节课的教学实施,喧宾夺主。

③该教师发完奖品直接下课,没有对学生们的表现和活动中存在的问题及时给予反馈和评价,也没有就唐诗进行深层次讲解。

（2）①结合历史课的特色，可以就历史背景、成就、唐诗赏析以及历史意义来展开教学。

②进一步引导学生理解一定社会的文化和经济、政治的内在联系，逐步培养他们用历史唯物主义的观点分析问题的能力。

③开展"以诗证史"活动，引导学生以唐诗为史料进行探究，并对学生的活动成果给予评价。

5.战争史内容的讲授方法

在人类历史上，战争连绵不断，数不胜数，讲授战争史必须讲清战争的起因、过程和结局。

第一，分析战争起因。

第二，叙述战争过程。

第三，突出重大战役。

第四，分析战争性质。

第五，讲解战争的意义或影响。

讲授战争史，还应充分运用各种战争形势图，以加强直观教学；还应适当补充一些军事史知识，以扩大学生的知识面。

6.科技史内容的讲授方法

科技史以人、自然、社会和科学技术之间关系的演变为对象，是一门揭示科学技术发展规律的学科。科技史之父萨顿认为，它的目标是解释科学精神的发展，解释人类认识真理的历史，以及人们的思想从黑暗和偏见中逐渐获得解放的历史。

科技史讲授应达成的价值观目标包括：通过了解中外科技发展的进程、主要成就及其影响，感受科学家坚韧不拔的探究精神和追求真理的勇气，体会科学思想和方法的魅力，崇尚科学精神，坚定求真、求实和创新的科学态度。

总之，课堂教学方法很多，关键是注意教法的优化组合，要从实际出发，根据不同的教学内容、不同的教学对象。用系统的、综合的观点进行教学法的优化组合，确立学生在教学中的主体地位。

第四节　初中历史课教学模式

教学模式是在一定教学思想或教学理论指导下建立起来的为完成特定的教学目标和内容，而运用的比较稳定的教学结构理论框架及其具体可操作的教学活动方式。

教学模式是教学理论与教学实践的桥梁，既是教学理论的应用，对教学实践起直接指导作用，又是教学实践的理论化、简约化概括，可以丰富和发展教学理论。优秀教师取得成功的关键就在于他们能对教学内容（教什么）和教学方法（如何教）进行合理的组合，即能按某一种或某几种有效的教学模式进行教学。

一、选择教学模式的依据

教学不可能脱离现实情况而独立存在，从经济性、可操作性、时间、精力、人流、物流成本等角度综合考虑，选择出来的最适合的教学模式，才是有效的、有意义的教学模式。我们要根据所采用的教学模式实施计划，主要考虑的因素有单元课程名称、上课时间、上课地点、学生人数、教学环境、技术设备、软件环境、学生技能要求、教学管理、教学实施准备等。在选择教学模式时，可以重点考虑以下几点：

1. 依据教学目标选择合适的教学模式

历史课要落实三维目标,当历史教学的核心目标是知识掌握时,可以更多采用以教师活动为主的教学模式,突出系统讲授和系统训练;如果教学的核心目标是实际能力或方法的培养,那就要在历史教学中更多采用以学生活动为主的教学模式,突出学生的自主学习和主动探索;如果历史教学的核心目标是让学生形成某种态度或价值观,那就要更多采用突出社会活动、情感体验的教学模式。一个单元、一节课的教学往往同时会涉及多个目标,所以,要在历史教学中对不同模式适当加以组合。

2. 依据学生的认知发展水平选择合适的教学模式

教学模式必须符合学生的认知发展水平。如果所要进行的学习活动具有较高的认知复杂性,就需要选择采用结构较松散的教学模式,即教师及教学程序的控制性较低,允许学生进行更主动的、更开放的探索性活动的教学模式,如发现学习的模式、基于问题学习的模式、非指导性教学等;相反,如果所要进行的学习活动主要依赖于较低复杂性的认知活动,那就可以选择结构更严格的教学模式,即教师、教学程序对学生的学习过程做详细严格的规定,如程序教学等。另外,在选择教学模式时,也要考虑学生的学习能力和学习习惯,而且应该在教学中有意识地培养学生的独立学习能力。

二、各种教学模式综述 重点

尽管教学模式多种多样,但大致可以归入如下四类:行为矫正模式、信息加工模式、个人发展模式、社会作用模式。这里介绍教学模式中与我们目前的初中历史教学状况比较相符的模式。

1. 传递—接受式

该模式以传授系统知识、培养基本技能为目标。其着眼点在于充分挖掘人的记忆力、推理能力与间接经验在掌握知识方面的作用,使学生比较快速有效地掌握更多的信息。该模式强调教师的指导作用,认为知识是教师到学生的一种单向传递的过程,非常注重教师的权威性。

(1)教学基本程序

该模式的基本教学程序是:复习旧课——激发学习动机——讲授新课——巩固练习——检查评价——间隔性复习。

(2)实施建议

教师要根据学生的知识结构和认知水平对教学内容进行加工整理,力求使所传授的知识与学生原有的认知结构相联系。充分发挥教师的主导作用,教师在传授知识的时候需要很高的语言表达能力,同时要对学生在掌握知识时常遇到的问题有所经验与觉察。在介绍讲解性的内容上运用比较有效,当期望学生在短时间内掌握一定的知识去应试时比较可行。

(3)教学效果

优点:学生能在短时间内接受大量的信息,能够培养学生的纪律性,能够培养学生的抽象思维能力。

缺点:学生对接收的信息很难真正理解,易培养单一化、模式化的人格,不利于学生创新性、分析性的发展,不利于培养学生的创新思维和解决实际问题的能力。

2. 自学—辅导式

自学—辅导式的教学模式是在教师的指导下自己独立进行学习的模式。这种教学模式能够培养学生的独立思考能力,在教学实践中也有很多教师在运用它。

（1）教学基本程序

自学辅导式的教学程序是：自学——讨论——启发——总结——练习巩固。

教师在教学中根据学生的最近发展区，布置一些有关新教学内容的学习任务组织学生自学，在自学之后让学生之间交流讨论，发现他们所遇到的困难，然后教师根据这些情况对学生进行点拨和启发，总结出规律，再组织学生进行练习巩固。

（2）实施建议

自学内容难度适宜，教师在教学过程中要适时点拨，先进行自主学习，然后教师进行指导概括和总结。要提供必要的学习材料和学习的辅助设施，给学生自学提供有力的支持。最好选择难度适合且学生比较感兴趣的内容进行自学，教师要有很高的组织能力和业务水平，教师要避免过多的讲解，要多启发。

（3）教学效果

优点：能够培养学生分析问题、解决问题的能力；有利于教师因材施教；能发挥学生的自主性和创造性；有利于培养学生相互合作的精神。

缺点：学生如果对自学内容不感兴趣，可能在课堂上一无所获；需要较长的时间；需要教师非常敏锐地观察学生的学习情况，必要时进行启发和调动学生的学习热情，针对不同学生进行讲解和教学，所以很难在大班教学中开展。

3. 探究式教学模式

探究式教学模式以问题解决为中心，注重学生的独立活动，着眼于学生的思维能力的培养。

（1）基本程序

教学的基本程序是：问题——假设——推理——验证——总结提高。

首先创设一定的问题情境，提出问题，然后组织学生对问题进行猜想和作假设性的解释，再设计实验进行验证，最后总结规律。

（2）实施建议

建立一个民主宽松的教学环境，充分发挥学生的思维能力，教师要掌握学生的前认知特点，实施一定的教学策略。需要一定的供学生探究学习的设备和相关资料。在探究性教学中要尊重学生的主体性，要对那些打破常规的学生予以一定的鼓励，不要轻易地对学生说对或错，教师要以引导为主，切不可轻易告知学生探究的结果。

（3）教学效果

优点：能够培养学生的创新能力和思维能力，能够培养学生的民主与合作精神，能够培养学生的自主学习能力。

缺点：一般只能在小班进行，需要较好的教学支持系统，教学需要的时间比较长。

4. 自主学习模式

（1）教学程序

基本教学程序是：设置情境——激发动机——组织教学——应用新知——检测评价——巩固练习——拓展与迁移。

（2）实施建议

这是一个比较普适性的教学模式，根据不同的教学内容它可以转化为不同的教学法，只要教师灵活驾驭就能达到想要的教学效果。教师在利用这种模式的时候，要时常提醒学生反思自己的学习行为，要考虑各种步骤的组成要素,根据不同情况有所侧重。

5.合作学习模式

(1)创立理念

①师生关系。师生在人格上是平等的。

②评价。主张在教学中不要轻易地给学生不及格的分数,教师要采取缓置原则,给学生进一步思考的机会,直到学生纠正了错误,很好地完成了作业,教师再给其一个满意的分数。

③自由选择思想。在教学过程中,教师要给学生提供自由选择的机会,要充分给其"言说"的权利,使他们体验到受尊重、受信任的感觉,从而培养其学习的积极性、独立性和创造性。

④最近发展区。教师教给学生的东西和要求学生掌握的东西,要具有一定的超前性,要有一定的难度,能够激起学生的挑战欲望;同时,学生只有在教师的帮助和合作下才能克服这些困难,达到目标。

(2)教学程序

①课堂教学中要为学生创造一个良好的心理环境。

②在检查提问时,教师要创造条件消除学生的种种顾虑。

③在布置作业时,不应当强制学生定时定量完成同等作业,要有所区别;

④评分要采取鼓励性原则。

精选真题

[2017上半年]阅读下面材料,并回答问题。

材料:

下面是某教师讲授《香港和澳门回归》一课的教学流程。

教师悬挂《中华人民共和国政区图》,醒目地标注香港、澳门的位置。播放"香港回归"的视频,用多媒体呈现香港和澳门的区旗、区徽。接着要求学生结合教科书,在"是什么,怎么样"的问答形式上,六人一组,各有分工,你问我答,梳理基本知识。教师在巡回参与的过程中,不断说出"不错""很好""继续问""你说一说"等话语。十分钟后,若干学生带着本组的答问记录,到讲台前进行展示,教师予以评述。

问题:

(1)指出上述材料呈现的主要学习方式,概括这一学习方式应有的特征。

(2)分析该教师教学行为的可取之处和存在的不足。

参考答案:(1)上述材料呈现的主要学习方式是分组式合作学习。其特征是:

①以异质小组为基本形式;

②以小组明确的目标达成为标准,以小组成员相互依赖的合作性活动为主体;

③合作学习的问题有一定的挑战性、开放性、探究性和发散性;

④合作学习时消除权威,使所有的小组成员参与的机会均等、地位平等;

⑤以小组总体成绩作为评价和奖励的依据。

(2)可取之处:①合作交流是新课程改革大力提倡的一种学习方式,有助于学生合作精神和团队精神的培养,有利于提高学生的交往能力,能够充分调动学生学习的积极性。

②教师在指导学生进行合作学习之前,充分利用了图片、视频等进行直观教学,提供了充分的讨论材料,同时也有助于激发学生的学习兴趣,提高学习的效率。

③在合作学习的过程中,教师分组合理,要求学生六人一组,并且分工明确,有利于合作学习的进行。

④鼓励学生大胆开口,有助于学生表达自己的想法。

⑤要求小组之内以"是什么,怎么样"的形式问答,讨论问题具有一定的针对性和探究性,有助于学生自主思考,能够将知识掌握得更加牢固。

⑥操作规范,在学生讨论十分钟后,由代表进行展示,教师及时给予评价,有助于维持良好的课堂秩序。

不足:①教师没有事先设立明确的目标,完全由学生自己梳理知识,可能导致学生偏离主题或片面理解主题。

②教师在巡视参与的过程中,仅仅是鼓励学生表达,并没有对学生的思考做出引导,也没有引导学生团结协作,可能会导致学生的思考缺乏方向性和互助性。

6. 发现式学习模式

发现式学习是以培养学生探索知识、发现知识为主要目标的一种教学模式。历史教学中的发现学习是由教师提供必要的资料和条件,并经过适当设计,不断地提问、引导,最后由学生发现要学习的内容,使学生经历一次再发现的过程。在历史教学中,运用发现学习理论,采用发现教学方式,具有重大意义。因为学习历史的重要目的不在于学生记住多少历史知识,而应引导学生去探讨历史规律,掌握研究历史的方法,形成从历史学习中吸取营养和智慧的品质。发现式学习一般有以下几个步骤:

(1)提供例证,提出问题。

(2)学生辨别,提出假设。

(3)检验假设,解答问题。

(4)建构知识,运用转化。

7. 抛锚式教学(基于问题的教学模式)

这种教学要求建立在有感染力的真实事件或真实问题的基础上,确定这类真实事件或问题被形象地比喻为"抛锚",因为一旦这类事件或问题被确定了,整个教学内容和教学进程也就被确定了。由于抛锚式教学要以真实事例或问题为基础(作为"锚"),所以有时也被称为"实例式教学"或"基于问题的教学"或"情境性教学"。

(1)基本程序

基于问题的教学设计模式一般有五个步骤:

①创设问题情境,使学生发现并提出问题。

②引导学生针对提出的问题,结合教学目的,明确要解决的主要问题,即问题定向。

③学生自主探究,分析问题,提出假设、猜想,设计解决问题方案。

④对假设方案、推论尝试解决问题。要允许学生犯错误,这往往是正确的先导。

⑤对解决的问题及时反馈;进行科学检验,使问题解决,并掌握科学方法。

⑥在解决了某一类若干问题后,能发展预期知识与技能,使问题得以拓展与延伸,使学习的知识系统化,又为探求新知奠定基础。

(2)实施建议

创设情境适时抛出问题,注意情境感染与熏陶作用。教材的知识点以问题的形式呈现在学生的面前,让学生在寻求、探索、解决问题的思维活动中,掌握知识、发展智力、培养技能,进而培养学生自己发现问题解决问题的能力。

要从培养问题意识、科学精神和构建创新素质的宗旨出发,注意问题的层次性;不能只限于"呈现型"问题,要注重"发现型"问题与"创造型"问题。

8. 目标教学模式

（1）目标教学

所谓"目标教学"就是目标控制教学。它有两个基本特征:第一,它有统一的细目化、行为化的教学目标。第二,它的教学程序和课堂教学模式体现了不断地进行反馈矫正,直至所有或大多数学生达到全部或大部分教学目标。

（2）目标教学的评价

因为目标教学主要是通过反馈机制形成的,所以目标教学的评价在目标教学过程中就显示了十分重要的作用,教师务必要重视这一环节。评价主要分为:

①课堂目标测试及试卷评价。

②单元目标测试及试卷评价。

③终结性目标测试及试卷评价。

（3）目标实施的基本模式——课堂目标教学

其主要程序包括编制目标、达标教学、测试目标、矫正教学等步骤。其中编制目标（定标）是目标教学的关键。课堂目标教学的一般步骤:

①前提诊测（3—5分钟）。

②展示目标（1—2分钟）。

③实施目标——议、讲、练、结（25—30分钟）。

④评价检测（2—5分钟）。

⑤反馈矫正。

✎ 强化练习

建议用时	实际用时	设定分值	实际得分
60分钟		72分	

一、简答题（本大题共4小题,每小题10分,共40分）

1. 简述历史课程资源开发与利用的途径。（10分）

2. 简述自学—辅导式教学模式的优缺点。（10分）

3. 在选择教学模式时,教师要重点考虑哪些问题?（10分）

4. 应用教学方法的基本原则有哪些?（10分）

二、材料分析题（本大题共2小题,每小题16分,共32分）

1. 阅读材料,说一说在教学实施前,应先考虑哪些问题。（16分）

现在,可以开始教学活动了。如果课堂教学是以教师为主的,教师应当表现得像一个专业人士。有一个词专门用来形容教师的表现,叫作"演示技巧",正如演员要能控制观众的注意力一样,在课堂教学中,教师也一定要能引导学生的注意力。如果课程是以学生为主的,教师的角色就应当是一个引导者的角色,帮助学生查找因特网上的主题,讨论课程内容,准备多媒体文件夹的材料,或者向别的同学呈现自己找到的信息。

——选自Smaldino等《教学媒体与学习技术》

2.材料:

某教师在讲授昆曲时设计了如下教学环节。

教师组织学生开展"探究—赏析—表演—宣传"亲近乡土系列活动。

主要内容:

①昆曲发源大揭秘:宣布昆曲的研究过程。

②争当昆曲光荣传承人:小昆班昆曲表演。

③在队员们对昆曲有了一个充分认识的基础上,开展"我当昆曲解说员"活动,组织队员带领游客参观昆曲博物馆,讲解昆曲的形成与发展。

问题:

(1)从课程资源说一说该教师的做法有什么意义。(8分)

(2)开发和利用历史课程资源时需要注意哪些原则?(8分)

参考答案及解析

一、简答题

1.参考答案:课程标准实施的一个关键问题是课程资源的开发和利用。课程能否顺利实施,很大程度上取决于课程资源的开发利用水平。在当前,课程资源被赋予了前所未有的广阔涵义,也被推上了前所未有的重要位置,教学质量紧紧地与课程资源的开发和利用的程度挂上了钩。

一般来说,开发和利用历史课程资源的途径主要有这样几种:

(1)挖掘学生喜欢的教学活动方式。

(2)掌握学生现有发展基础和差异。

(3)充分挖掘和有效利用校内课程资源。

(4)重视校外课程资源的作用。

(5)发挥教师在课程资源开发与利用中的主体作用。

(6)总结和反思已获得的教学经验。

2.参考答案:优点:能够培养学生分析问题、解决问题的能力;有利于教师因材施教;能发挥学生的自主性和创造性;有利于培养学生相互合作的精神。

缺点:学生如果对自学内容不感兴趣,可能在课堂上一无所获;需要较长的时间;需要教师非常敏锐地观察学生的学习情况,必要时进行启发和调动学生的学习热情,针对不同学生进行讲解和教学,所以很难在大班教学中开展。

3.参考答案:(1)依据教学目标选择合适的教学模式。历史课要落实三维目标,当历史教学的核心目标是知识掌握时,可以更多采用以教师活动为主的教学模式,突出系统讲授和系统训练;如果教学的核心目标是实际能力或方法的培养,那就要在历史教学中更多采用以学生活动为主的教学模式,突出学生的自主学习和主动探索;如果历史教学的核心目标是让学生形成某种态度或价值观,那就要更多采用突出社会活动、情感体验的教学模式。一个单元、一节课的教学往往同时会涉及多个目标,所以,要在历史教学中对不同模式适当加以组合。

(2)依据学生的认知发展水平选择合适的教学模式。教学模式必须符合学生的认知发展水平。如果所要进行的学习活动具有较高的认知复杂性,就需要选择采用结构较松散的教学模式,即教师及教学程序的控制性较低,允许学生进行更主动的、更开放的探索性活动的教学模式,如发现学习的模式、基于问题学习的模式、非指导性教学等;相反,如果所要进行的学习活动主要依赖于较低复杂性的认知活动,那就可以选择结构更严格的教学模式,即教师对学生的学习过程做详细严格的规定,如程序教学等。另外,在选择教学模式时,也要考虑学生的学习能力和学习习惯,而且应该在教学中有意识地培养学生的独立学习能力。

4.**参考答案**:(1)要坚持以学生为主体的原则。教学实践活动是教师的教和学生的学的统一体。在课堂教学活动中,学生居于学习的主体地位。所以,教师在运用教学方法时,既要有利于教师的"教",更要有利于学生的"学"。在讲究教法的同时,绝不能忽视学法,并且应当努力使两者在教学过程中实现有机的统一。具体来说,教师首先应关注激发、调动学生积极参与教学过程的内驱力和主动性,使他们能够做到"要学";继而要特别重视对学生的学法指导,使他们能够做到"会学"。

(2)要重视培养能力的原则。历史课堂教学的目的不只是使学生掌握历史知识,更重要的是要培养学生独立探究问题、思考问题和解决问题的能力和技能,陶冶其情感与人格。所以,教师在运用各种历史教学方法时,必须充分关注学生的参与性,尤其要重视培养学生的历史思维能力。

(3)要坚持启发引导的原则。启发式教学强调教师要注意循循善诱、启迪引导学生积极主动地去发现问题、掌握知识、形成技能、发展能力和促进个性健康发展。教师不论在运用哪种历史教学方法时,都需要自觉坚持启发引导的基本原则,注意将启发式教学指导思想贯穿始终。

(4)要坚持综合运用的原则。教师在课堂教学中必须要树立整体观念,根据教学的实际需要,灵活地综合运用各种适当的教学方法,形成最优化的教学方法组合,实现教学效果的最优化。

二、材料分析题

1.**参考答案**:在教学实施前,应先考虑以下内容:

(1)教学实施的环境是什么。

(2)需要使用哪些软件、硬件或教学材料,如何获取。

(3)在教学实施前,学生应做好哪些学习准备。

(4)实施教学过程中有哪些需要注意的演示技巧。

2.**参考答案**:(1)该教师在教学中充分利用了乡土资源,它有如下意义:

①可以与课堂资源互补,激发学生的学习兴趣。

②利用昆曲加深学生对家乡的了解,激发学生热爱家乡的情感。

③有利于发挥历史课程的德育功能,培养学生健全的人格。

④有助于学生加深对重大历史事件和历史规律的认识和理解。

(2)①目标性原则:根据并围绕着教学目标的需要,选择相应的课程资源,以使教师和学生运用这些资源更好地达成教学目标。

②思想性原则:课程资源的选择要注重其所呈现的思想导向和价值取向,要选择那些有助于学生全面、客观、辩证地分析历史的资源,并利用这些资源对历史进行正确的认识。

③精选性原则:历史课程资源多种多样,要对各种资源进行筛选,选取反映历史真实状况、具有典型性、代表性的资源,使资源的利用有助于学生对学习重点的理解。

④可行性原则:课程资源的选择和运用要考虑到学生的实际,考虑到是否具有可操作性。课程资源必须易于在教学实际中应用,并且省时、有效。

第三章　历史教学评价

考向分析

本章主要介绍历史教学评价概述,教育测量与教育评价,教师教学评价,学生学习评价。其中,考生应掌握的关键点包括:

模块	知识点	关键点	考频	题型	要求
历史教学评价概述	历史教学评价的内涵	历史教学评价的主要依据	1	单选	识记
教师教学评价	课堂教学评价的内容	教学过程的评价	1	材料分析	理解、应用
学生学习评价	学生学习评价的功能	历史学科学习评价的主要功能	1	简答	识记
	学生学习评价的方法	纸笔测验、历史习作、教师观察	6	单选、简答、材料分析	识记、理解、应用

本章知识是历史教学评价的基础内容。在考查题型上以单选、简答和材料分析题为主。在备考时,考生应注意:①历史教学评价的内涵;②历史教学评价的基本方法;③课堂教学评价的内容;④学生学习评价的功能;⑤学生学习评价的方法。预计在以后的考试中以上 内容仍是考试重点,但更加突出对考生能力和素养的考查。

思维导图

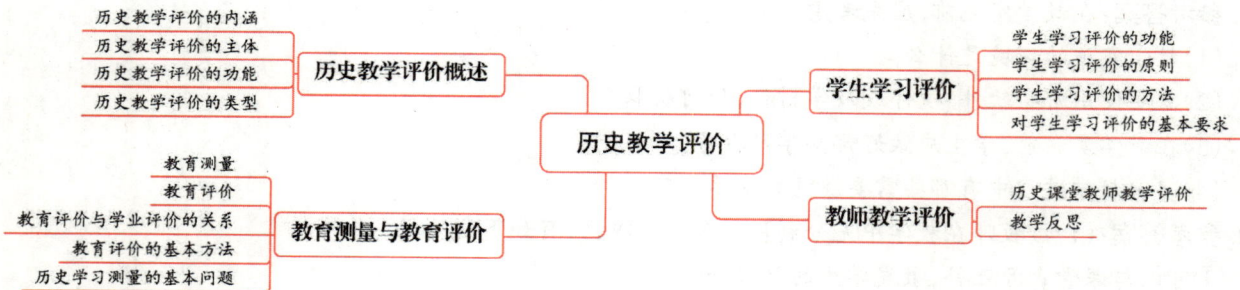

核心知识

第一节　历史教学评价概述

一、历史教学评价的内涵

教学评价一般是以教学目标为依据,运用可操作的科学手段,通过系统地收集有关教学的信息,对教学活动的过程和结果作出价值上的判断,并为被评价者的自我完善和有关部门的决策提供依据。教学评价的对象,可分为广义的和狭义的。广义的评价对象包括教学的一切方面,狭义的评价对象为学生,它涉及学生智力、体质、品德、审美等方面的发展情况。

历史教学评价是历史教学环节的重要组成部分。它以学生为中心,注意学生的个性差异,让学生了解历史课程标准的要求以及评价方法与过程,引导学生参与评价过程,发挥学生的主体作用。评价不仅要考查学生在历史知识、历史技能的掌握和情感、态度与价值观的变化等方面是否达到课程标准的要求,还要注意考查学生历史学习的过程与方法,避免将历史知识的掌握程度作为唯一的评价内容。历史教学评价以学生的活动为主要依据。

二、历史教学评价的主体

1.同行评价

由本校或校外的历史学科教师对某历史教师的课堂教学所作出的评价。由于同行拥有共同的历史专业知识背景,对教师在课堂教学中的标准(如历史专业知识基础的掌握、历史教学目标的设定、历史教学方法的选择)都能够有合理客观的判断。应该注意的是本校同行的评价与校外同行的评价还是有所区别的,本校同行对授课教师本人的业务素养有更全面的认识,外校同行只能够对授课教师的某一节课做出评价,所以,对一堂课的评价要全面客观、避免渗入太多的主观色彩。

2.学生评价

学生是教师课堂教学的对象,对教师课堂教学的质量最有发言权。通过学生的评价,可以反映出教师的教学方法是否符合学生的要求,教师的教学艺术是否受到学生的欢迎,教师在学生心目中的威信如何等。应该注意的是,由于学生在认知水平上的局限,不可能对教师课堂教学上的所有方面做出恰如其分的评价。因此,不宜把所有的课堂教学内容都纳入学生的评价内容。

3.自我评价

自我评价是授课教师本人对自己的课所做的评价。教师本人也是课堂教学评价的主体,自我评价也是课堂教学评价的主要途径之一。自我评价基于教师对自己的课的自我反思和自我分析,通过撰写教学日志的方式来进行,短期内便于教师及时总结经验教训,长期内有助于教师的专业发展。当自我评价与同行评价、学生评价发生矛盾冲突时,评价者与被评价者应该进行协商,通过充分深入的交流达成共识,预期达到促进教师发展的目标。

三、历史教学评价的功能

1.积极的导向功能

教学评价具有积极的导向功能,即评价本身具有引导评价对象(教师)朝着理想目标进步的功能。历史教学评价应充分发挥积极的导向功能,引领教师达到理想的教学目标。概括地说,历史教学评价要以提升教师专业素养为其价值取向。例如,建立多元评价标准,根据所教学生的不同发展状况对教师实施差异性评价;采用多样化的评价手段与方法评价教师的教学,将定性评价与定量评价有机地结合起来,既有教师对其教学的自评,也有同伴之间的互评,还有学生对其教学的评价。建立畅通的评价信息渠道,促使教师及时地改进教学状况,提升教学质量。

2.切实的鉴定选拔功能

鉴定功能是与评价活动同时出现的,它是教学评价不可或缺的功能。历史学科教学评价的鉴定选拔功能主要表现为以下两个方面。(1)认可鉴定。指对教师某一阶段(如学期或学年)的教学做出认可性的评定,以此判断教师已达到的教学水平是否能够胜任历史教学。认可鉴定中的学期教学评价、学年教学评价,其评价目的在于了解教师在学期或学年内的历史教学进度、执行情况及其教学行为的改变情况。其评价范围主要涉及学期或学年的历史教学内容,开展历史教学活动的方式和方法,学生历史学习的效果,学生、同行对其历史教学的意见等。评价方式有查阅学期或学年评价记录、开展问卷与访谈、历史测验等。(2)选拔评优。主要通过对被评者的鉴别进行相互间的比较。教学评价中的选拔评优不同于一般的认可鉴定,它更注重个体在群体中的位置,测评结果的分布要求尽量拉开档次,便于甄别和筛选,如各种形式的课堂教学技能竞赛活动等。

3.适时的反馈调节功能

适时的反馈调节功能是指将评价结果以科学的、恰当的、具有建设性的方式反馈给被评价者,使其乐意接受,并对自身有更为客观、全面的认识。从历史教学评价活动中,可以获取教师对内容结构、教材处理、教学方法、教学语言和教学技能等各方面的反馈信息,由此让教师了解到自己的教学实施能力。教师还可以从领导、同行、同学的评价中,了解自己、认识自己,知道哪些是自己的强项,哪些是自己的弱项,以便进行自我调节,加强自我专业修养。通过教学评价提供的反馈信息,可以使教师进一步明确教学目标,了解教学目标的实现程度和教学活动中采用的教学方法、教学策略、学习方式等是否有利于教学目标的实现。历史教学评价的反馈调节功能注重评价者和被评者(教师)在教学评价中彼此之间的交流研讨,强调在相互平等、尊重和互惠的基础上,通过协商、讨论、辩论等不同的沟通方式进行评价,以获取评价的最大的历史教学效益及教师自身的专业发展。

4.展示激励功能

展示激励功能是指为教师提供一个自我展示的平台,从而成为激励其发展的一个有效手段。在历史教学中,教师可借助评价者提供的观摩课、示范课、公开课、常规课以及各种竞赛等平台,充分展示自己的历史教学风格和教学技能,这些展示无疑会激发教师的内驱力,产生成功的体验和快乐,从而激励其获得更大的发展,不断提高历史教学水平。因此,历史教学评价的展示激励功能,要求在评价中为教师提供自我展示教学效果的平台和机会,鼓励教师通过这些平台,展示自己,获得成功的喜悦,查找自己的不足和存在的问题,以激励教师研究历史教学,改进历史教学,认真备好历史课,上好历史课,争取最佳的历史教学效果。

5.反思改进功能

反思改进功能是指通过评价促进教师总结与反思自己的历史教学行为,不断改进和完善自己的历史教学。这种评价具有一种激发情感、鼓舞斗志、反思改进、积极向上的功能。在历史教学评价中,教师既是被评价者,又是评价者。作为评价主体,教师通过参与历史教学评价,在评价的过程中不断发现自己教学的优缺点,体现自己每一步的进步与成功,从而能自觉主动地对自己的教学进行评判,总结自己在教学中的经验教训,并对此进行反思探究,做好下一步的计划。反思改进功能的发挥,要求在评价中,教师应通过不断撰写教学反思日记、教学反思札记等文章,不断反思自己的历史教学行为,改进自己的教学效果,提高自己作为被评价者的自我反思意识和提升自我进步的能力。

四、历史教学评价的类型

依据不同的分类标准,教学评价可以有不同的分类方式:依照评价基准可划分为相对评价、绝对评价和个体差异性评价;依照评价功能可划分为诊断性评价、形成性评价和总结性评价;依照评价表达方式可划分为定性评价和定量评价;依照评价内容可分为过程评价和结果评价。本书结合历史教学的实际情况,主要着眼于表述评价功能涉及历史学科的教学评价类型。

1.诊断性评价

诊断性评价亦称为"教学前评价""前置评价",是指在教育、教学或学习计划实施的前期阶段开展的评价。这种教学评价的重点是依据学生的学业诊断结果,对教学设计和组织实施进行分析,判断所采用的教学方式、手段和方法,是否与学生已有的知识储备、经验积累,以及情感态度与价值观等发展状况相适应,是否采用合理的、有针对性的教学策略和措施。诊断性评价可以为教师在课堂教学组织实施前,及时调整教学方案,完善教学组织,改进教学方法,达到提高课堂教学效率的目的。通过教学中的诊断性评价,重在了解教师教学的准备情况,查找自己在历史教学中存在的问题,由此决定采用什么样的历史教学方式、手段和方法,以改进自己的教学。

2.形成性评价

形成性评价,又称"过程性评价""及时评价",是基于教学过程中的某项活动或过程以及生成的问题进行的评价,旨在帮助教师及时了解情况,发现问题,以便有针对性地对教学设计和教学的组织实施进行调整、改进和完善,保证教学目标的顺利实现。形成性评价是在教学设计的基础上,根据教学中客观存在的一些不确定因素,如学生的学习状态、兴趣和关注的焦点,学习环境与外部干扰等,通过对教师教学行为和学生学习的分析、判断和调查、测试等方式,获取信息,判定教学的效果、特点或不足以及存在的问题,为教师修改和调整教学方案提供必要的依据和参考。形成性评价的目的在于了解教师在教学活动中形成或获得了哪些学科知识和教学设计能力,在教学实施中还存在什么问题,对此进行反思与总结,以及时改进教学过程。形成性评价要求教师在教学过程中,以一节课为一个单元,通过及时检查学生学习的进展情况,调整和改进自己的教学实施工作。

形成性评价对教师的历史教学设计提出如下基本要求:

(1)能够恰当地确定并准确、具体地表述教学目标。

(2)能够根据学生已有的知识水平和学习经验,分析学生的学习需求。

(3)能够恰当地确定教学的重点和难点,并采取有效的教学策略以突出重点和解决难点。

(4)能够对历史教材的内容进行梳理和分析,合理地组织教学内容;能够设计出合理的教学过程及完整的教学环节。

(5)能够选择适当的教学方法和手段,开展教与学的活动。

(6)能够合理选用多种历史教学资源;

形成性评价对教师的历史教学实施提出如下基本要求:

(1)能够运用合理的组织形式开展历史教学,恰当地运用教学策略和教学方法完成教学任务。

(2)能够创设合理的历史情境,促进学生对历史的感悟和体验,引导学生积极思考。

(3)能够准确、清晰地表述历史教学内容,对历史概念进行正确的阐释,合理地对历史进行评析。能够有效地组织学生的学习活动,注重培养学生的历史学习兴趣与能力,对学生进行学法指导。

(4)能够坚持正确的思想导向,以正确的历史观、人生观和价值观引导学生。

(5)能够合理整合多种教学资源,运用现代教育技术进行历史教学。

总之,形成性的历史教学评价强调全面、综合和发展的原则,尊重教师的个性化和教学风格,通过评价,可以发现教师在历史教学方面的特长和优势;亦可诊断历史教学存在的问题,促进其自身的专业发展。

3.总结性评价

总结性评价,又称"终结性评价""事后评价",主要是针对教师在教学任务完成后所进行的评价,是对教师教学全过程的综合性测量和检验。总结性历史教学评价一般是在教学活动告一段落时为把握最终的活动成果而进行的评价。例如,学期末或学年末的历史课程考核、考试,目的是验明学生的历史学习是否达到了历史教学目标的要求。总结性历史教学评价注重的是教与学的结果,借此对教师的历史教学所取得的成绩做出全面鉴定,区分等级,是对整个历史教学方案的有效性做出评定。

以上三种教师教学评价类型各有侧重,在历史教学中各自发挥着不同的功能和作用,有助于从不同的角度分析和判断教师历史教学的特点、特长和优势,发现历史教学中存在的问题,有针对性地进行调整、修正、弥补和完善。

第二节　教育测量与教育评价

一、教育测量

教育测量是指根据教育法则与程序,用数字对教学现象的量的规定性予以确定和描述的过程。教育测量是教育评价活动的重要组成部分,是在教育评价领域中进行科学化、客观化和标准化管理的重要手段,其最常见的方式就是闭卷纸笔考试,由于它具有操作简便、呈现直观等优点,一直以来被广大教师大规模地运用,以至于部分教师把它与教育评价完全等同起来,认为考试就是评价,分数就是素质。其实,教育测量仅仅是教育评价的部分内容,两者之间存在较大的差异。

二、教育评价

教育评价是指按照一定的价值标准和教育目标,利用测量和非测量的手段系统地收集资料信息,对学生的发展变化及影响学生发展变化的各种要素进行价值分析和价值判断,并为教育决策提供依据的过程。因此,真正有意义的评价,应包括测量的手段和非测量的手段。测量的手段主要追求对考生实行量化的评价,而非测量的手段主要追求对考生实行质的评价。

教育评价是量的评价与质的评价的统一。量的评价法是一种运用数学、统计学工具收集处理评价对象的资料并通过分析和计算对评价对象作出价值判断的方法。质的评价法是一种运用观察、记录、实物分析、访谈交流等方法收集处理评价对象的资料并进行整理分析,最后用描述性的语言对评价对象作出价值判断的方法。

从内容上看,教育评价包括教育测量与非教育测量两方面。教育测量用数字来呈现结果,非教育测量用文字描述来呈现结果;教育测量主要属于量化评价,非教育测量主要属于质的评价;教育测量是结果评价,非教育测量是结果评价和过程评价并重;教育测量属于正式评价,非教育测量是正式评价和非正式评价并存。从功能上看,教育评价具有反馈、激励、调控、选拔等多方面的功能,新课程提倡发展性评价就是强调教育评价的核心功能——发现和发展学生各方面的潜能,而教育测量的主要功能是甄别选拔。因此,无论是内容还是功能,教育评价都要比教育测量广阔和深刻得多。

三、教育评价与学业评价的关系

教育评价制度的改革方向应该由单纯的教育测量走向教育评价,具体的操作方法是由单纯的考试转向对学生全面的学业评价。

学业评价是指以教育目标为依据,运用有效的评价方法系统地收集学生的学业信息并科学地进行分析处理,最终对学生的学业成就予以明确的价值判断的过程。对于这一概念,需要从三个方面来把握:(1)进行学业评价的前提是确定科学的评价标准;(2)学业评价很重要的一个环节是收集学生的学业信息;(3)学业评价是一项技术性很强的工作,从评价方法的选择到方法的运用到最后作出价值判断,都需要经过系统的学习和训练。

教师要实现教育测量向教育评价的转变,在观念和实践上要做到以下五个方面:(1)评价主体多元化;(2)评价方法多样化;(3)既关注评价的结果,也关注评价的过程;(4)既关注量的评价,也关注质的评价;(5)在保持统一标准的前提下,兼顾资源层次不同的学校的实际。

四、教育评价的基本方法

1.过程性评价

过程性评价是对课程实施意义上的学习动机、过程和效果的三位一体的评价。教师要把握好过程性评价,需要把握过程性评价的全面性、及时性、灵活性、深入性、持续性等特点。过程性评价有客观性不强、选拔功能不强、评价耗时费力等缺点。因此,在新课程改革中,我们提倡过程性评价,推广和重视过程性评价,但绝不能过分地夸大过程性评价的作用,更不能用过程性评价来取替总结性评价。

2.发展性评价

发展性评价是指以促进学生、教师和学校的发展为目的的评价。在所倡导的内容上,发展性评价与过程性评价有许多共通的地方,例如,它们都强调评价主体的多元化、评价方法的多样化,关注评价的过程与结果等。但是,发展性评价与过程性评价还是有较大的差异——过程性评价的着重点在于强调教学与评价相统一,而发展性评价的着重点在于发挥评价的发展功能。

发展性评价的作用主要体现在:(1)发展性评价对教学活动能够起到正确的导向作用;(2)发展性评价强调对教师的教学活动所起到的诊断作用;(3)发展性评价强调评价对被评价者所起到的自我调节作用;(4)发展性评价强调评价对被评价者所起到的激励作用;(5)发展性评价强调评价对被评价者的成长过程应该有一个详尽的记录。

3.真实性评价

真实性评价属于表现性评价的一种,差别在于,真实性评价的条件是客观真实的,表现性评价的条件可以是虚拟的。与表现性评价相比,真实性评价更耗时,更费力,所受到的客观条件的制约也更大,因此一般不可能过多地使用。但是,真实性评价的优点也是显而易见的,它能够使学生的学习与社会实践很好地结合起来,真正体现真实性评价"在做中学,在做中评价"的特点。

4.档案袋评价

档案袋评价也称为评价记录评价,它确定某一目的并收集相关的个人材料,通过这些材料来反映或评价一个人在某一领域或几个领域中所做的努力、取得的进步、个性风格、自我反思等。档案袋评价中涉及许多内容,有的内容属于真实性评价,有的内容则属于表现性评价。因此,不能简单地认定档案袋评价是属于真实性评价还是表现性评价,它只是融合了两种评价思想的一种具体的操作评价方法。

实施档案袋评价必须注意以下三点:(1)建立档案袋必须有明确的目的性;(2)建立档案袋必须注意合作性;(3)建立档案袋必须注意灵活性。

五、历史学习测量的基本问题

1.效度

效度是指一次测验是否真正测验了它所要测验的特性的指标。它包含两层意思:一个测验所测得的结

果是否符合测验的目的;本测验对于它要测验的东西达到多么良好的程度。一般来说,效度可分为:

（1）内容效度

内容效度是指测验中所包含的内容对其所要测验的内容的代表程度。一般而言,它的参照系是学习目标。

（2）准则关联效度

准则关联效度是指测验结果与某种既定准则间的相关程度。

（3）结构效度

结构效度是指测验能测出理论的概念或特质的程度,目的在于用心理学的概念来分析测验分数的意义。

2.信度

信度是对测验一致性的估计,是测验稳定性和可靠性的指标。一个测验如果不受或极少受其他偶然因素的影响,一致地反映了受测者的实际水平,这个测验就是可靠的。信度主要是反映偶然因素的影响程度,偶然因素影响大,信度就低,反之,信度就高。

对学生来说,只有信度高的测验才能保证对学生的学习判断或解释的公平合理;对教师来说,只有信度高的测验才能为改进教学、进行因材施教提供可靠的依据。

3.难度

难度又称通过率、答对率、得分率,通常指测验项目（如试题）的难易程度,以学业测验为例,是试题对学生学业水平适合程度的指标。难度通常以答对的人数与总人数之比或考生所得分数的平均值与该题满分值之比来表示。前者主要用于选择性问题,后者则用于非选择性问题。难度值越大,说明学生的得分越高,试题越容易,反之,则说明试题越难。一般来说,难度在0.5左右的试题能将被试者的实际水平区分开来。教师在编制初中历史试题时,为保证试题有较好的区分度,试题难度应控制的区间是0.4—0.6。

4.区分度

区分度又称鉴别力,指某测验项目（如试题）区分考生的力度及其程度。以学业测验为例,区分度高的试题,学力高的考生得分高,学力低的考生得分低;区分度低的试题,学力高、低学生的得分就不规则或相差不大,甚至出现相反的情况。

一般认为0.4以上的区分度满足测验目的,而0.2以下的区分度的试题需要改进或淘汰。测验的区分度与测验的难度有关系,一个测验要有区分度,则难度必须适中,难度较高或较低都易使测验的区分度较低。若测验的区分度较低,则影响测验的效度。

第三节　教师教学评价

一、历史课堂教师教学评价

（一）教师历史教学评价的途径

1.学生评价

通过学生对教师历史教学的评价,可以反映教师在学生心中的地位、威信及受欢迎程度,尤其可以反映出教师的教学态度、教学方法、教学内容、教学进度等是否符合学生的身心发展水平。

2.同行评价

同行评价既是相互评价的过程,又是相互学习的过程。从理论上说,在各种评价信息源中,同行评价的信度和效度较高。

3.教师自评

(1)根据别人对自己的评价来评价自己。

(2)通过与他人的对比来评价自己。

(3)通过自我分析来实现自我评价。

4.领导评价

领导评价是指领导班子而不是某一位领导的个人评价,这是领导集体对被评教师所进行的评价。这种评价影响较大,有一定的权威性。

(二)历史课堂教学评价的内容 重点

历史课堂教学评价的对象是参与教学活动的教师、学生、教学目标、内容、方法、设备、场地和时间等因素的有机组合的过程和效果。

历史课堂教学评价主要包括以下两方面:一方面是学校历史教学工作评价,包括教学思想、教学方法及教学活动各环节,以及教学效果和质量的评价等;另一方面是指对历史教学人员的评价,主要是指对教师和学生的评价。其基本内容有:

1.课堂教学设计评价

教师教学设计的思路直接影响到课堂教学效果。

2.教学过程的评价

对教学过程的评价主要从以下三方面来看:

(1)对教师课堂教学行为的评价,包括基本的教学技能、教学方法的选择、对课堂的组织驾驭能力等;

(2)对学生在课堂学习中的表现的评价,主要指学生参与课堂学习的深度、广度和自觉程度;

(3)对课堂教学气氛的评价,主要看教师所营造的课堂氛围是否和谐、融洽、宽松、活跃。

3.教学效果的评价

对课堂教学的评价应遵循"以学评教"的原则。

4.教学特色的评价

教学特色既体现在教师对历史专业基础知识的独特理解,也体现在对历史教学方法的灵活运用以及对学生生成性问题的巧妙处理。

精选真题

[2016下半年]阅读下面材料,并回答问题。

材料:

某教师在讲授活字印刷术的发明时,发给每个学生一块橡皮和一把小刀,要求他们在橡皮上刻上自己的姓,比一比谁刻得更好。学生感到很新奇,迅速动手刻字,十分钟后,学生纷纷展示自己的作品,教师进行点评。

02

问题：

(1)你对这位教师的做法如何评价？说出你的理由。

(2)历史教师在组织学生进行历史制作时应考虑到哪些问题？

参考答案：(1)优点：该教师的教学意图是值得肯定的,充分考虑到了学生的主体性,让学生参与课堂。尤其是历史学科,内容较为枯燥,故教师在教学过程中要注意让学生参与到课堂中来,而不是一味地灌输。

不足：首先,该教师的历史制作课的目标片面。历史制作课的目标要围绕"知识与技能""过程与方法""情感态度与价值观"三个维度进行设计,而材料中的教师只注意培养学生的雕刻技能,忽视了整个制作的过程和方法的应用以及对学生情感的培养。其次,该教师的制作课的组织形式不恰当,制作课可以采用小组合作、个人独立以及二者相结合的组织形式进行。材料中的活字印刷,教师应按照小组合作与个人制作相结合的形式进行组织教学,充分体现出活字印刷优于雕版印刷的特点,帮助学生掌握活字印刷的特点,并培养学生团结合作的意识。最后,该教师的评价主体单一。在教学中教师应将教师评价、学生自评、学生互评结合在一起,而不是单纯地依靠教师个人进行评价。

(2)①确立适宜的制作主题;②设计科学的历史制作目标;③充分做好制作课的准备;④精心设计制作过程;⑤注意课程的评价和总结。

(三)教师历史教学评价的方法

1.观察法

观察法是评价教师历史教学质量的基本方法。分为自然观察法和选择观察法两种。前者是一种不加任何控制的自然状态下的观察,如对历史教师平时的备课、上课等进行的不通知本人的观察。后者是指在某一时间或特定场合对评价对象有目的地进行观察,如对历史教师在上课前几分钟的准备进行观察。

2.调查法

调查法是对评价对象有计划地获取有关评价资料的一种常用方法。调查可分为全面调查和非全面调查两种类型,同时,调查所面对的对象可以是学校、家庭或社会的人群,主要是学生和教师同行。在实际操作中,调查的方法又可分为谈话法、问卷法和自我汇报法等。

3.查阅文献资料法

查阅文献资料法是根据评价目标和评价指标的要求,通过查阅有关文字资料获取评价资料的方法。

二、教学反思

1.含义

教学反思就是在教学过程完成后对教学设计和课堂教学的深刻反思,认识其中的优点和不足,记录自己的成长经历,促使教师更好地成长。一句话,就是指教师对教育教学实践的再认识、再思考、再探索、再创造。

2.反思的内容

教学反思可以在教学的任一环节(备课环节、授课环节、教学之后)进行。

①备课环节可以反思课程理念、已有实践经验、教材重点难点把握是否得当等;

②授课环节可以反思教学实施方案、方案实施情况;

③教学后可以对教学方法和教学手段的运用是否贴切、多样,学法的指导是否恰当、有效,自己精心设

计的提问是否科学、合理,学生课堂生成的问题是否圆满解决,教学任务是否高效高质完成等进行反思。

3.反思的作用

①发现不足查找原因,寻求改进办法,使教学日臻完善,不断提高。

②将教学中的"灵光闪现"进行总结提炼,使之成为稳定的理性行为,使教学过程更加精彩纷呈。

③通过对学生学习表现的反思,可以更好地了解学生,增强教学活动的针对性和互动性。

④通过对自身行为剖析,可以更加理性地认识自我,从而更有效地选择适合自己的教学方法和手段,扬长避短,最大限度地体现自身价值。

⑤课堂教学是一个动态过程,存在诸多无法预知的因素,课后反思不但可以获得许多宝贵经验,用以指导教学,而且反思过程本身又能有效地提高教师的研究能力。

⑥有助于实践智慧的生成。

4.反思的途径

第一,写教学后记(记录成功做法与失败之处、记录学生问题与学生见解、记录教学机智、记录教学心得与点滴体会);

第二,写反思日记(侧重于记载课堂以外的一些教育教学经验、学法指导以及公开课、观摩课、教学研讨活动后的认识、收获、体会感悟等);

第三,开设教师论坛,相互听课观摩,共同交流讨论;

第四,观看自己的教学录像,促进教师自我改进、自我完善;

第五,听取学生的反馈意见,从学生眼中反思自己;

第六,案例研究法(针对个案研究或针对具体教学案例中出现的问题进行反思);

第七,课题研究法(把教学反思作为一个课题进行研究);

第八,成长档案袋(记录自己通过反思取得的进步)。

第四节　学生学习评价

学生学习评价是指在一定教育价值观指导下,根据一定的标准,运用现代教育评价的一系列方法和技术,对学生的思想品德、学业成绩、身心素质、情感态度等的发展过程和状况进行价值判断的活动。

一、学生学习评价的功能

学习评价具有导向、诊断、反馈、激励四个方面的功能。

(1)导向功能指的是评价对教育活动的引导作用,即引导被评价对象向预定目标前进的功能。

(2)诊断功能是指评价能够对教育活动中存在的问题进行揭示和分析,进而提出改进和补救建议的功能。

(3)反馈功能是指在教育活动中,通过评价工作收获大量信息,通过信息反馈,评价者可以按照预先设定的目标来调整接下来的活动,使之尽快和尽可能接近既定的目标。

(4)激励功能指通过合理有效的评价激发评价对象的内在动力和能力,从而达到提高他们学习的积极性和创造性的效果。

二、学生学习评价的原则

学生学习评价应坚持诊断性评价、形成性评价与总结性评价相结合，教师评价与学生自我评价、同伴评价相结合，量化评价与质性评价相结合的原则。

三、学生学习评价的方法　重点

学生学习评价的方法主要包括：历史习作、历史调查、历史制作、纸笔测验、教师观察、学生的自评与互评等。

1.纸笔测验

测验是评价学生学业成就的最重要手段。从编制方法来分，测验可分为标准化测验和教师自编测验。标准化测验一般由学科专家和考试专家共同编制，具有较高的信度和效度。标准化测验的突出优点是具有客观性和可比性，是评价学生学业成绩的重要工具之一。教师自编测验是教师根据自己的教学各个阶段的需要，自行设计与编制的测验。由于教师自编测验制作过程简易，应用范围限于本班或本校，所以，它是学校教学中应用最多的测验。

一般地说，测验须遵循一些基本原则，如，应能反映教学目标；应能测量出预期的学习结果；应依据预期的学习结果来选择试题类型；测验要有效、可靠等。

测验的核心是命题。命题是以试卷所确定的知识与能力目标为依据，通过相关材料情景和问题的创设测试学生反应的过程。目标、情景和设问是命题的三个要素，命题的过程就是构思和呈现这三个要素的过程。

命题的一般原则是：试题要符合测验目的；试题的取样要有代表性；试题的文字要力求浅显简短、简明扼要，但又不可遗漏必要的条件；各试题应彼此独立，不可含有暗示本题或他题正确答案的线索；试题的正确答案应是没有争议的；试题不要照抄课本、公开出版的复习资料中的题目；试题要有一定的覆盖面；试题要具有一定的难度和区分度。

题型不同，命题的方式也不相同。历史学科常见的题型有选择题和非选择题。

（1）选择题的命制

选择题一般由题干和备选项两部分组成。题干涉及与考查内容相关的材料情景和设问。选择题的命题，既要精选能够反映考试内容的典型材料，还要善于挖掘材料的信息找到恰当的设问角度。

选择题有多种形式。题干的内容可以是一幅图等材料的呈现，或文字直接叙述。设问可以是不完整陈述，也可以直接提问。备选项中一般有一个或一个以上是正确的或最好的答案，其余的为干扰项或迷惑项。

选择题的考查目标与命题方式主要有三种。一是对历史事实的辨别。试题以历史事实的某一要素为考点，做扩散式搜索，找出与其有可比性的史实作为选项。对历史事实的辨别，以识记为基础，但不局限于记忆能力的考查。二是对历史事实关系的分析。先提出某一历史时期的历史现象或历史结论为题干语，并从原因或条件以及作用或影响等方面切入，列出相类似的因素作为选项。对历史现象和结论的分析，旨在考查对历史事实之间关系的把握能力和归纳概括能力。三是从材料建构历史知识。这些试题也以相关的史实为对象，但考查的角度偏向在解读材料信息的基础上对相关问题的推断。

选择题的设计有多项规定，最为重要的是对题干、设问、选项及其相互关系的科学处理。首先要看试题有没有一个相对完整的中心问题，选项和题干的关系是否一致，即选项和题干是否围绕一个共同的问题，有没有出现与题干所问无关的选项。其次要看干扰项是否有效，看它对正确项的选择能否起到干扰作用。一道选择题是否成功,除了正确项无误外,干扰项也相当重要,因为它起到了调节试题难度的作用。再次,各选项的结构、长度是否大体一致。结构一致指的是句式、用词语气要大体一致,不能出现迥然不同的表述,否则容易带来某种暗示,或者引起评分上的分歧。长度一致指的是文字长度要大体一致。一般来说,选项的文字不宜过长。

选择题除单选、多选等形式外,还有是非题(判断对错)和匹配题(连线题)等变式,答案客观、唯一是其共同特点。这些试题所考查的知识面可宽可窄,难度可深可浅,覆盖面广,便于评分。

(2)非选择题的编制

与选择题提供答案的选择性反应测验不同,非选择题是一种需要自己做出答案的建构性反应测验。按照建构性反应强度的不同,非选择题可分为简答题和论述题两种。

简答题要求学生为一个直接的问题或一个不完整的陈述做出反应,一般有明确的答案。简答题可用于单个历史事实的考查,如:"说出隋朝大运河的起点、终点和各段的名称。"也可用于多个历史事实或系列性历史知识的考查,如:"列举人民解放战争时期三大战役的名称和结果。"有的可以基于材料设计问题,如对材料的作者、时代背景和基本内容的简单提问。设计过程中,可先确定诸如列举、举出、说出等识记能力的行为动词,然后确定需要考查的哪一种知识类型。简答题适合于评价相对简单的学习结果,如历史知识的掌握情况,要求有明确、简洁的答案。

论述题在测量学生的分析、综合、评价和创作能力方面,有其不可替代的作用。从答题的要求来看,论述题有限制反应和扩展反应两种形式。限制反应的试题,即通过有关条件的设定对答题内容和形式加以限制。如:"从革命史观的角度概括辛亥革命的历史意义",这样的题目是对答题内容的限定;"比较洋务运动与明治维新领导力量的差别",这样的题目限定了答题采用的形式。扩展反应的试题要求学生做出全面、深入的反应。如前两题从限制反应变为扩展反应,可以做这样的修改:辛亥革命有怎样的历史意义?洋务运动与明治维新有怎样的区别?为考查学生运用知识解决问题的能力,这两种类型的题目可以材料为情景,在一个题目之中同时出现。

论述题的设计,形式上通常有材料分析题和问答题两种。前者大多从材料引出某一历史现象或观点,在解析材料的基础上考查相关的能力;后者大多不设材料,以某一现象为主题直接提问,考查学生整理知识和应用知识的能力。随着能力立意要求的加强和命题技术的进步,依据教材提问、简单地再现或整理教材知识的试题越来越少,基于材料的论述题成为一种主流题型。同时,材料分析题和问答题的界限被打破,形成了相互融合的趋势。

非选择题的编制,除了要规范、简洁和具有教育意义外,还要注意以下方面:一是尽量选择新材料创设新情景;二是命题的指示词要规范,答案的展开程度和相关的任务要明确,避免笼统和空泛;三是题目设计的难度应考虑到学生的实际水平;四是在完成题目设计的同时准备好答案的设计,并给出题目的分值。

2.历史习作

历史习作是考查学生收集和处理信息的能力、历史思维能力、语言文字表达等能力的方式。历史习作主要包括学生撰写的历史小论文、历史影视作品观后感、历史书籍读后感、历史演讲稿以及历史短剧剧本等。

历史小论文是教师考查学生对所学内容掌握情况的一种形式。学生根据所给材料内容归纳提炼观点,运用所给材料并结合所学知识论证观点,锻炼自身归纳分析材料的能力和系统准确地阐述历史观点的能力。

（1）历史小论文的撰写指导

由于缺乏实践经验,学生在撰写历史小论文时需要教师给予一定的规范指导。教师指导的具体内容包括:

①设计一个让学生产生疑问需要分析解决的问题情境。

②提供撰写小论文所需的相关材料。教师根据学生的认知特点和知识构成,除了要求学生阅读教材、查阅课外资料外,还需要提供一些可信的历史材料作为补充。

③给予必要的指导。必要的指导包括阅读指导,教会学生如何查阅资料;分析指导,教会学生提取有效的历史信息;实际撰写指导,教会学生如何在撰写中做到论点明确、论据充实、论证严密。

④对学生的作品给予及时反馈。教师对学生历史小论文的写作情况,要做好统计工作,配有精练的评语并及时反馈给学生。

（2）教师如何评价学生的历史小论文

①撰写历史小论文是体现探究性学习成果的内容之一,也是历史评价的方式。教师可以从中考查学生的历史思维能力、语言文字表达能力、信息收集和处理能力。评价学生的历史小论文必须以课程标准中的"课程目标"和"课程内容"为依据,注重目标、教学和评价的一致性,运用科学、可行和多样化的评价方式,对学生的历史小论文写作过程和效果进行价值判断。

②具体来说,可以从这几方面进行评价:

第一,论文主题是否符合要求,观点是否明确,是否有新意。

第二,论据是否充实,引用的材料是否丰富、合适,是否符合史实。

第三,眼界是否开阔,是否能多角度进行论证。

第四,论证过程逻辑是否严密,是否言之有理,详略是否得当。

第五,结构是否完整,论述是否充分,文字表达是否流畅、清晰。

③要考虑学生的其他变化,例如学生论文中体现的价值观和情感倾向,以及与相关学科的迁移情况,学生对历史认识上的变化等。

（3）撰写历史小论文需要注意的问题

①精心设计问题情境。教师设计的问题情境应符合学生的现有学习水平,问题的设计具有一定的现实性,关注现实生活,同时留给学生创新思维的空间。

②充分发挥学生的主体作用和教师的指导作用。撰写历史小论文的过程就是学生搜集整理与表达历史资料的过程,充分发挥学生的主体作用,在撰写过程中不过多约束学生的活动,同时要充分发挥教师的指导作用。

③教师对历史小论文的评价不必面面俱到,要客观合理地予以评价。

山香指导 历史剧本创作是指学生在教师指导下,依据历史课程标准与教学目标,以相关历史教学内容为依托,撰写成历史剧本并进行表演。其目的是通过描写历史人物和事件再现一定历史时期的生活面貌或历史情节,让学生在亲身体验中加深对历史、社会的理解。

精选真题

1.[2017上半年]教师应从哪些方面评价学生的历史小论文?

参考答案:参见内文。

2.[2016下半年]某教师在讲授《唐朝的民族关系》一课后,组织学生排演历史短剧《文成公主入藏》。在历史学习中,除了历史短剧,学生还可以开展哪些历史习作活动?

参考答案:历史习作是考查学生收集和处理信息的能力、历史思维能力、语言文字表达等能力的方式。历史习作还包括学生撰写的历史小论文、历史影视作品观后感、历史书籍读后感、历史演讲稿等。

3.教师观察

教师观察是指教师对学生在学习历史过程中的行为表现进行观察,作出记录,从而评价学生参与学习活动的状态、进展与成效。如观察学生如何提出问题、分析问题,对历史的感知、理解的状态,怎样对历史进行论证,历史学习方法的运用情况以及学生在情感态度与价值观方面的真实表现等。

具体来说,课堂上教师观察学生表现,应包括学生在学习过程中有关知识、技能、行为和情感等方面的变化。主要包括五个方面:

①学生课堂上对课文或史料的解读能力。

②学生思考的拓展能力。

③学生提问的建构能力。

④学生语言的表达能力。

⑤学生课堂关注范畴的自控能力。

教师观察的记录可作为期末评价学生学习状态的参照。

精选真题

[2017下半年]历史教师听课时,观察学生表现应包括哪些主要方面?

参考答案:参见内文。

4.历史调查

历史调查既是一种活动方式,也是一种学习评价方式。教师可以在教学中结合教学内容的需要和学生的实际,为学生提供适当、必要的历史调查活动的机会,拉近他们与历史的距离,使学生从多种角度了解历史,由此考查学生综合运用历史知识分析和解决问题的实践能力。

5.历史制作

历史制作同样既是一种学习活动,也是一种评价方式。通过制作历史模型、编绘历史图表、制作历史课件等活动,可以考查学生动手与动脑的综合能力。在评价时要注意考查学生在历史制作过程中的心理感受和收获,教师应和学生一起设计可行的量规,作为评价工具对学生的作品进行公正、合理的评价。

02

四、对学生学习评价的基本要求

1.引入多元评价,改革对学生的评价

评价方式采取学生自评、同桌互评、好朋友互评、教师主评和家长助评等形式,做到过程性评价与总结性评价相结合,使学生对自己的认识比较全面,也比较直观,并对自己下一阶段的学习、生活具有一定的促进作用。

2.注重即时评价,挖掘闪光点

在课堂教学中,要求教师通过即时评价给学生创造成功的机会,让学生更多地看到自己的成长和进步,不能让任何一位回答问题的学生带着遗憾坐回座位。教师评价的语言要富有激励性和启发性,要努力去发现学生回答中的闪光点和能够给予肯定的地方,要形成坦诚、关怀和相互尊重的师生关系,让学生真切地感受到教师对自己的关注和期望,并由此产生进一步学习和发展的动力。

3.用发展的眼光评价学生

由于学生所处的文化环境、家庭背景和自身的思维方式及素质的不同,学生与学生之间存在着个性差异,应允许一部分学生经过一段时间的努力来达到目标,采取"延迟评价法",注重"让过程长一点,让兴趣多一点,让形式活一点"的评价特色。

4.评价的主要策略

书面表述评价与实际表现评价相结合、量化评价与质性评价相结合、过程评价与结果评价相结合、教师对学生的评价与学生评价(包括自我评价与学生之间相互评价)相结合。

(1)书面表述评价与实际表现评价相结合是指内容评价。

(2)量化评价与质性评价相结合是指评价的呈现方式。

(3)过程评价与结果评价相结合是指评价的构成。

(4)教师对学生的评价与学生评价相结合指的是评价的具体运作方式。

✎ 强化练习

建议用时	实际用时	设定分值	实际得分
120分钟		150分	

一、简答题(本大题共7小题,每小题10分,共70分)

1.发展性评价注重综合素质的发展,简述发展性评价的内涵。(10分)

2.谈一谈教学评价对于师生的发展有何意义。(10分)

3.简述教育评价的方法。(10分)

4.简述学生学习评价的方法。(10分)

5.谈谈怎样"实现评价主体的多元化,使学生成为评价主体"。(10分)

6.怎样通过科学、合理的评价促使教与学的协同发展?(10分)

7.简述试题命制的一般原则。(10分)

二、材料分析题(本大题共5小题,每小题16分,共80分)

1. 结合图示结构说一说你是怎么选择评价方式的。(16分)

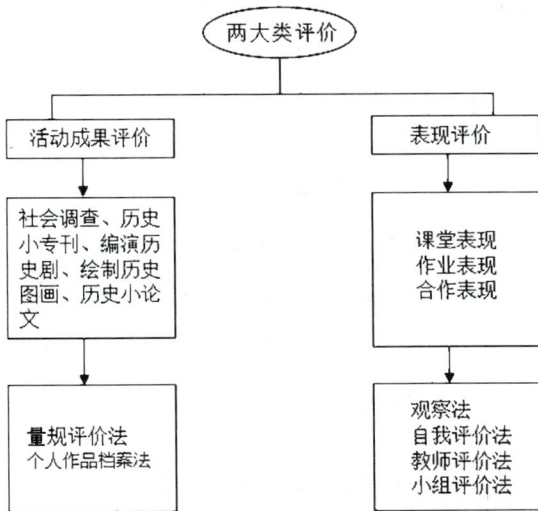

2. 评价的主要目的是全面了解学生的学习历程、激励学生的学习和改进教师的教学。苏霍姆林斯基指出:"教育的艺术首先包括谈话的艺术。"说明教师的教学效果很大程度上取决于他的教学语言。课堂评价语言对于创造学习氛围,激发学习兴趣,调动积极思维,增强克服困难的决心,起着不可低估的作用。教学评价语言应该充满激励,充满爱心、智慧的牵引,充满人文关怀。评价语言的运用是一门艺术,不应拘于一种形式,它应因人而异,因时而异,因课而异,因发生的情况而异,教师应全身心投入,创造性地对学生进行评价。一次次的惊喜中,学生也会全身心投入地进行学习。如果教师能正确运用评价语言,就一定能够激发学生学习的热情,提高课堂教学效率与活力。

谈谈怎样运用评价语言提高课堂教学效率。(16分)

3. 阅读材料,回答问题。

　　评价可以促进学习方式的转变,促进学生的发展;评价也可以促进教学方法的改革,促进教师的发展。历次课程改革,大家都认为教师是关键。教师的教育观念、教学技能和专业水平制约着课改的深入。教师是教育改革与发展的直接实施者,对教师的评价考核,直接指导教师的工作方向,直接影响着教师的工作积极性,直接决定着教师与学生的关系,直接决定教师实施的教育教学方式。可以说对教师的考核评价是教育教学的指挥棒,是学校管理制度的核心。教师评价改革是当前中小学教育改革的重要组成部分。在新一轮的课程改革中,教师能否积极参与课程改革是影响课程改革能否取得成效或取得多大成效的重要因素。因此,追寻科学合理的教师评价机制已成为广大教育工作者关注的热点问题之一。

课程改革,教师是关键,谈一谈怎样通过评价促进教学和教师的发展。(16分)

4. 阅读材料,并回答问题。

　　可把难以用笔试评价的如"调查、研究性学习、探究、学习态度、课内外表现"等学习内容细化成若干评价项目,用表格和得"★"(优秀★★★较好★★一般★较差)的形式作为评价的主要方法,期末由教师根据每个学生得"星"的总体情况,做出综合评定的等级。

问题:

材料所列属于什么评价方式? 你对这样的评价方式有什么看法?(16分)

5.阅读材料,并回答问题。

　　丰富多彩的活动是学生展示自我的舞台,而评价更是促进学生学习的催化剂,能使学生始终保持积极、艰苦向上的学习劲头,进而更加积极、主动地参与到活动中来。一位教师组织学生进行春秋战国故事会,让学生对成语进行接龙,四组进行比赛。将全班分成四组,拿着一个钟表,转动指针,哪组学生能回答就给哪组加星星。这样的评价形式比较单一,只停留在教师对学生评价的层面上,没有体现评价的多样性。

问题:

(1)说一说学生评价的主要形式有哪些。(8分)

(2)材料反映了评价中存在的什么问题? 谈谈你解决这一问题的对策。(8分)

参考答案及解析

一、简答题

1.**参考答案:**发展性评价突出评价的激励与控制功能,激发学生、教师的内在动力,促进个体发展。在评价内容上重视综合素质的发展。评价标准呈现层次化,同时关注不同个体的差异性和不同需求,考虑被评价者的发展基础,促进其在原有水平上不断提高,强调被评价者成为评价主体中的一员,并突出自我评价的作用,以多渠道的反馈信息促进被评价者的发展。它包括发展性教师评价和发展性学生评价。

2.**参考答案:**(1)评估教师的教学,教师可以根据学生在评价中的表现来评估自己的教学效果,帮助教师决定是保留现行教学方案还是进行修订或者另起炉灶。

(2)合理开发和应用课堂教学评价能够有效提高学生的学业成就,能够诊断学生的优势和不足。了解这方面的信息能够为教师进行有针对性的指导提供帮助,同时教师还可以了解学生已经能够做什么,他们的学习准备情况怎样。

(3)教学评价能够帮助教师判断学生是否取得了预期的进步,这样可以为是否进行教学调整提供信息。

(4)课堂教学评价还能够促进学生在课堂上的积极参与,从而形成良好的教学氛围和师生互动关系,促进学生更好地学习,获得更好的发展。

3.**参考答案:**(1)过程性评价。过程性评价是对课程实施意义上的学习动机、过程和效果的三位一体的评价。教师要把握好过程性评价,需要把握过程性评价的全面性、及时性、灵活性、深入性、持续性等特点。过程性评价有客观性不强、选拔功能不强、评价耗时费力等缺点。因此,在新课程改革中,我们提倡过程性评价,推广和重视过程性评价,但绝不能过分地夸大过程性评价的作用,更不能用过程性评价来取替总结性评价。

(2)发展性评价。发展性评价是指以促进学生、教师和学校的发展为目的的评价。在所倡导的内容上,发展性评价与过程性评价有许多共通的地方,例如,它们都强调评价主体的多元化、评价方法的多样化、关注评价的过程与结果等。但是,发展性评价与过程性评价还是有较大的差异——过程性评价的着重点在于强调教学与评价相统一,而发展性评价的着重点在于发挥评价的发展功能。

(3)真实性评价。真实性评价属于表现性评价的一种,差别在于,真实性评价的条件是客观真实的,表现性评价的条件可以是虚拟的。与表现性评价相比,真实性评价更耗时,更费力,所受到的客观条件的制约也更大,因此一般不可能过多地使用。但是,真实性评价的优点也是显而易见的,它能够使学生的学习与社会实践很好地结合起来,真正体现真实性评价"在做中学,在做中评价"的特点。

(4)档案袋评价。档案袋评价也称为评价记录评价,它确定某一目的并收集相关的个人材料,通过这些材料来反映或评价一个人在某一领域或几个领域中所做的努力、取得的进步、个性风格、自我反思等。档案袋评价中涉及许多内容,有的内容属于真实性评价,有的内容则属于表现性评价。因此,不能简单地认定档案袋评价是属于真实性评价还是表现性评价,它只是融合了两种评价思想的一种具体的操作评价方法。

4. **参考答案:**(1)纸笔测验

测验是评价学生学业成就的最重要手段。从编制方法来分,测验可分为标准化测验和教师自编测验。

测验须遵循一些基本原则,如,应能反映教学目标;应能测量出预期的学习结果;应依据预期的学习结果来选择试题类型;测验要有效、可靠等。

(2)历史习作

历史习作是考查学生收集和处理信息的能力、历史思维能力、语言文字表达等能力的方式。历史习作主要包括学生撰写的历史小论文、历史影视作品观后感、历史书籍读后感、历史演讲稿以及历史短剧剧本等。

(3)历史调查

历史调查既是一种活动方式,也是一种学习评价方式。教师可以在教学中结合教学内容的需要和学生的实际,为学生提供适当、必要的历史调查活动的机会,拉近他们与历史的距离,使学生从多种角度了解历史,由此考查学生综合运用历史知识分析和解决问题的实践能力。例如调查改革开放以来出行方式的变迁。

(4)历史制作

历史制作同样既是一种学习活动,也是一种评价方式。通过制作历史模型、编绘历史图表、制作历史课件等活动,可以考查学生动手与动脑的综合能力。在评价时要注意考查学生在历史制作过程中的心理感受和收获,教师应和学生一起设计可行的量规,作为评价工具对学生的作品进行公证、合理的评价。

(5)教师观察

教师观察是指教师对学生在学习历史过程中的行为表现进行观察,作出记录,从而评价学生参与学习活动的状态、进展与成效。如观察学生如何提出问题、分析问题,对历史的感知、理解的状态,怎样对历史进行论证,历史学习方法的运用情况以及学生在情感态度与价值观方面的真实表现等。教师观察的记录可作为期末评价学生学习状态的参照。

5. **参考答案:**(1)自评:被评者自评,应用自评量表、反思、阶段性总结、个案分析等自我反思方式,与可比对象比较,要求能经常地反思,自觉地认识自己的优势与不足,客观地分析别人的评价意见,确定自我发展目标,实现可持续发展。

(2)互评:同一集体中被评者互评。

(3)他评:被评价者以外的人对被评价者的评价。在学校内包括生生之间、师生之间、领导对师生的评价,来自校外的包括家长的评价、所接触的人的评价、社区评价等。

(4)档案:成长记录册、档案袋等都是记录个人发展历程的最好资料,可以从中发现个人发展的轨迹。

6. **参考答案:**(1)评价方式要多样。学生的学习结果具有确定性的一面,也存在着不确定的一面。对前者可主要采用定量评价,对后者可主要采用定性评价,如采用描述性评语来反映学生的参与程度、交流的主动性、所提出方法的新颖性和创造性等。

(2)评价主体要开放。要使评价对象最大限度地接受和认同评价结果,在评价主体上,就要改变由教师作

02

为单一评价主体的做法,重视评价主体间的多向选择、沟通和协商,采取学生自评、互评,教师评价和其他人员交互评价相结合的方式。

(3)评价内容要多元。在评价内容上要力图把历史课程标准的知识与能力,过程与方法,情感态度与价值观目标尽可能地纳入评价体系中。对学生的评价中,不仅要关注学业成绩,更要注重对学生综合素质的评价,注重学生创新精神和实践能力的发展,以及良好的心理素质、学习兴趣与积极情感体验等方面的发展。

(4)评价操作要科学。为兼顾学生的差异和特长,调动每一个学生学习的积极性,较好地发挥评价促进发展的功能,评价的操作方法一定要简明、有可操作性。

7.**参考答案:**(1)试题要符合测验目的。

(2)试题的取样要有代表性。

(3)试题的文字要力求浅显简短、简明扼要,但又不可遗漏必要的条件。

(4)各试题应彼此独立,不可含有暗示本题或他题正确答案的线索。

(5)试题的正确答案应是没有争议的。

(6)试题不要照抄课本、公开出版的复习资料中的题目。

(7)试题要有一定的覆盖面。

(8)试题要具有一定的难度和区分度。

二、材料分析题

1.**参考答案:**由评价内容来选择相适应的评价方式。应注意的问题:评价方式要多样化。选择评价方式时,要注重多样的活动成果评价,也要关注表现评价。丰富多样的评价方式,有利于促进学生多方面的发展。如:考查学生动手能力的历史小制作,发展学生个性特长的绘制历史示意图和寓意漫画,还有具有创新意识的历史小专刊和专题板报的设计等。评价方法有教师评价、自我评价、小组评价等多种形式。多样化的评价形式,使原来处于被评价地位的学生,变为评价的参与者,并在参与评价活动的过程中,受到教育,自主发展。

2.**参考答案:**(1)评价语言要有情感性。在评价过程中,要注意融注情感教育,做到心诚意切,对学生的评价发自内心,不但使学生获得精神上的支持,也可获得感情上的满足。这就要求教师要了解学生、观察学生、分析学生,实事求是地肯定其优点。让学生品尝到成功的喜悦,就会唤起他们的学习激情,产生莫大兴趣和动力。

(2)评价语言要准确得体。课堂评价语言应根据学生的回答客观、准确地指出学生的长处与不足,既对学生表现出色之处给予肯定,同时又有针对性地给学生提醒与纠正。

(3)评价语言要有激励性。在强烈的评价意识和明确的评价目的的基础上,一般地说,评价以激励为主,这种激励主要表现在两个方面,一种是对优秀的反馈信息的激励,一种是对"后进生"的激励。教师要善于从学生的反馈信息中,敏锐地捕捉到其中的闪光点,并及时给予肯定和表扬。

(4)评价语言要机智有趣。机智有趣的评价语言,不仅能促进学生思维的敏捷和灵活,更能使课堂妙趣横生,充分调动学生学习的积极性。

3.**参考答案:**提示:(1)以评价促进教学方法的改革和教师发展。(2)重视教师综合素质的提高。(3)建立和谐的人际关系,共建课程文化。

4.**参考答案:**材料中所列为星级、分数、评语多种方式相结合的评价方式。这样的评价方式可以兼顾学生的差异和特长,调动每个学生学习的积极性,较好地发挥评价促进发展的功能,评价的操作方法简明、有可操作性。

5. **参考答案:** (1)学生评价有以下几种:

①教师的评价:课标在"评价建议"中特别强调要注重对学生学习过程的评价,要关注他们在课堂活动中所表现出来的情感与态度,多用鼓励性的评语,发挥评价的激励作用。学生可以从这些激励性的话语中获得学习成功的体验,明确今后努力的方向。

②同学的评价:在接受教师评价的同时,学生也可以对同学的学习行为进行评价。相互评价能激发学生的学习兴趣,使其互相取长补短,共同进步。

③自我评价:教师通过组织学生记录自己的学习历程,反思自己的学习,引导学生对自己的学习过程进行自觉监控和调节。

(2)材料反映了评价中存在的评价形式单一的问题。教师可根据教学内容进行评价,切忌"千篇一律"。如材料中的课堂,可用时钟钟点的多少来判断输赢,哪组得一分,就在那组的钟面上拨一格。因为学生对评价形式有新鲜感,所以感兴趣。另外,除了教师对学生进行适时评价外,还应积极引导学生进行自评和互评。真正让学生由被评价者变为主动的参与者、评价者。同时,同伴互评还可以吸引学生的注意力。师生共同参与到评价活动中来,才能进行真正的有效教学。

02

图书反馈

亲爱的考生：

感谢您对山香教育的信任和支持，您的建议是我们前进的动力！为进一步提高图书质量，我们特向全国各地的考生开展有奖反馈活动。

1.凡提供山香图书的错题反馈者，均能获得价值99元的山香网课《高频考点》（基础版）大礼包1份。

2.凡提供反馈项目者，可获得价值299元的山香网课《高频考点》（豪华版）超级大礼包1份。

3.我们从意见被采纳人员中每月抽取幸运者2名，各奖励价值1380元的山香网校网课大礼包一份。

图书反馈链接

¥99 大礼包

¥299 超级大礼包

反馈项目

姓名：　　　　　　　专业：　　　　　　　报考地区：

手机号：　　　　　　QQ号：

1.您认为图书中可以增加哪些模块或内容，有助于您的学习？

2.您对本书的印刷、装订、封面有何意见和建议？

3.结合山香现有图书和考情需要，您还需要哪些形式的备考资料？

联系方式：400-600-3363　　　　研发部QQ：1831595423

招教网：http：//www.zhaojiao.net　　山香网校：http：//www.sx1211.cn

图书订正链接